The Anatomy of Stretching

酸痛拉筋
解剖书

［澳］布拉德·沃克（Brad Walker）著
郭乃嘉 牟延晨 译

北京联合出版公司

如何使用本书

本书是以人体基础解剖学及生理学为基础，结合拉筋与柔软度训练而设计的实用手册，全书收录了135种拉筋操。这些拉筋操依照所伸展的身体部位来编排，对于运动到的目标肌群都有清楚的拉线图示。

除了详细的解剖图示，每个伸展操所介绍的内容还包括：操作步骤、所拉伸的肌群、对哪些运动有帮助、有助于修复哪些运动损伤，以及练习拉筋操的诀窍与常见问题等相关信息。

本书采用统一的编排风格，清楚呈现每种拉筋操的信息，方便读者阅读及实际练习。关于每种拉筋操的版面编排，可以参考以下样张：

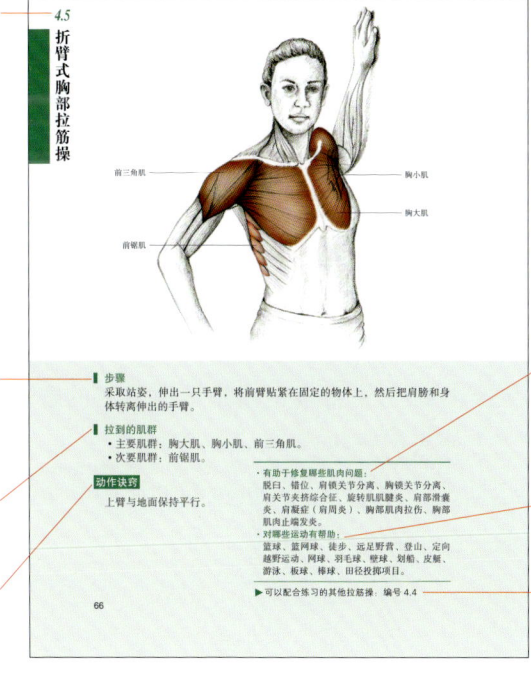

每个拉筋操都有一个专属编码及特定名称。

文字搭配图解，说明动作要领，提供拉筋操的练习概要说明。

完整列出所涉及的目标肌群。

动作诀窍：确保拉筋操的正确性和有效性。

列出该拉筋动作可以帮助修复的肌肉问题及运动伤害。

列出可从该种拉筋动作获益的运动项目，平常可多加练习以增强运动能力。

建议你训练其他有辅助作用的拉筋操，从而达到最大健身效果。

前　言

过去的十五年来，关于拉筋伸展运动和柔软度的讨论已经有了大幅进展。以往健康和健身的相关书籍，通常只会在书末花几页篇幅讨论拉筋伸展操，以十几幅简单人体插图演示伸展操动作——所幸那个时代已经过去了。

十五年前很难找到专门讨论拉筋伸展运动的书，现在坊间却能找到形形色色的相关书籍。从"新世纪"伸展法、武术伸展操，到给学者参考用的详细临床应用的讨论，都已经有人撰述。

在 2007 年《酸痛拉筋解剖书》刚问世的时候，它是第一本包含拉筋操和解剖学与生理学内容的书。之后其他书籍纷纷问世，但没有一本能包含更多的拉筋操实例、更详细的解剖学信息。

直到现在都还没有另一本专门关于拉筋伸展运动和健身的解剖学和生理学的书，也没有哪本书能够如此深入介绍人体，展现拉筋过程所涉及的主要和次要肌群。这正是《酸痛拉筋解剖书》的与众不同之处。

《酸痛拉筋解剖书》从各个角度来讨论拉筋伸展运动，包括生理学和柔软度，拉筋伸展操的好处，不同类型的拉筋伸展操，练习拉筋伸展操的安全要点等等。《酸痛拉筋解剖书》面向各个层次的健身爱好者，本书还关注拉筋操如何缓解运动损伤所带来的疼痛。

另外，在第二版中，我们增加了超过 20 种新的拉筋操，扩充了拉筋生理学一章，涉及具体拉筋操的每个章节也增添了更具体的解剖学信息，并引进了新的编号系统，以方便人们查找。

本书旨在成为运动员和体能专业人员拉筋伸展的参考教材，并为读者提供拉筋操和柔韧度的解剖学和生理学的基本知识。

本书分为两大部分，分别由独立的章节组成，读者可以根据自身的需求选择章节参阅，不需要从头读到尾。如果你想知道肌肉是如何运作的，可以读第一章；如果你想知道拉筋操有什么帮助，可以读第二章；如果你想了解关于腿后肌的拉筋操，可以看看第九章。

不论你是专业运动员、健身爱好者，或是运动教练、健康理疗师，这本书都会对你有所助益。

布拉德·沃克

目 录

如何使用本书⋯⋯⋯⋯⋯⋯⋯⋯⋯⋯⋯⋯⋯⋯⋯⋯⋯⋯⋯⋯⋯⋯⋯⋯ 1
前　言⋯⋯⋯⋯⋯⋯⋯⋯⋯⋯⋯⋯⋯⋯⋯⋯⋯⋯⋯⋯⋯⋯⋯⋯⋯⋯⋯ 2

第一部分
写在练习拉筋伸展操之前

第一章　柔软度、解剖学与生理学⋯⋯⋯⋯⋯⋯⋯⋯⋯⋯⋯⋯⋯ 3

1.1　体适能和柔软度　3
1.2　肌肉解剖学　5
1.3　肌肉收缩生理学　10
1.4　肌肉反射　11
1.5　肌肉骨骼机制　11
1.6　杠杆　16
1.7　力的产生　16
1.8　当肌肉拉伸时发生了什么　17
1.9　解剖学中的方向术语　17

第二章　拉筋伸展操的原理⋯⋯⋯⋯⋯⋯⋯⋯⋯⋯⋯⋯⋯⋯⋯ 19

2.1　拉筋伸展操的好处　19

2.2 拉筋伸展操的分类 21

2.3 静态式拉筋伸展操 22

2.4 动态式拉筋伸展操 27

2.5 拉筋伸展操的安全守则 29

2.6 做拉筋伸展操的技巧 35

2.7 如何在热身运动中运用拉筋操 38

第二部分
简易拉筋伸展操

第三章 颈部和肩部的拉筋操……43

3.1 头部侧向拉筋操 44

3.2 颈部旋转拉筋操 45

3.3 颈部前弯拉筋操 46

3.4 颈部对角弯曲拉筋操 47

3.5 颈部延展拉筋操 48

3.6 颈部前伸拉筋操 49

3.7 坐姿俯颈拉筋操 50

3.8 平衡式肩膀拉筋操 51

3.9 折臂式肩膀拉筋操 52

3.10 抱臂式肩膀拉筋操 53

3.11 交叉双臂肩膀拉筋操 54

3.12 上推肩部拉筋操 55

3.13 手扶腰的旋转拉筋操 56

3.14 手臂朝上旋转拉筋操 57

3.15　手臂朝下旋转拉筋操　58

3.16　双手背后胸部拉筋操　59

3.17　有辅助的双手放在背后的胸部拉筋操　60

第四章　手臂和胸部的拉筋操·················· 61

4.1　双手过头的胸部拉筋操　62

4.2　有同伴帮忙的胸部拉筋操　63

4.3　有同伴帮忙的双手过头式胸部拉筋操　64

4.4　手扶墙式胸部拉筋操　65

4.5　折臂式胸部拉筋操　66

4.6　辅助的反向胸部拉筋操　67

4.7　弯腰式胸部拉筋操　68

4.8　跪地胸部拉筋操　69

4.9　下伸肱三头肌拉筋操　70

4.10　肱三头肌拉筋操　71

4.11　跪姿式前臂拉筋操　72

4.12　手掌朝外的手腕拉筋操　73

4.13　手指下拉的前臂拉筋操　74

4.14　手指拉筋操　75

4.15　拇指拉筋操　76

4.16　手指朝下的手腕拉筋操　77

4.17　手腕旋转拉筋操　78

第五章　腹部的拉筋操························· 79

5.1　双肘撑地的腹部拉筋操　80

5.2　抬起上身的腹部拉筋操　81

5.3 转身式腹部拉筋操 82

5.4 站姿后靠的腹部拉筋操 83

5.5 站姿单侧后靠的腹部拉筋操 84

5.6 仰背式腹部拉筋操 85

第六章 背部和肋部的拉筋操 87

6.1 延展上背部的拉筋操 88

6.2 拱上背的背部拉筋操 89

6.3 手臂上拉的背部拉筋操 90

6.4 仰躺式全身拉筋操 91

6.5 坐姿式俯身拉筋操 92

6.6 坐姿式侧向拉筋操 93

6.7 抬单膝至胸部的站姿拉筋操 94

6.8 抬单膝至胸部的仰躺式拉筋操 95

6.9 抬双膝至胸部的仰躺式拉筋操 96

6.10 延伸背部的跪姿拉筋操 97

6.11 拱背式跪姿拉筋操 98

6.12 塌背跪姿拉筋操 99

6.13 转背式跪姿拉筋操 100

6.14 转背式站姿拉筋操 101

6.15 手臂上拉的站姿转背拉筋操 102

6.16 仰躺式跨腿拉筋操 103

6.17 仰躺式转膝拉筋操 104

6.18 坐姿抬膝转身拉筋操 105

6.19 坐姿抬起膝盖的旋转拉筋操 106

6.20 伸手触踝的跪姿拉筋操 107

6.21 站姿式侧边拉筋操 108

6.22　伸手侧面拉筋操　109

6.23　坐姿式侧边拉筋操　110

第七章　髋部和臀部的拉筋操……………………………………… 111

7.1　跨腿压膝的仰躺式拉筋操　112

7.2　趴卧收单腿的髋部拉筋操　113

7.3　站姿收单腿的髋部拉筋操　114

7.4　站姿跨腿的臀部拉筋操　115

7.5　旋转髋部的坐姿拉筋操　116

7.6　旋转髋部的站姿拉筋操　117

7.7　延展上身的盘坐拉筋操　118

7.8　旋转髋部的坐姿拉筋操　119

7.9　坐姿抱膝的臀部拉筋操　120

7.10　坐姿抱脚的臀部拉筋操　121

7.11　跨腿抱膝的仰躺式拉筋操　122

7.12　坐姿跨腿的臀部拉筋操　123

7.13　仰躺跨腿的臀部拉筋操　124

第八章　股四头肌的拉筋操……………………………………… 125

8.1　跪姿式股四头肌拉筋操　126

8.2　站姿式股四头肌拉筋操　127

8.3　站姿上举的股四头肌拉筋操　128

8.4　卧姿式股四头肌拉筋操　129

8.5　侧卧式股四头肌拉筋操　130

8.6　折单腿后靠的股四头肌拉筋操　131

8.7　折腿后仰式股四头肌拉筋操　132

第九章　腿后肌的拉筋操 ······ 133

  9.1 坐姿手前伸的腿后肌拉筋操 134

  9.2 站姿脚趾朝前的腿后肌拉筋操 135

  9.3 站姿脚趾朝上的腿后肌拉筋操 136

  9.4 站姿抬腿的腿后肌拉筋操 137

  9.5 站立抬腿脚尖朝上的腿后肌拉筋操 138

  9.6 坐姿单腿的腿部拉筋操 139

  9.7 有同伴帮忙的仰躺式腿后肌拉筋操 140

  9.8 仰躺式单腿屈膝的腿后肌拉筋操 141

  9.9 仰躺式伸直腿的腿后肌拉筋操 142

  9.10 跪姿脚趾朝上的腿后肌拉筋操 143

  9.11 坐姿跨脚的腿后肌拉筋操 144

  9.12 站姿抬腿屈膝的腿后肌拉筋操 145

  9.13 站姿高抬腿屈膝的腿部拉筋操 146

  9.14 坐姿屈膝扳脚趾的腿后肌拉筋操 147

  9.15 站姿弯腰的腿后肌拉筋操 148

第十章　内收肌的拉筋操 ······ 149

  10.1 双肘撑地的腹部拉筋操 150

  10.2 抬起上身的腹部拉筋操 151

  10.3 站姿抬腿的内收肌拉筋操 152

  10.4 跪姿伸腿的内收肌拉筋操 153

  10.5 蹲姿伸单腿的内收肌拉筋操 154

  10.6 跪地面朝下的内收肌拉筋操 155

  10.7 坐姿两腿大张的内收肌拉筋操 156

  10.8 站姿两腿大张的内收肌拉筋操 157

第十一章　外展肌的拉筋操·················159

    11.1　站姿推髋的外展肌拉筋操　160

    11.2　双腿交叉站的外展肌拉筋操　161

    11.3　倾斜的外展肌拉筋操　162

    11.4　站姿跨腿的外展肌拉筋操　163

    11.5　坐卧外展肌拉筋操　164

    11.6　倚靠瑞士健身球的外展肌拉筋操　165

    11.7　侧躺垂腿的外展肌拉筋操　166

第十二章　小腿的拉筋操··················167

    12.1　站姿抬脚趾的小腿拉筋操　168

    12.2　站姿抬脚尖的小腿拉筋操　169

    12.3　垂单侧脚跟的小腿拉筋操　170

    12.4　垂脚跟的小腿拉筋操　171

    12.5　脚跟踩地的小腿拉筋操　172

    12.6　推墙脚跟踩地的小腿拉筋操　173

    12.7　起跑式脚跟踩地的小腿拉筋操　174

    12.8　坐姿脚趾朝上的小腿拉筋操　175

第十三章　小腿下部肌肉及跟腱的拉筋操··················177

    13.1　站姿抬脚尖的跟腱拉筋操　178

    13.2　垂单侧脚跟的跟腱拉筋操　179

    13.3　站姿脚跟踩地的跟腱拉筋操　180

    13.4　推墙脚跟踩地的跟腱拉筋操　181

    13.5　坐姿屈膝拉脚趾的跟腱拉筋操　182

    13.6　起跑式脚跟踩地的跟腱拉筋操　183

13.7　单膝跪地式跟腱拉筋操　184

13.8　蹲姿跟腱拉筋操　185

第十四章　胫部、脚踝及脚部的拉筋操 ……………………… 187

14.1　一脚在后的胫部拉筋操　188

14.2　一脚交跨于前的胫部拉筋操　189

14.3　抬单脚的胫部拉筋操　190

14.4　跪姿胫部拉筋操　191

14.5　蹲踞式脚趾拉筋操　192

14.6　旋转脚踝的拉筋操　193

五项针对各类运动损伤的拉筋操……………………………………… 194
解剖学肌肉中英名词对照……………………………………………… 196
出版后记………………………………………………………………… 202

第一部分
写在练习拉筋伸展操之前

第一章　柔软度、解剖学与生理学……3

第二章　拉筋伸展操的原理……19

第一章
柔软度、解剖学与生理学

1.1 体适能和柔软度

要评判一个人的体适能是否良好,需要看许多因素,而柔软度只是其中之一。虽然柔软度是衡量体适能的要素,但也只能看成是体适能这个轮子上的一根轮辐而已。其他的衡量要素还包括肌力、爆发力、速度、耐力、平衡度、协调度、灵活度和运动技巧。

尽管各种运动对体适能要素的要求程度不同,但掌握一套涵盖各种体适能要素的运动或训练计划实属必要。举例来说,橄榄球和美式足球非常依赖肌力和爆发力,但如果训练过程中缺乏运动技巧和柔软度,就可能导致严重的运动伤害,或运动表现不佳。肌力和柔软度对体操选手来说是第一位的,但良好的体操训练计划也要兼顾爆发力、速度和耐力。

这个道理在所有人身上都适用,有些人可能天生肌力强或柔软度好,但如果完全忽略其他体适能的要素,就非常不明智。此外,某个关节或肌群的柔软度佳,并不表示他全身的柔软度都很好。所以,柔软度只能用特定的关节或肌群来定义。

柔软度不佳可能带来的风险及限制

紧绷、僵硬的肌肉会限制我们身体的正常活动范围。在某些情形下,柔软度不佳可能就是肌肉酸痛及关节疼痛的原因。在一些极端的例子中,缺乏柔软度甚至会导致无法弯腰或转头。

紧绷、僵硬的肌肉会妨碍正常的肌肉活动。一旦肌肉无法有效收缩和放松,就会导致肌肉活动表现不佳,以及肌肉活动控制不良。紧绷、僵硬的肌肉也可能造成运动时肌力和爆发力的大幅减弱。

有少数例子显示，紧绷、僵硬的肌肉甚至可能限制血液循环。肌肉要获取足够的氧气和养分，良好的血液循环至关紧要。血液循环不良可能导致肌肉愈来愈疲惫，最后会影响肌肉在激烈运动后的复原能力，肌肉自我修复的过程也会受到阻碍。

这些因素都可能大幅增加受伤的风险。所有因素综合起来会导致肌肉不舒服、肌肉活动力变差、肌肉受伤概率增高，以及容易重复受伤等。

柔软度何以被限

肌肉系统的柔软度好，肌肉活动的表现才能达到顶峰，而伸展拉筋运动是提升及保持肌肉与肌腱柔软度最有效的方法。然而，有很多因素都会让我们丧失柔软度。

柔软度（或称活动范围），可能受限于内在及外在的因素。内在因素如骨骼、韧带、肌肉量、肌肉长度、肌腱，以及皮肤的状况。举例来说，腿伸直后就无法再往前弯曲，这是因为受限于构成膝关节的骨骼和韧带的结构。外在因素，则包括年龄、性别、温度、衣服，还有身体状况，所有这些都会影响一个人的柔软度。

柔软度和老化

随着年龄增加，肌肉和关节会愈来愈紧绷、僵硬，这是大家都知道的常识。这是老化的必然现象，是身体退化和活动力降低所造成的。虽然我们没办法阻止老化，但并不表示我们要就此放弃柔软度的改善和训练。

年龄不该是健康和活力生活的阻碍，但随着年龄增加，我们确实必须更应该注意一些事情。此外，你要花更长的时间运动才能达到效果，而且需要更有耐心和更谨慎。

1.2 肌肉解剖学

想改善身体的柔软度,肌肉和肌膜应该是训练重点。尽管骨骼、关节、韧带、肌腱和皮肤都是影响柔软度的因素,但我们无法控制这些因素。

骨骼和关节

骨骼和关节先天的结构,让我们的活动受到限制。例如,当我们把腿伸直后,不论我们再怎么努力,膝关节都无法再往前弯曲。

韧　带

韧带联结骨骼,是关节的稳定装置。我们应该尽量避免伸展韧带,因为这可能会使关节变得不稳定,导致关节脆弱及容易受伤。

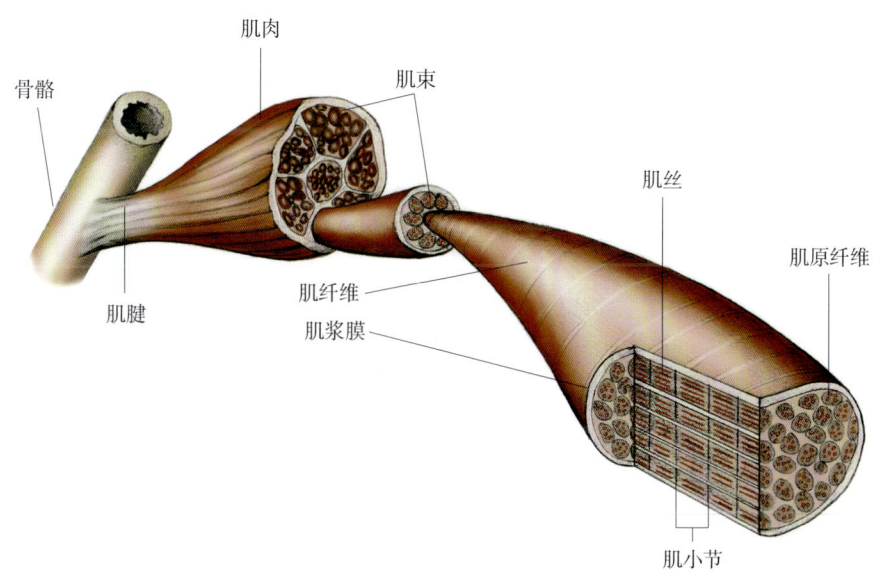

图 1.1　肌肉纤维的横剖面,包括肌原纤维、肌小节和肌丝

肌　腱

　　肌肉通过肌腱和骨骼相联结，而肌腱由致密的结缔组织所组成。肌腱非常强健，但又非常柔韧。肌腱也是影响关节稳定的因素之一，对关节柔软度的影响不到百分之十，因此不该是拉筋伸展运动的主要目标。

肌　肉

　　人体有超过 215 对骨骼肌，这些骨骼肌大约占我们体重的 40%。之所以将其命名为骨骼肌，是因为这些肌肉大部分都连接在骨骼上，能使骨骼运动，也正是这些肌肉负责我们的运动。

　　骨骼肌包含大量的血管和神经，这些血管和神经直接关系到骨骼肌最主要的功能——收缩。一块骨骼肌一般由一条动脉来提供养料，由数条静脉带走代谢废物。血液和神经一般从中间进入肌肉（但有时会流向一端），它们最终会穿透每条肌肉纤维外面的肌纤维衣。

　　骨骼肌纤维有三种类型：慢缩红肌、快缩中间肌和快缩白肌。每种纤维的颜色受肌球素（储氧）多少的影响。肌球素能够提高氧扩散速度，所以慢缩红肌能持续收缩更长的时间，这在耐力性项目中尤其有用。而快缩白肌的肌球素含量则更低一些。虽然它们可以快速收缩，但是由于它们依靠糖元（能量）储备，疲劳得也很快，所以在短跑或是其他需要短促频繁动作的运动中更常见。据报道，世界级的马拉松运动员的腓肠肌（位于小腿部位）中慢肌纤维含量为 93%~99%，而世界级短跑运动员同一肌肉的慢肌纤维仅为 25% 左右。

　　每条骨骼肌纤维都由一个圆筒状的肌肉细胞，即一种叫"肌纤维膜"的细胞质膜包裹。包裹结构有开口，形成被叫作"横小管"（或称 T 小管）的管状结构。（肌纤维膜上有一定的膜电位，允许神经冲动，特别是到肉质网上的神经冲动产生或抑制收缩。）

　　一块单独的骨骼肌有成百上千条肌肉纤维。这些肌肉纤维呈束状并被一种叫作"肌外膜"的结缔组织鞘包裹。肌外膜使肌肉成型，形成肌肉表面，

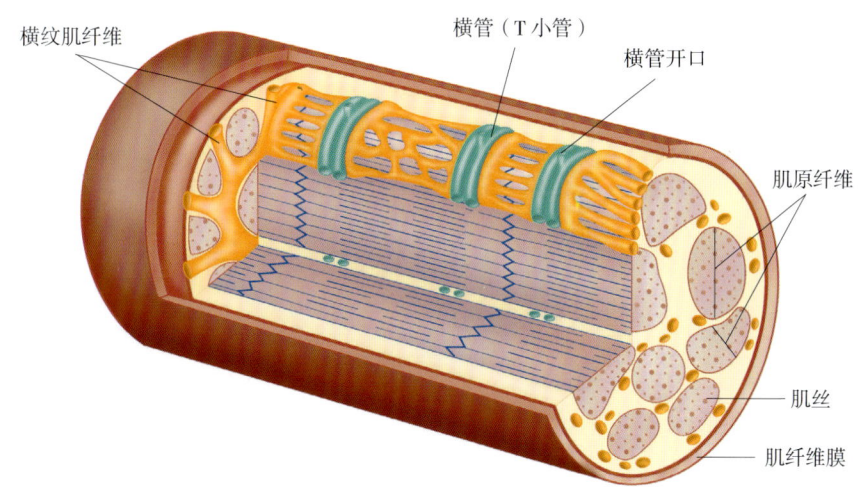

图 1.2 每条骨骼肌纤维都是一个圆柱形的细胞

周围的肌肉可以在上面移动。肌外膜外的筋膜则包裹肌肉，使不同的肌肉分开。

有些肌外膜将肌肉分成不同部分，每部分都由一束肌肉纤维组成。每一束都被称为一个纤维束（拉丁语：fasciculus），被一层叫作肌束膜的结缔组织包裹。每束纤维束包含数个肌肉细胞，纤维束内，每个肌细胞被一层精细的结缔组织——肌内膜包裹。

肌肉的位置和功能不同，纤维束的分布不同，骨骼肌的形状就各不相同。平行的肌肉的纤维束与肌肉的长轴平行（如缝匠肌）；翼状肌肉的纤维束较短，倾斜地连接到肌腱上，状如羽毛（如股直肌）；散开状的肌肉（如三角形肌肉）开端宽大，但所有纤维束都会聚到一根肌腱上（如胸大肌）；环状肌肉（如括约肌）的纤维束环绕某一开口围成向心圆环（如眼轮匝肌）。

每条肌肉纤维都是由更小的结构组成的，这种结构被称为肌原纤维（myofibrils）。因为肌原纤维是由规律排列的肌丝组成的，所以它们平行排列，肌肉细胞表面有纵沟。肌丝是蛋白质链，在显微镜下呈明暗相间的带状排列。明带有弱双折光性或各向同性（isotropic），简称 I 带，由肌动蛋白组

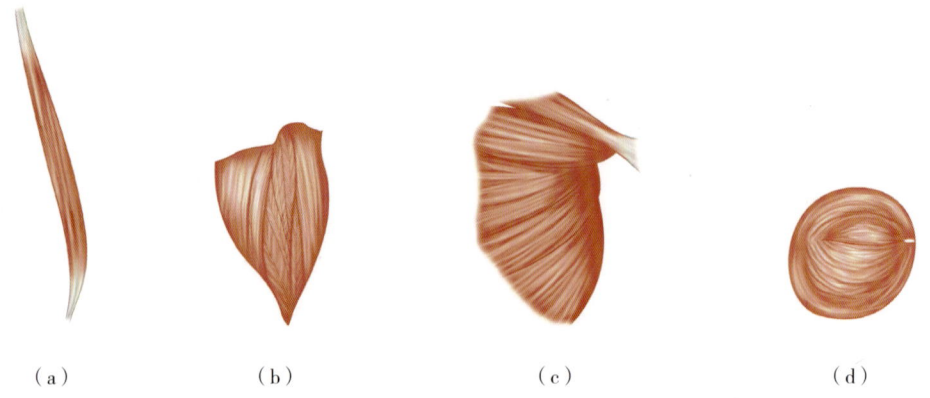

图1.3 肌肉的形状：（a）平行状；（b）翼状；（c）散开状；（d）环状

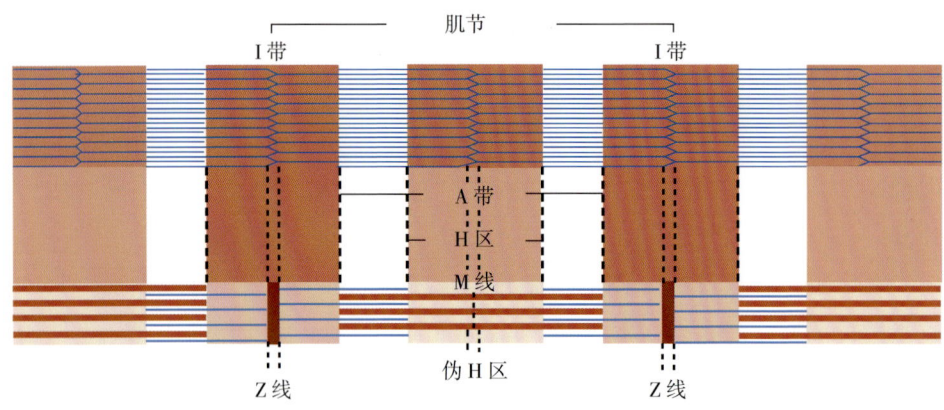

图1.4 肌节内的肌丝。一条肌丝两端由Z线与其他肌丝为界，M线是肌丝的中心，I带由肌动蛋白组成，A带由肌球蛋白组成。

成；暗带有双折光性或各向异性（anisotropic），简称A带，由肌球蛋白组成。（第三种蛋白，即肌联蛋白，也被发现了，这种蛋白占肌肉蛋白质含量的11%。）当肌肉收缩时，肌动蛋白长丝在肌球蛋白长丝中间运动，形成横桥，于是肌原纤维缩短变厚。（参见"肌肉收缩生理学"）

一般来说，肌外膜、肌束膜和肌内膜继续延伸，超过肌肉多的肌腹区域，形成一条粗壮的绳状肌腱或一条又宽又平的带状肌腱组织——腱膜。肌肉与骨膜或另一块肌肉的结缔组织通过肌腱和腱膜相连。而更复杂的肌肉可能有

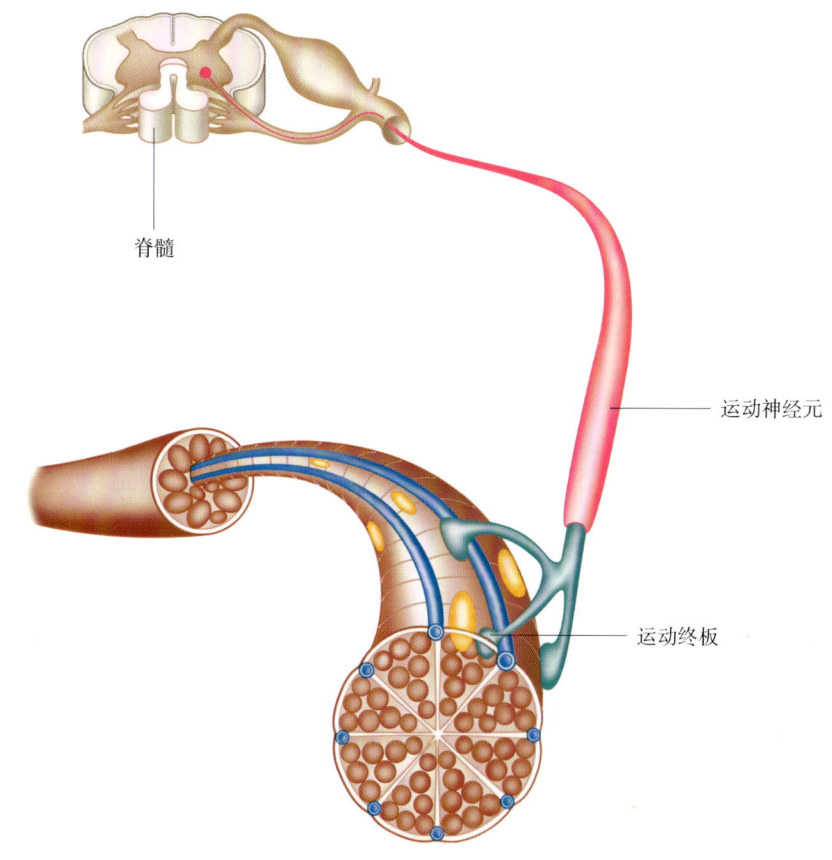

图 1.5 一个骨骼肌的运动单元

多重连接,比如四头肌有四个连接处。所以一般来说,一块肌肉跨过一个关节,并且两端都由肌腱连接到骨头上。一端保持相对固定,而另一端会因肌肉收缩而移动。

每条肌肉纤维都由一条终点接近该肌肉纤维中间的运动神经纤维支配。一条运动神经纤维与它负责的所有肌肉纤维被称为一个运动单位。一条运动神经纤维支配多少肌肉纤维取决于运动的需要。当运动要求精准时(比如说眼部运动或手指运动),受到支配的肌肉纤维仅有几条;而当运动比较大幅度时(比如臀大肌这样的大尺寸肌肉运动),可能几百条纤维都会受到支配。

独立的骨骼肌遵守"全有或全无"原则,对其纤维施加刺激时,纤维要么完全收缩，要么完全不收缩——纤维不能"稍微"收缩。肌肉做总体收缩时，部分纤维会同时收缩，而其余纤维则保持放松状态。

1.3 肌肉收缩生理学

神经冲动导致相应的肌肉进行收缩。肌肉纤维和运动神经元之间的接点叫做肌肉神经接点，这就是神经和肌肉发生交流的地方。神经冲动到达神经元靠近肌纤维膜，即突触末端。这些末端中有上千个含某种神经传递素——乙酰胆碱（ACh）的小囊。当一次神经冲动到达某突触末端时，成千上百个小囊会释放乙酰胆碱，乙酰胆碱则会打开通道允许钠离子（Na^+）内流。不活跃的肌肉纤维静止电位大约为 –95 mV。钠离子的流入减少了电子，产生了终板电位。若终板电位达到了电压阈值（约 –50 mV），则钠离子内流，并且纤维内就会产生一个动作电位。

在动作电位产生的过程中（及动作电位产生后的瞬间），肌肉纤维内没有可视变化。这段时间被称为反应时间，会持续3~10微秒。这段时间结束之前，肌肉神经接点的乙酰胆碱酶使乙酰胆碱分解，钠离子的通道关闭，回归原样，等待下一次神经冲动。而钾离子外流使纤维回归静息电位。恢复到静息电位所需要的那段很短的时间被称为不应期。

肌肉纤维是如何缩短的？这一点微丝滑行学说（Huxley & Hanson,

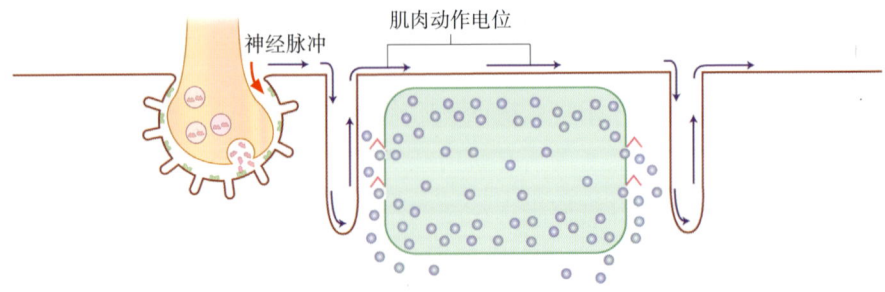

图1.6 神经脉冲触发一个动作电位，让肌肉收缩

1954）解释得最好。该理论假设肌肉纤维接受了一次神经冲动（见图1.6），导致储存在肉质网中的钙离子得到释放。肌肉的有效运动需要能量，而能量由腺苷三磷酸（ATP）分解产生。这些能量允许钙离子缠绕入肌球蛋白丝和肌动蛋白丝，形成一个磁性带。磁性带使纤维变短，从而造成收缩。肌肉持续运动，直至钙离子耗尽。钙离子被抽回肉质网，并储存在肉质网中，直至下一次神经冲动的到达。

1.4 肌肉反射

骨骼肌含有肌肉拉伸（牵张）的专门感应单元——肌梭和腱梭（又称高尔基腱器官），这对肌肉长度变化的感应、反馈和修正很重要。

肌梭由梭内纤维形成的螺旋丝和神经终端组成，两者都在结缔组织鞘中缠绕，能检测肌肉拉伸的速度。肌肉以一定的速度拉伸，则梭内纤维的信号会通过脊髓向神经系统发送信息，就会有神经冲动发回而使肌肉收缩或伸展。这些信号会不停地向/从肌肉发送关于其位置和力量的信息（即本体感受）。

另外，当一块肌肉拉伸时，它就会保证收缩反应。这种功能被称为"牵张反射弧"。只要牵拉还存在，肌梭就会保持激活状态。

牵张反射的一个经典临床实例是膝跳试验。这个试验会激活肌腱里的牵张感受器，导致其所连接肌肉的收缩反射。（这里的肌肉是指股四头肌）

肌梭监测肌肉拉伸，而肌腱中的腱梭对"肌肉—肌腱"复合物中的张力非常敏感，它们可以对单个肌肉纤维的收缩做出回应。腱梭自然状态下处于抑制状态，可以降低受伤风险，起保护作用。当被激活时，腱梭抑制主动肌收缩，使对抗肌兴奋。

1.5 肌肉骨骼机制

在大部分协调运动时，骨骼肌一端连接处相对静止，而另一端连接处活

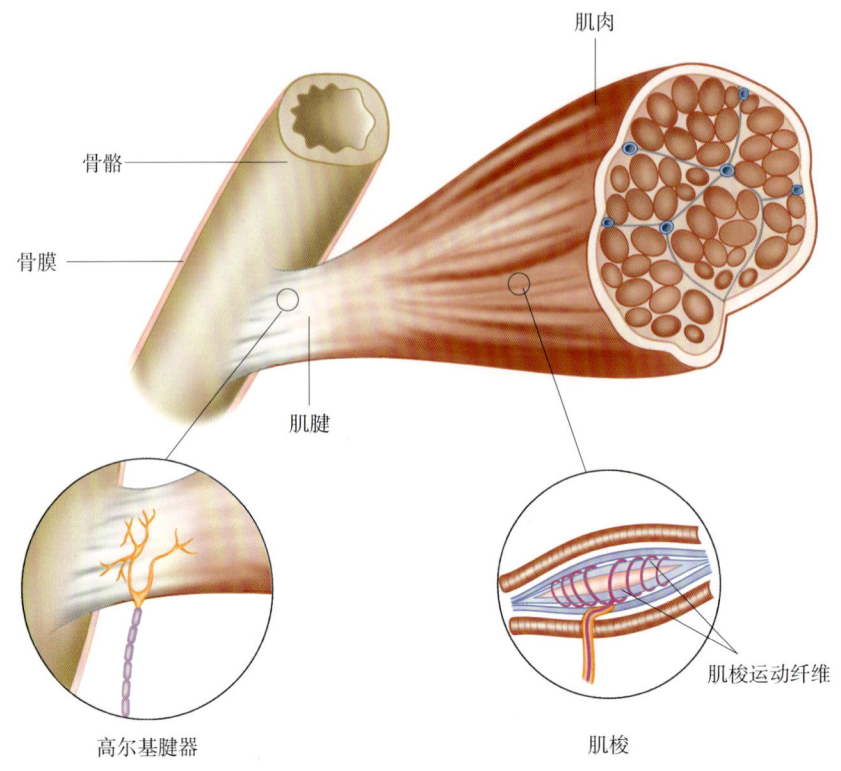

图 1.7 肌梭和高尔基腱器解剖图

动。相对近而固定的一端被称作始端,而相对较远的移动的一端被称为止端。(然而,相比于始端和止端,人们现在更常用"连接处"的说法,因为人们现在获知,肌肉活动任何一端都可以固定,而另一端活动。)

  大部分运动需要运用肌力来完成,这需要通过主动肌(或原动力肌)、对抗肌和协同肌(更多时候特别指稳定肌)来共同作用完成。主动肌对运动起主要作用,提供运动所需的大部分力量;对抗肌则会伸长,使主动肌作用下的运动可操作,同时起保护作用;协同肌负责协助主动肌,有时也帮助微调运动的方向。肘部弯曲就是一个简单的例子,这个动作需要肱肌和肱二头肌(作为主动肌)收缩,肱三头肌(作为对抗肌)放松,肱桡肌作为协同肌协助肱肌和肱二头肌。

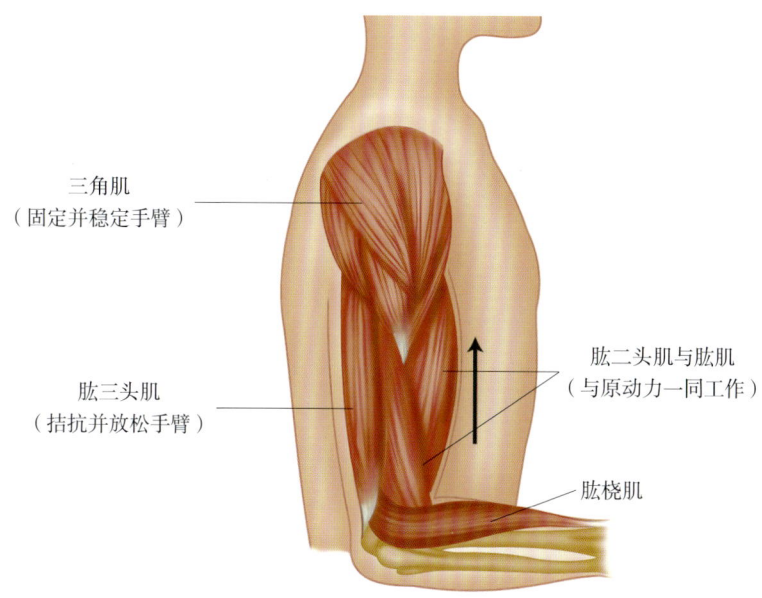

图1.8 弯曲肘部时，肱肌和肱二头肌作为原动肌，肱三头肌作为对抗肌，肱桡肌作为协同肌

肌肉运动可细化为三种收缩：向心性收缩、离心性收缩和静力性收缩（等长性收缩）。在很多运动（比如跑步、普拉提和瑜伽）中，三种收缩可能同时进行以使运动顺利、协调。

骨骼肌可大致分为两种类型

稳定肌：稳定关节。稳定肌由慢肌纤维组成，有耐力，可用于保持姿势。它们还可以细分为主要稳定肌（连接点深，位置靠近关节旋转轴）和次要稳定肌（主要是力量大的肌肉，有能力吸收大量的力）。稳定肌能对抗重力，倾向于变细变长。稳定肌有多裂肌、腹横肌（主要稳定肌）和臀大肌、大收肌（次要稳定肌）等。

动力肌：负责运动。它们位置更浅，力量也小于稳定肌，但是可以产生更大范围的运动。动力肌一般跨过两个关节，由快肌纤维组成，能产生力，但缺乏动力。动力肌可以产生高推动力，在快速或冲击性的运动中起作用。

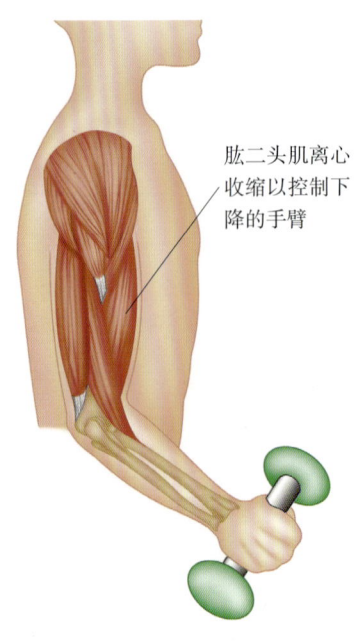

图 1.9 离心性收缩图例。当肘部伸展放低重物时,肱二头肌在做离心性收缩。这时肱二头肌通过伸长来控制运动,以抵抗重力

时间久了,它们一般会变紧变短。腘肌、梨状肌和菱形肌均为动力肌。(很重要的一点是,所有的骨骼肌都是稳定肌和动力肌——究竟属于哪种则取决于机体的运动和位置,以及肌肉如何反应。)

  肌肉起主要作用——收缩变短时,肌肉的连接点相互靠近,这被称为向心性收缩。因为产生了关节活动,所以向心性收缩也被认为是动态收缩。举例来说,提起一件物体时,肱二头肌向心性收缩,肘关节弯曲,手就向上朝肩膀方向运动。

  当肌肉在伸长发力时,肌肉在做离心性收缩。同向心性收缩一样,这里也产生了关节活动,所以离心性收缩也是动态收缩。有效拉伸时,肌动蛋白纤维被拉动,离肌节中心越来越远。

  当肌肉在工作,但无运动时,有力产生,但肌肉长度未变,这时即为静态收缩(等长性收缩)。

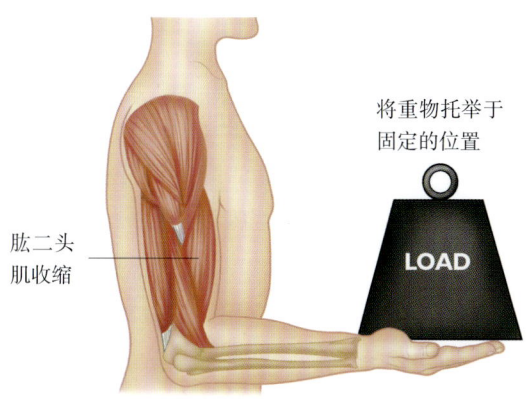

图 1.10 静态收缩（等长性收缩）图例。手捧重物，肘部呈 90° 弯曲并保持静止

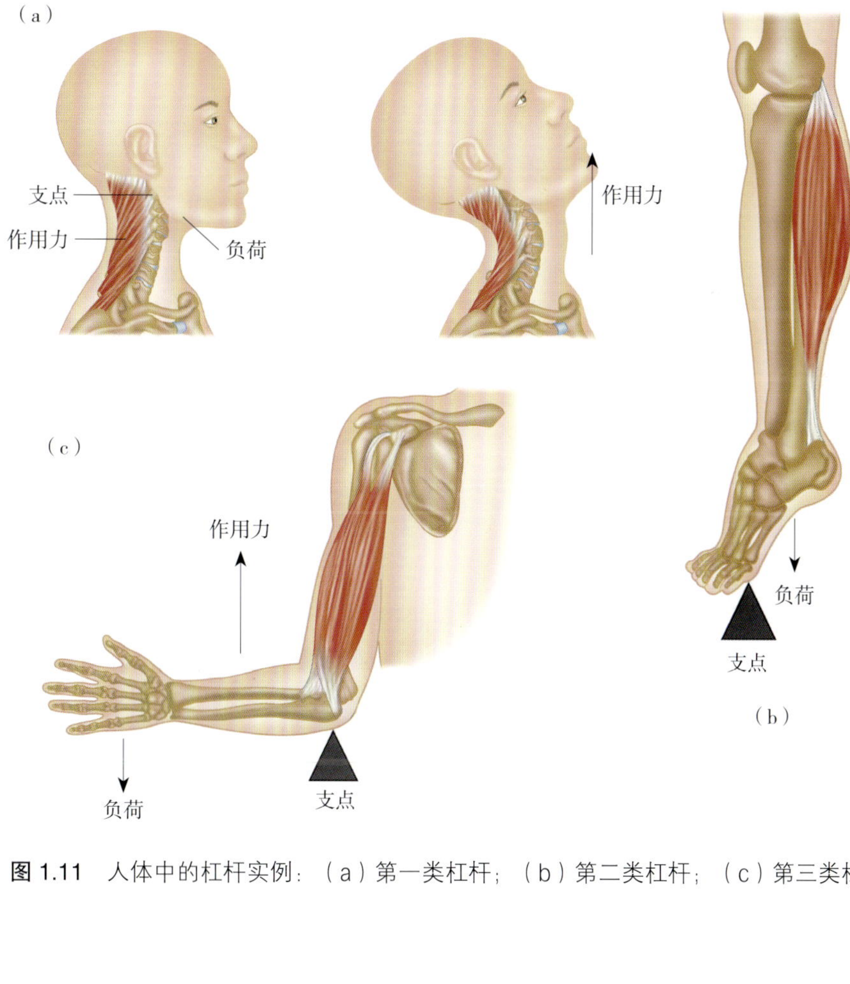

图 1.11 人体中的杠杆实例：（a）第一类杠杆；（b）第二类杠杆；（c）第三类杠杆

1.6 杠杆

杠杆是一个传递（但并不创造）力的装置。它包括一个固定点（支点）和一根绕支点运动的硬棒。更明确地说，一根杠杆包括动力、阻力、一根硬棒，还有一个支点。骨骼、关节和肌肉就在我们身体里构成了一个杠杆系统，关节是支点，肌肉提供动力，承受身体重量的骨骼被移动。杠杆可按照支点、阻力臂（负荷）和动力臂之间的位置进行分类。

第一类杠杆，其动力臂与阻力臂位于支点两侧；在第二类杠杆中，动力臂与阻力臂位于支点同侧，阻力作用点位于支点和动力作用点之间；最后，第三类杠杆，动力臂与阻力臂位于支点同侧，但是动力作用点在支点和阻力作用点之间，这是我们身体中最常见的杠杆类型。

1.7 力的产生

骨骼肌的拉伸在其产生力的能力中得到体现。如果一个举重运动员能举起 75 千克的重物，那么，他的肌肉就有产生举起 75 千克重物的能力。在不举重物的时候，骨骼肌也要产生一定的力使与它们相连的骨骼运动。产生力的能力由几个因素组成，包括能被激活运动单元的数量和类型、肌肉的大小还有关节的角度。

交互抑制

大部分运动总是通过两块或两块以上肌肉共同作用而完成的，其中某一块肌肉提供原动力。大部分原动力肌肉一般都有协同肌辅助。另外，多数骨骼肌还有与之相对应的一块或多块起相反作用的对抗肌。比方说髋关节外展运动，臀中肌为原动力肌，阔筋膜张肌为协同肌，腿部内弯肌为对抗肌，通过收缩肌的运动，对抗肌与其他肌肉相互抑制。

交互抑制（RI）是一种当一块肌肉对抗肌收缩时，这块肌肉本身自动产生抑制的生理现象。也有一些特殊情况，主动肌和对抗肌同时收缩，这被称为协同收缩。

现在，我们对灵活性、肌肉和肌肉的运动机制有了一个大概的了解，我们可以给拉筋操下一个定义了。拉筋操，有助于身体的健康和舒适，是一种将身体特定部分摆到一个位置，从而拉伸肌肉和相关软组织的运动。

1.8　当肌肉拉伸时发生了什么

从开始定时做伸展操后，你的身体，特别是肌肉本身就会发生变化。其他组织，比如韧带、肌腱、筋膜、皮肤和疤痕组织也会开始适应拉筋操。

如本章前面提到的一样，肌肉拉伸和运动范围增大的过程是从肌原纤维节开始的。当身体某一位置运动到某处而拉伸到肌肉时，肌丝的重叠部分开始减少。当拉伸完成，并且所有肌原纤维节都已经被完全拉开时，肌纤维就达到了其最大静止长度。这时候，再拉伸就会使结缔组织和肌肉筋膜变长。高斯平克（G. Goldspink）于1968年及1971年连同威廉斯（P. E. Williams）提出这样的结论："我们认为规律拉筋一段时间之后，肌原纤维节会连续增加，新的肌原纤维节在现有的肌原纤维后面生长出来，这样会增加肌肉的整体长度和活动范围。"

1.9　解剖学中的方向术语

外展：离开身体中线的运动（或内收后的恢复运动）。
内收：趋向于身体中线的运动（或外展后的恢复运动）。
解剖方位：身体正直，手掌朝向前方。
向前：朝向身体前方（与后相对）。
环转：骨骼的近端保持稳定，远端做圆周运动。
向上：部分身体沿额状面向上运动。

外翻：足底向外转动。

伸展：最终导致两个腹侧面相互分离的关节运动（与弯曲相对）。

弯曲：最终导致两个腹侧面相互靠近的关节运动（与伸展相对）。

下方：头部以下，或离头部最远。

内转：足底向内转动。

外：位置远离中线（与内相对）。

内：位于身体或器官中线，或与中线相近（与外相对）。

中间：位于身体中部。

对握：特指与拇指有关的运动，这个运动使你的拇指可以接触到同一个手其他手指的指尖。

手掌：手的前表面。

跖面：脚的底部。

后部：与后或身体的背面有关（与前相对）。

下翻：手掌向下，掌朝地面。

俯卧：腹侧面向下的身体姿势。

旋转：绕一个固定轴运动。

表层：在表面或接近表面（与深相对）。

上翻：头部之上或离头部最近的。

下翻：手掌向上，掌朝屋顶。

第二章
拉筋伸展操的原理

2.1 拉筋伸展操的好处

拉筋操这类伸展运动简单有效,能提高运动表现力,降低受伤概率及减少肌肉酸痛。但拉筋操究竟是如何达到这些效果的呢?

扩大活动范围

通过对某个身体部位的伸展,可以拉长这一部位的肌肉长度。因此能降

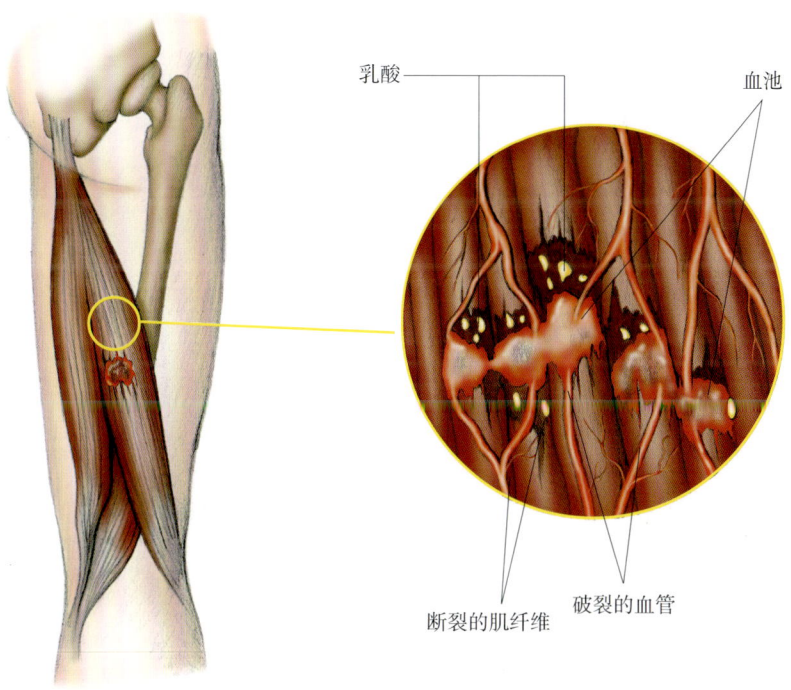

图 2.1 降低运动后的肌肉酸痛:细微破裂、形成血池和排出累积的废弃物

低肌肉张力,并扩大拉伸部位的正常活动范围。

身体部位的活动范围一旦扩大,四肢肌肉和肌腱就不会像之前一样随随便便就受伤。比方说踢足球时,大腿后侧的肌肉和肌腱会承受很大的压力,这些肌肉愈是柔软灵活,腿部就愈不容易被拉伤,这是因为其活动范围变大了。

扩大身体部位活动范围的好处包括:拉伸部位会感觉更舒服,活动更自如,肌肉和肌腱拉伤的概率会变小。

增加肌力

"做太多伸展运动会丧失肌力,关节也会变得不稳定。"这种说法是危险的,一点都不正确。增加肌肉长度,就能增加肌肉自如收缩的距离。换句话说,像拉筋操一类的伸展运动可以增强肌力,运动能力会因此变强,身体的动态平衡力会变得更好,控制肌肉的能力也会得到改善。

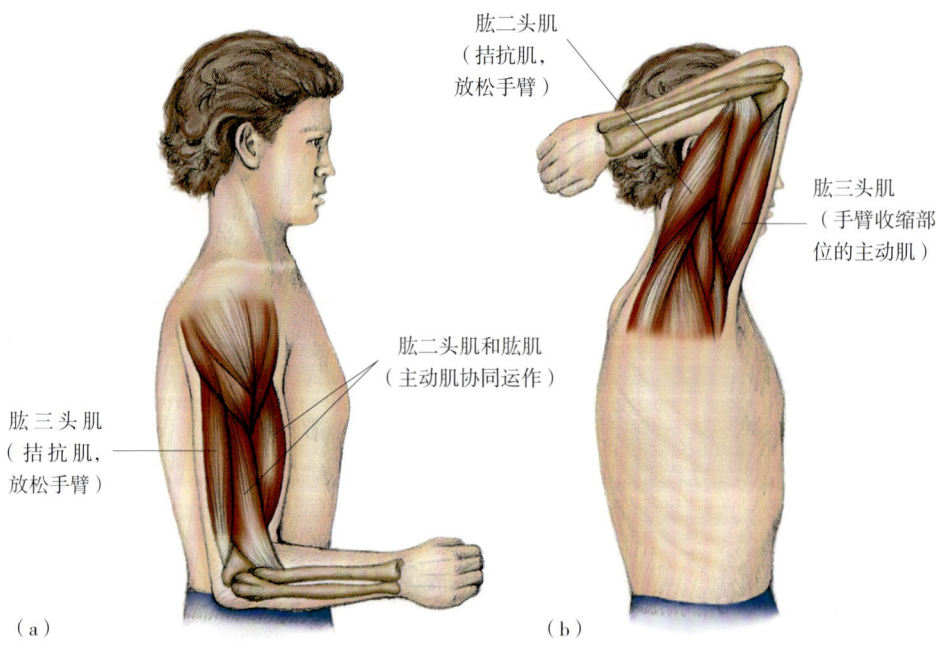

图2.2 (a)紧绷的拮抗肌会导致主动肌运作得更费力;(b)主动肌和拮抗肌的正常互动

降低运动后的肌肉酸痛

我们都有这样的经验：好几个月没运动，第一次慢跑或上健身房后，第二天会觉得肌肉异常紧绷、酸痛、僵硬，往往连下楼梯都有困难。伴随剧烈运动而来的这种肌肉酸痛，通常被称为"运动后肌肉酸痛"，这种酸痛是由于肌肉组织的细微破裂（肌纤维内的微小组织破裂）、血池形成以及乳酸等废物堆积的结果。拉筋伸展操可作为有效的缓和运动，通过延展肌纤维、促进血液循环及排除废弃物，来减轻这种酸痛现象。

减轻疲劳

疲劳是人人都有的问题，特别是有运动习惯的人更是要面对这种问题。疲劳会降低我们的体能及脑力表现。持续做拉筋伸展操可以增加柔软度，进而减轻负责运作的肌肉（主动肌）所承受的压力，达到预防疲劳的效果。人体的每一块肌肉都有拮抗肌，如果拮抗肌比较柔软，主动肌就不需要花太大力量对抗拮抗肌，当然也就不用那么费力了。

附加的好处

除了上述各种好处，常做拉筋伸展操也能改善不良姿势，提高身体的觉察能力及协调性，还能促进血液循环、提振精神，帮助身体放松和纾解压力。

2.2 拉筋伸展操的分类

相较于把腿跨在公园长椅上的那种伸展做法，拉筋伸展操需要更多的技巧。拉筋伸展操有其一定的规则和技巧，因此，可大幅提升对健康的促进作用并有效降低受伤概率。在这一章中，我们要探讨的是不同拉筋动作的优点、风险及作用，并简单说明每种拉筋运动的做法。

虽然有许多种不同的拉筋伸展操，但大致可以将它们归类为静态式拉筋伸展操及动态式拉筋伸展操这两大类。

2.3 静态式拉筋伸展操

静态式拉筋伸展操,顾名思义指的是姿势维持不变的拉筋操。全程只有一个拉筋动作或姿势,然后维持一定的时间。以下是静态式拉筋操的五个种类。

静态拉筋伸展

静态拉筋的做法,是通过某个拉筋姿势,让想要伸展的肌肉(或肌群)受到一定的延展压力。不管是拮抗肌群或主动肌群,都处于放松的状态;然后再对要伸展的肌肉(或肌群)施加压力。接着就维持这个姿势一段时间,让目标肌群获得伸展。

静态伸展时肌肉至少需要20秒才能放松并开始拉伸,在45到60秒后,其作用才开始减弱。

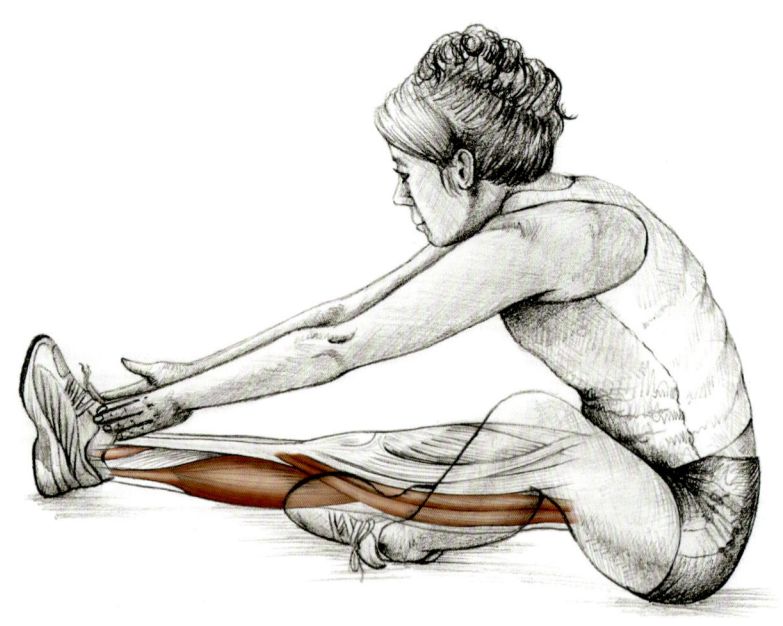

图 2.3　静态拉筋的一个示范动作

静态拉筋非常安全有效,受伤风险不大。对初学者及不喜欢运动的人来说,是很好的选择。

被动式(或辅助式)拉筋伸展

这类拉筋法跟静态拉筋非常类似,但需要有同伴或辅助器材帮忙。由于有外力介入,肌肉受力较大,因此,这类拉筋操的风险也比第一种略微高些。要提醒你的是,必须选择结实稳固的辅助器材。此外,有同伴帮忙时,绝对不要施力过猛或突然用力。记得要慎选同伴,因为在做这类拉筋运动时,肌肉和关节的安全完全掌握在同伴手上。

被动式拉筋伸展有助于进一步扩大肌肉及关节的活动范围,但风险会高一些。这种拉筋法,不失为康复及缓和运动的好选择。

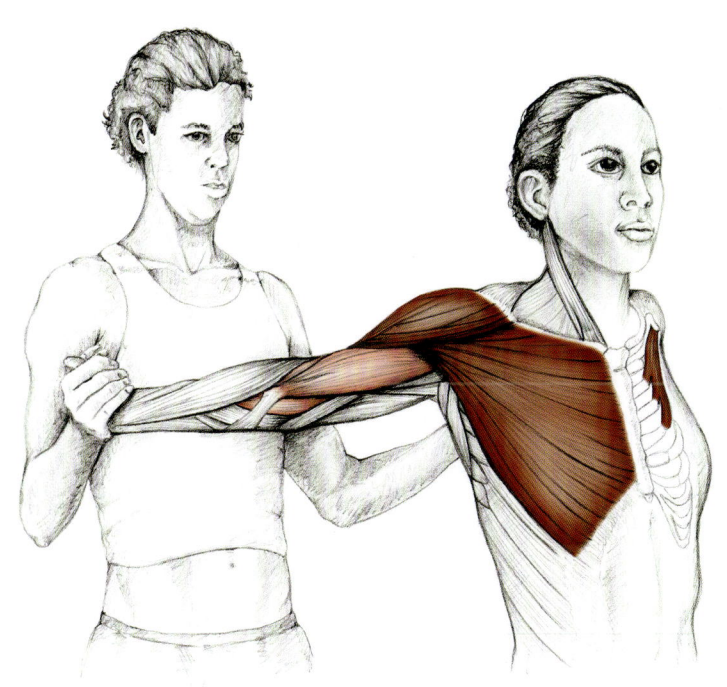

图 2.4　被动式拉筋的一个示范动作

主动式拉筋伸展

主动式拉筋伸展运动不需借助器材或同伴等外力帮助。这种拉筋法是运用相反肌肉（拮抗肌）的力量，来伸展目标肌群（主动肌）。拮抗肌的收缩可以帮助主动肌的放松，最典型的一个动作是把单脚往前尽量抬高（见图2.5），在没有同伴和器材辅助下维持这个姿势一段时间。

主动式拉筋伸展是很有效的康复方法，也是进行动态式拉筋伸展前很好的准备运动。这种拉筋运动通常很难长时间维持一个姿势不变，所以，每个拉筋姿势往往只能持续10至15秒。

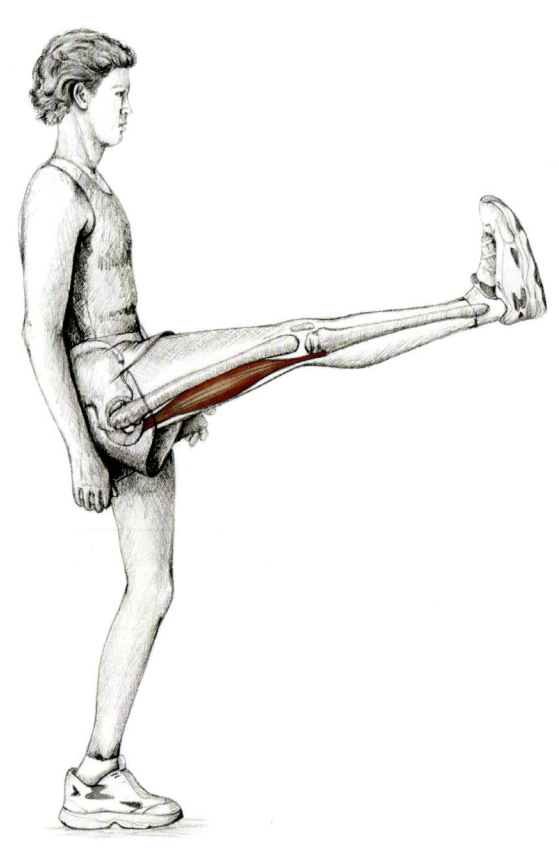

图2.5　主动式拉筋的一个示范动作

本体感觉神经肌肉促进疗法（PNF 伸展法）

本体感觉神经肌肉促进疗法是 PNF 伸展法的中文译名，这是一种高阶的柔软度训练法，需要同时运用目标肌肉的伸展和收缩功能。这种伸展法原本是以康复为目标发展出来的，是一种非常有效的康复运动。对于特定肌群的训练、提高柔软度（及活动范围）以及增进肌力等目标来说，这种伸展法也十分有效。

PNF 伸展法的原则十分多样，有时它被称作"收缩—放松"拉伸或"保持—放松"拉伸，另一种形式的 PNF 伸展法为"后伸展合并等长收缩"。

PNF 伸展法采取的动作会让目标肌肉受到压力，由同伴施加阻力让运动者维持姿势不动，收缩目标肌肉 5 至 6 秒。收缩强度应视肌肉的情况而定。收缩的肌群放松，然后进行 30 秒左右的有限度伸展。运动者接着有 15 到 30

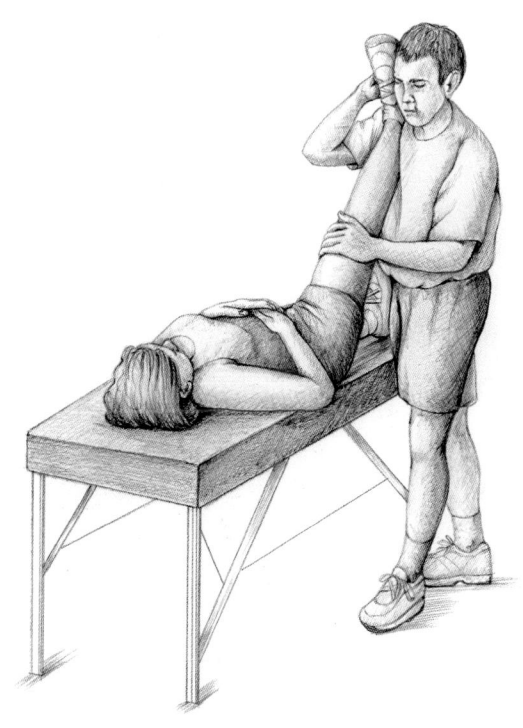

图 2.6　PNF 伸展法的一个动作

秒的休息时间，一个伸展操应重复 2 至 4 次。

关于 PNF 伸展法的相关时间问题，目前获得的建议各不相同。例如针对"每个肌群应该收缩多久？"或"每次伸展之间应该休息多久？"的回答都不尽相同，就我考量研究过的资料及个人经验来看，以上时间建议可为 PNF 伸展法带来最大的效益。

伸展合并等长收缩（Isometric Stretching）

伸展合并等长收缩法是类似 PNF 伸展法的被动式伸展法，但收缩肌肉的时间较长。这种伸展法会让目标肌肉承受很大的压力，因此，成长中的儿童和青少年不适合做这种伸展运动。建议：每两回伸展运动间要有 48 小时的休息，而且一次只能伸展一个肌群。

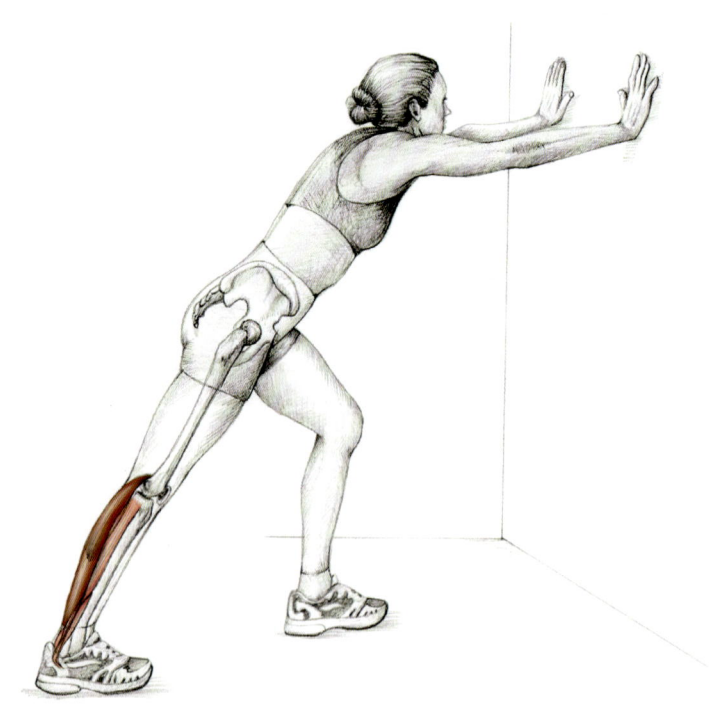

图 2.7　伸展合并等长收缩法的一个动作

伸展合并等长收缩法的典型例子是站立推墙的小腿肌伸展操，运动者身体挺直，手扶墙壁，然后在感到舒服的范围内，将一条腿往后尽量退到远处，双脚脚跟全程着地。保持这个姿势，接着像要把墙推倒般地往前用力，借此收缩小腿肌肉。

伸展合并等长收缩法是以静态伸展的姿势，收缩目标肌群 10 至 15 秒。伸展目标的手臂或腿必须维持不动，然后放松肌肉至少 20 秒。一个伸展操应重复 2 至 5 次。

2.4 动态式拉筋伸展操

动态式拉筋伸展指的是一系列动作的伸展运动。换句话说，运动者不再停留于某一个动作上，而是采取摆动或跳跃的方式，借此延展肌肉或扩大关节的活动范围和柔软度。以下简单介绍三种动态拉筋伸展的方式：

弹震式伸展

弹震式伸展是利用快速摆动、弹动及反弹产生的动力，迫使身体部位超越平常的活动范围，这是一种过时的伸展法。

弹震式伸展可能产生的危险超过其好处，选择其他的动态伸展方式或 PNF 伸展法，可以达到更好的伸展效果。弹震式伸展的主要缺点除了可能受伤之外，还包括没有给目标肌群足够的时间适应伸展姿势，反而会反复地引发牵张反射（见第四章说明），而造成肌肉紧绷。

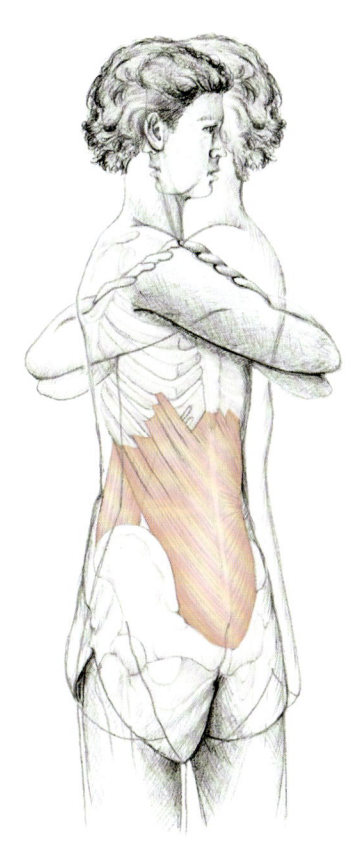

图 2.8　弹震式伸展的一个动作

动态伸展

不同于弹震式伸展,动态伸展运用克制或温和的弹动或摆动动作,让特定的身体部位达到其活动范围的极限。这种伸展法会逐渐增加弹动或摆动的力道,但动作绝对不能急剧猛烈或失控。

切勿把动态拉筋伸展和弹震式伸展并为一谈。动态伸展的每个动作缓慢、温和,且过程和目标清楚。动态伸展绝对不会让关节超过其正常的活动范围;而弹震式伸展却激烈许多,其目标就是要迫使人体部位超越其活动范围的极限。

单一肌群主动伸展法

单一肌群主动伸展法简称 AIS,是亚伦·马特斯发展出来的一种新式的拉筋伸展法。可以将想要伸展的肌群单一隔离定位,进行 2 秒钟的伸展。方法是收缩拮抗肌(即相反的肌群),迫使被伸展的肌群放松。单一肌群主动

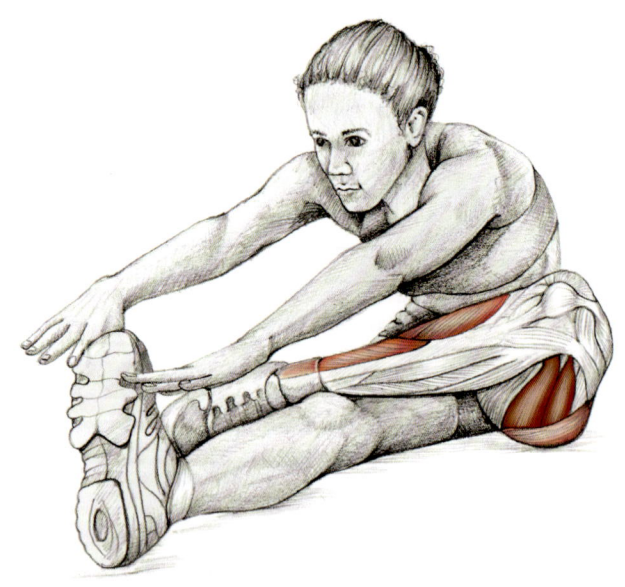

图 2.9　单一肌群主动伸展的一个动作,只要停留 1 至 2 秒钟,就能放松肌肉

伸展运动的运作方式如下：

1. 选择所要伸展的肌群，然后选择某一个伸展姿势；
2. 主动收缩拮抗肌；
3. 快速顺畅地进入伸展；
4. 维持该姿势 1 至 2 秒，然后放松；
5. 重复这个伸展操 5 至 10 次。

尽管单一肌群主动伸展法有一些益处（尤其是对专业且自身条件较好的运动员来说），它同样遭到了诟病。有人说这种伸展法无法保证拉伸反射，因为伸展时间仅 2 秒。这种说法违背了基本的肌肉生理学。举例来说，大腿的拉伸反射在三百分之一秒内就会被激发。因此，任何说单一肌群主动伸展法忽略了伸展反射的说法都是主观臆断。

阻抗拉伸与负重拉伸

阻抗拉伸与负重拉伸都属于动态拉伸，能同时收缩和拉伸肌肉。进行收缩时，其能在整个运动范围内拉伸肌肉，因此，阻抗拉伸与负重拉伸能在拉伸运动中强化肌肉。

与单一肌群主动伸展法一样，阻抗拉伸与负重拉伸都有其优点。三届奥林匹克运动会游泳冠军达拉·托雷斯将她游泳上的成就归功于运用阻抗拉伸。但是，这种拉伸对肌肉骨骼系统有很高的要求，因此仅适合于专业和身体条件较好的运动员。

2.5 拉筋伸展操的安全守则

大部分活动都有确保安全的规则，拉筋伸展操也不例外。拉筋伸展操要是做得不对，也可能会导致运动伤害及其他后遗症。因此，遵循确保安全和最大伸展效率的守则十分重要。

有心想要练习伸展操的人,在开始练习之前必须谨慎选择,多方比较,找出切合自身条件的伸展拉筋操,并且持之以恒地练习。要注意的是,关于伸展操的相关信息也有许多容易混淆之处,而让人疑惑的是,拉筋伸展操真的有好坏之分吗?我们又如何知道哪些是好的伸展操,哪些又是不好的伸展操的?

伸展操没有所谓的好坏之分

一如运动没有好坏之分,伸展操也没有好坏之分,差别只在于适不适合锻炼者的需求。因此,要说哪种伸展操适合,答案是:因人而异。

举个例子来说,肩部受伤的人不该做俯卧撑或自由式游泳,但这不表示这两种运动不好。同样的道理也适用于拉筋伸展运动,肩部受伤的人不该做针对肩膀部位的拉筋伸展操,但这不表示所有的肩部拉筋伸展操都不好。

就如前面提过的,伸展操本身并无好坏之分。练习伸展操的方式以及做伸展操的人,才是证明伸展操是否安全有益,以及是否有效的关键。要说哪一种伸展操"好"或"不好",是不明智且危险的。要是我们给哪种伸展操贴上"好"的标签,有人就会误以为他们可以随时随意做伸展操,而完全不会有任何问题。

个人需求才是关键

记住,伸展操没有好坏之分。不过,在选定伸展操之前,有一些必须注意及"检查"的事项要先考量清楚,才能确定你挑选的伸展操没有问题。

首先,对运动者做整体评估。他们健康吗?体能活跃程度如何?过去五年中,他们经常久坐不动?他们是专业运动员吗?有没有受过重伤?有没有任何肌肉疼痛,或是关节僵硬的问题?

其次,仔细评估想要伸展的身体部位或肌群。那些部位的肌肉健康吗?关节、韧带或肌腱等部位有过损伤吗?要拉伸的部位最近受过伤吗?是否还在康复阶段?

如果想伸展的肌群不是百分百健康,就要避免伸展那个部位,以免其再次受到伤害。先让其康复，再做拉筋伸展运动，是比较理想的做法。不过，如果运动者很健康，想要伸展的部位也没有受伤，也要在练习伸展运动时依循以下准则。

做拉筋伸展操之前一定先热身

我们经常会忽略这项准则。没有切实做好热身，很有可能会因为强行拉筋而严重受伤。伸展未经热身的肌肉，就像硬要拉开干枯的旧橡皮圈一样，风险是：可能会断掉。

伸展运动前先热身有几个好处，但最主要的目的是让身体和心理为较费力的活动做好准备。热身能提高人体的核心体温和肌肉温度。肌肉温度一旦提高，肌肉就会变得放松、柔软及灵活。如此一来，就能确保伸展运动能带来最大的益处。

正确的热身运动也能提高心跳及呼吸速率。我们身体的血流量会因此增加，从而把更多氧气和养分带到要运动的肌肉部位。这些因素，都能帮助肌肉为伸展运动做好准备。

正确的热身运动应该包括少量的体能活动。热身运动的强度和时间长短要视运动者的体适能状况而定。不过大部分的人应该先做10分钟热身运动，而且要达到轻微发汗的状态。

运动前后都要做伸展操

我们常常有这样的疑问："我应该在运动前还是运动后做伸展操？"这不是二选一的选择题，因为运动前后都有必要做伸展操。运动前后的伸展操作用不同，两者不能一概而论。

运动之前做伸展操，可以有效预防受伤。伸展运动可以延展肌肉和肌腱，因而提高人体部位的活动范围，借此预防因为拉扯不当、施力不当而受伤。如此一来，就能确保身体活动自如。

运动之后的伸展操，则有不同的作用。其主要目的是帮助肌肉和肌腱的

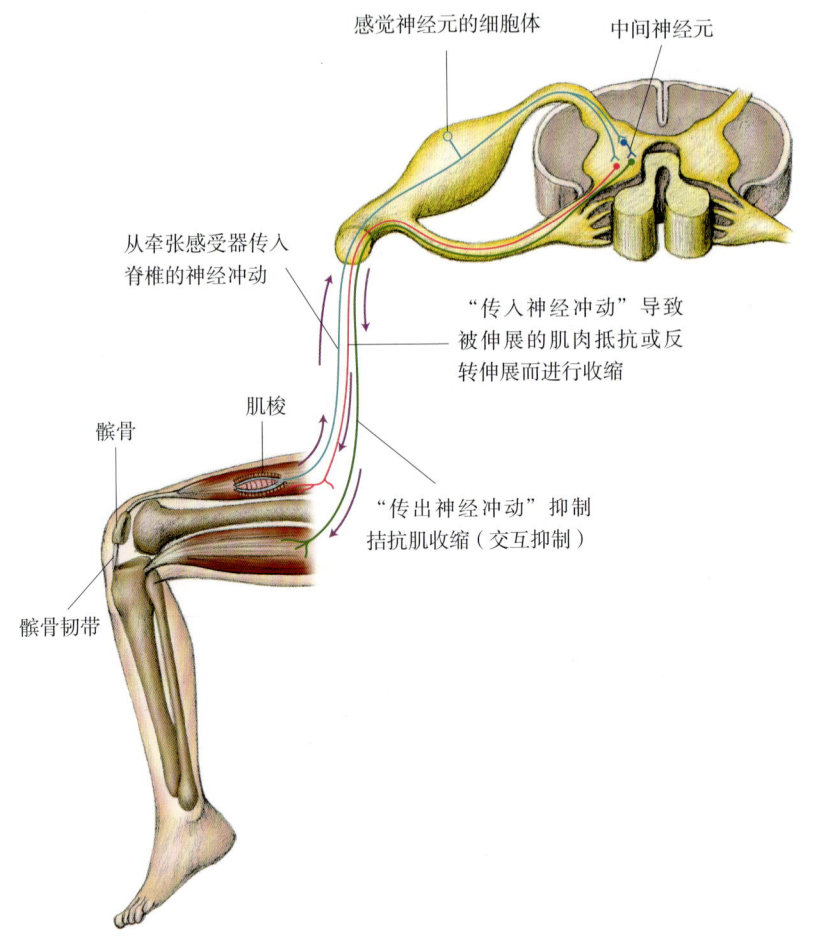

图 2.10　牵张反射弧

修复。伸展操可以延展肌肉和肌腱，有助于预防肌肉紧绷，缓解激烈运动后常有的肌肉酸痛困扰。

　　运动后的伸展操应该被当成是缓和运动。缓和运动要怎么做，要视运动的时间长短及激烈程度而定，但通常是：做 5 至 10 分钟的温和体能活动，接着再做 5—10 分钟的静态伸展操。

　　有效的缓和运动包括少量的体能活动和伸展操，能够帮助肌肉排除废物，预防血池形成，并运送较多的氧气与养分到肌肉。这些都能帮助人体恢复到运动前的状态，因而有助于身体康复的过程。

绝对不超过紧绷点

拉筋伸展操不应该让人产生疼痛感，而应该让人能乐在其中。放松、享受。然而，不少人误以为要从拉筋伸展操获得最大的效果，就是要能忍痛练习。这是做伸展运动最大的错误观念，下面就来解释个中原因。

当肌肉被伸展到紧绷点时，人体会启动"牵张反射"（stretch reflex）这种防卫机制。牵张反射的主要功能是维持肌肉正常长度，是人体预防肌肉、肌腱和关节重大伤害的安全措施。牵张反射用以保护肌肉和肌腱的方式是引发收缩，阻止它们被伸展。

所以要避免启动牵张反射的机制，就要避免疼痛。练习拉筋伸展操时，千万不要刻意将身体伸展到不舒服的程度，只要伸展肌肉感觉到紧绷就好。如此一来，运动者既可避免拉伤肌肉，又能从伸展运动中获得最大好处。

伸展主要肌群及拮抗肌群

做拉筋伸展操的一个要点，是要顾及我们身体所有的主要肌群。例如，如果你要进行某种着重腿部的运动，并不代表就可以在伸展训练时忽略上半身。

所有的肌肉在体能活动时都扮演着重要的角色，并非只有特定的肌肉才关键。比方说，上半身的肌肉对所有径赛运动都非常重要。这些肌肉在我们赛跑时，对身体的稳定和平衡影响重大。因此，保持上半身肌肉柔软灵活至关紧要。

人体所有的肌肉都有与其作用相反的肌肉。比方说，和腿前方的肌肉（股四头肌）相反的是腿后方的肌肉（腿后肌）。这两组肌群彼此拮抗以平衡人体，如果两组肌群的肌力或柔软度不一样，就可能导致受伤或姿势不良等问题。举例来说，腿后肌撕裂是径赛运动中常见的运动伤害。造成的原因往往是运动员有强壮的股四头肌，但腿后肌却无力或僵硬。这种不平衡让腿后肌承受着很大的压力，因而导致肌肉撕裂或拉伤。

拉筋伸展操宜和缓

缓慢、温和的拉筋伸展运动有助于放松肌肉，运动者也因此感觉更舒适，并且获益更大。此外，也能避免因急剧的动作而引发肌肉撕裂和拉伤。

拉筋伸展时呼吸要缓和自然

许多人做拉筋伸展操时会不自觉地憋气，这会造成肌肉紧张，肌肉会因此不容易伸展。要避免这种情况，做伸展操时记得要配合缓慢的深呼吸。这有助于放松肌肉、增加血流，并运送较多的氧气与养分到肌肉。

一个错误的例子

我们来看一个最受争议的伸展操动作，就能了解以上的几个安全准则应该如何运用了。如下页图2.11所示的伸展动作，很多人都不敢实践，认为这个动作的风险很高，是一个不正确的伸展动作，因此，建议人们不要随便做这个伸展动作。

但是，为什么在奥林匹克运动会和世界锦标赛上，都会看到短跑选手在赛前做这个伸展动作呢？让我们应用以上的检查标准，来看看会得到什么样的结果。

第一步，先评估做这个伸展动作的是什么人。

1. 他们健康、生活热情、体适能状态良好吗？如果不是，那么这个伸展动作就不是他们可以轻易尝试的。

2. 他们年纪大、体重过重或身体状况差吗？他们年纪轻，还在成长阶段吗？他们的生活习惯是久坐不动吗？如果答案是肯定的，以上这些人就应该避开这个伸展动作。

通常第一步的评估考量，就会刷掉大概50%的人，也就是说，有多达五成的人不适合做这个伸展动作。

第二步，就是评估所要伸展的部位。这个伸展动作显然会让腿后肌和下背肌肉承受很大的压力。因此，如果腿后肌或下背肌肉不完全健康的话，就不能做这个伸展动作。第二步的评估考量，大概会排除另外 25% 的人，也就是说，这个伸展动作只适 25% 的人做，这些人都是经过良好训练、体能状态良好，而且没有受伤的运动员。

最后要提醒读者的是，即便是这些经过良好训练、体能状态良好且没有受伤的运动员，还是要依循上述六个注意事项，才能确保安全有效。

不要忘了，伸展操本身没有好坏之分。练习伸展操的方式以及做伸展操的人，才是证明伸展操是否安全有益或是否有效的关键。

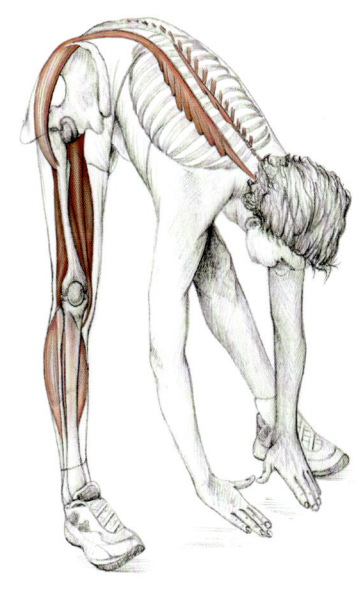

图 2.11　一个有争议的伸展动作

2.6　做拉筋伸展操的技巧

做拉筋伸展操的时机

拉筋伸展操必须与其他运动训练占有同等重要的地位。只要是做运动，就必须花时间做拉筋伸展操。一定要安排出时间伸展紧绷或僵硬的身体部位，越是热衷于运动与体适能的人，就越要注意花时间和精力在伸展运动上。

如前所述，运动前后都要做伸展操，这是不可怠惰的。除此之外，我们还应该在哪些时候做伸展操呢？针对个别的训练目标，又要如何选择最适合的伸展操呢？

依照训练目标选对伸展操的种类，对柔软度训练的效果有很大的影响。以下是我对如何选择伸展操所提的一些建议。

选对拉筋伸展操

就热身来说，选择动态式拉筋伸展操最有效果；而就缓和运动而言，静态及被动式拉筋伸展，以及 PNF 伸展法最适合；如果要增进肌肉和关节活动范围，建议做 PNF 伸展法和单一肌群主动伸展；若以康复保健为目标，结合 PNF 伸展法、单一肌群主动伸展以及主动式拉筋，可以达到最佳效果。

随时都能做

那么，我们还应该在什么时候做拉筋伸展操呢？任何时候都可以。拉筋伸展运动是放松自己和纾解生活压力的好方法，看电视时做拉筋伸展操，是善用时间的好方法。一开始可以先原地快走或慢跑 5 分钟，然后坐在电视机前的地板上开始练习伸展。

如果要参加体育竞赛，就要非常注意自己的身体状态，让身体保持良好的体能状态，进而慢慢达到颠峰状态。参赛者的身体柔软度应该在竞赛之前达到最佳状态。很多人都是在竞技性运动时，因为激烈的动作而受伤的。因此在竞赛前，务必要好好做拉筋伸展操。

停留动作、计数、再重复

每个伸展动作应该停留多长时间？每个伸展操应该做几次？每次的练习时间要多长？

以上问题是讨论拉筋伸展运动时经常会被提到的。尽管人们对这些问题的看法不一，但我研究资料以及衡量个人经验之后认为，以下建议是目前最正确且有益的信息。

每个伸展动作应该停留多长时间

这是争议性最大，也最众说纷纭的一个问题。有些人说停留 10 秒钟就够了，我认为这是最低限度。10 秒钟只能让肌肉放松并开始延展，要对柔软度有帮助，至少每个伸展动作要停留 20 至 30 秒才行。

伸展运动要做得多深入，必须视个人是否有经常运动的习惯及经常进行的运动类型而定。对于想改善健康及体适能的人而言，每个动作只要停留 20 秒就够了。然而，对于从事激烈竞技性运动的人，每个动作至少必须停留 30 秒，然后延长到 60 秒以上。

每个伸展操应该做几次

同样的准则也适用于这一问题。每个肌群需要做多少次伸展动作，这也必须视个人是否有运动习惯及所进行的运动类型而定。比方说，对初学者，每个肌群应该伸展 2 至 3 次；对进行较激烈运动的人来说，每个肌群就必须伸展 3 至 5 次。

每回的练习时间要多长

这个问题也同样适用于上述准则。初学者每次练习 5 至 10 分钟就够了，但专业运动员就可能要长达两个小时。介于初学者及运动员之间的人，可依自己的情况而调整时间长短。

做拉筋伸展操要有耐心，没有人能够在两三星期内就柔软度大增，所以不要期待伸展运动会带来奇迹般的效果。眼光要放长远，有些肌群需要至少三个月的密集伸展运动才能收到成效。持之以恒，这绝对是值得的。

做拉筋伸展操的步骤

刚开始练习伸展运动时，不要只做几种特定的伸展操，而要做大范围的全身性伸展。目的是降低整体肌肉的紧绷程度，并且提高关节及四肢的活动能力。

接下来，将肌肉和肌腱伸展到其正常的活动范围之外，以提高身体的整体柔软度。然后，再针对特别紧绷的部位伸展，或是针对自己所进行的运动项目选择适合的伸展操训练特别重要的身体部位。要记得，这些都要花时间。这些伸展练习可能要花上三个月才能看见效果，习惯静态生活或是一向缺乏肌肉训练的人可能需要更长的时间。

没有资料显示，伸展运动必须依循哪些特定程序。但是，一般建议从坐姿式的拉筋伸展操入手，因为用坐姿练习受伤的概率会较小。等身体适应后，再接着练习站姿式拉筋伸展操。最简易的做法是从脚踝开始伸展，然后往上伸展到颈部，或是反方向进行也可以。只要能伸展到所有主要肌群及协同拮抗肌群，采用哪种方式都无所谓。

整体的柔软度提升后，就可开始专注于加强特定肌肉或肌群的活动范围，针对这些肌肉来做伸展运动，这对做拉筋伸展操是相当重要的。做法是一次只专注于一个肌群，比如说，不要一次同时训练两条腿的腿后肌，而是一次只专注训练一侧的腿后肌就好。这样的训练方法，可以帮助降低支持肌群的拮抗力。

姿势

伸展的姿势，或正位（alignment），是柔软度训练最常被忽略的方面。在做拉筋伸展运动时，必须切记姿势会影响到伸展运动的整体效果。不良的姿势和不正确的做法可能会造成肌肉失衡，从而让身体受伤；正确的姿势，则能让目标肌群得到最好的伸展。主要肌群是由许多不同的肌肉构成的，如果伸展姿势不精准或不正确，可能会让肌肉受力不均，导致肌肉失衡而让身体受伤。

举例来说，伸展腿后肌时，双脚一定要朝上。如果双脚朝向侧边，就可能让腿后肌的部分肌肉承受过度的压力，因而导致肌肉失衡，如此一来，花时间做伸展运动就反而未蒙其利，先受其害了。

2.7　如何在热身运动中运用拉筋操

最近，我收到好多关于拉筋操的问题，其中最常被问到的是关于拉筋操在热身运动中所扮演的角色。

人们好像对如何应用拉筋操做热身有很多困惑。很多人还有一种印象，那就是要避免所有的拉筋操。

这是个很重要的问题，一定要澄清。下面，我将针对拉筋操和拉筋操在热身运动中的作用，指出一些常见的偏见和误区。

科学界是怎么说的

很多研究者都试图定义拉筋操对伤痛预防的功效。这本身就是一个错误，也反映了人们对拉筋操在伤痛预防和热身中的作用缺乏了解。

拉筋操对体育项目和伤痛预防的功效本身就是无法用科学方法去衡量的。当然你可以用坐位体前屈去衡量拉筋操对灵活性的作用，但是要去定义这对体育表现和伤痛预防的具体影响，即使可能，也是非常困难的。

最近支持这一观点的研究认为：因为目前可得的研究数据不足，研究结果存有差异，我们无法就拉筋操减小伤痛风险的作用得出明确的结论。

用外行的话说就是，这方面还没有足够的研究，即使有，结果也不明确，或者没那么有持续性。

最大的误区

对拉筋操在热身过程中的功效的困惑导致人们将拉筋操全部舍弃。理解拉筋操作用的关键就在前文——但你得仔细阅读：

拉筋操是热身运动的重要一环，但并非热身运动本身。

不要错认为做几个拉筋操就是热身了。有效的热身运动包含几个关键因素，它们可以将运动伤痛的可能性降到最小，使个体做好运动准备。

热身运动要安全有效，分清步骤并按顺序进行至关重要。记住，拉筋只是有效热身的一个步骤，它在热身过程中的位置是明确的，并要与其他步骤相依相存。

有效而完整的热身运动应该包含下面四个关键因素：

1. **总热身运动**：进行5到15分钟轻运动。这是为了提升心率和呼吸频率，增加血液流量，提升肌肉温度。

2. **静态拉筋**：接下来，在整体热身运动中应该加入5到10分钟温和的静态拉伸，这是为了逐步拉伸主要肌群及其上所附着的软组织。

3. 针对特定运动的热身运动：这一阶段，用10到15分钟，针对所选择的运动项目进行相应准备。

4. 动态拉筋：这阶段需要在最大范围内克制、温柔地弹动或者摆动自己身体的特定部位。弹动和摆动的力道逐渐增加，但一直要有控制。

这四步同等重要，每一步都不能省略，或者视其为可有可无。这四步结合起来能将身心状态带到巅峰，使身体准备好进行之后的运动。

请注意以下三点：

1. 若动态拉筋施展不当，会增加受伤风险。
2. 上文中每一步持续的时间都针对真正的运动员。若体育能力未达到专业水平，请依照自己的水平调整时间。
3. 最近有研究表明，静态拉筋可能会对肌肉收缩速率产生不利影响，因此会削弱运动员在强度大、速度高的运动中的表现。这就是为什么静态拉筋之后，人们总是要针对特定运动而继续进行锻炼和动态拉筋。

我们能得出什么结论

当运动进行得当时，拉筋是有益的。记住，在减小伤痛风险和提高体育能力上，拉筋非常重要，但它只是其中的一个步骤。只有配合其他减小伤痛的技巧和健身训练，才能达到最好的效果。

| 第二部分 |

简易拉筋伸展操

第三章　颈部和肩部的拉筋操……43

第四章　手臂和胸部的拉筋操……61

第五章　腹部的拉筋操……79

第六章　背部和肋部的拉筋操……87

第七章　髋部和臀部的拉筋操……111

第八章　股四头肌的拉筋操……125

第九章　腿后肌的拉筋操……133

第十章　内收肌的拉筋操……149

第十一章　外展肌的拉筋操……159

第十二章　小腿的拉筋操……167

第十三章　小腿下部肌肉及跟腱的拉筋操……177

第十四章　胫部、脚踝及脚部的拉筋操……187

第三章
颈部和肩部的拉筋操

颈部和肩部由大量控制着头部和上肢的肌肉组成。肌肉围绕着颈部与肩部关节，使人们可以做弯曲、前伸、过度伸展、侧屈、内收、外展和旋转等幅度较大的运动。颈部椎外侧肌包括从颈椎的横突向下直到肋骨斜角肌群，与两头长条状肌肉**胸锁乳突肌**。颈阔肌有时会很明显地凸出，例如跑步选手经过一场恶战之后就会有这种情况。

三角肌由前中后三部分组成。只有中间的部分是复羽肌，大概是因为其先天不适应肩关节内收，所以需要额外的力量。它可以吸收冲击，在冲击中保护肩膀。斜方肌为肩关节提供主要动力，左右斜方肌整体形成一个梯形，因此得名斜方肌。**肩胛提肌**比胸锁乳突肌和斜方肌要深，之所以叫肩胛提肌是因为它有提起肩胛的功能。前锯肌形成了腋窝的内侧壁，位置是在上胸壁和上肢之间，与最靠上的五根肋骨一致。前锯肌是由一系列手指状细条组成的。

肌腱套由一组肌肉组成，这组肌肉包括**冈上肌、冈下肌、小圆肌**和**肩胛下肌**。他们的作用是在肩关节运动时将肩关节的"球状"部位稳定在肩胛的正确位置，以避免关节分离。肩胛下肌还和大圆肌、背阔肌肌腱（绕行其上）组成了腋窝后壁上更大的一部分。

竖脊肌，也被称为骶棘肌，包含三组平行排列的肌肉，从外到内，分别是：髂肋肌、最长肌和棘肌；最长肌是竖脊肌的中间部分，它还可以被细分为颈最长肌、背最长肌和头最长肌；棘肌是竖脊肌最靠内的一部分，它还可以被细分为背棘肌、颈棘肌和头棘肌。横突棘肌是由三组比竖脊肌深的肌肉组组成的。跟竖脊肌不一样的是，这三组肌肉一组比一组深，而不是靠在一起。这三组肌肉由浅到深为：半棘肌、多裂肌和回旋肌。它们的纤维总体上向上延伸，中部从横突向高棘突延伸。棘间肌和横突间肌将在第六章中讨论。

肩部和颈部的拉筋操有益于这些运动：射箭、垒球、拳击、足球、美式足球、橄榄球、高尔夫球、网球、羽毛球、壁球、游泳、板球、棒球、搏击。

3.1 头部侧向拉筋操

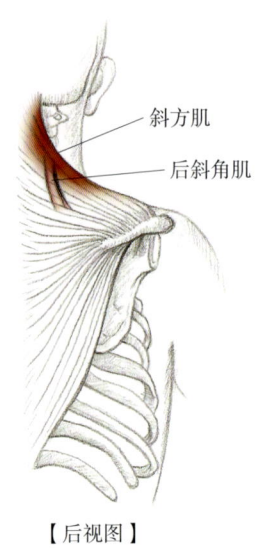

【后视图】

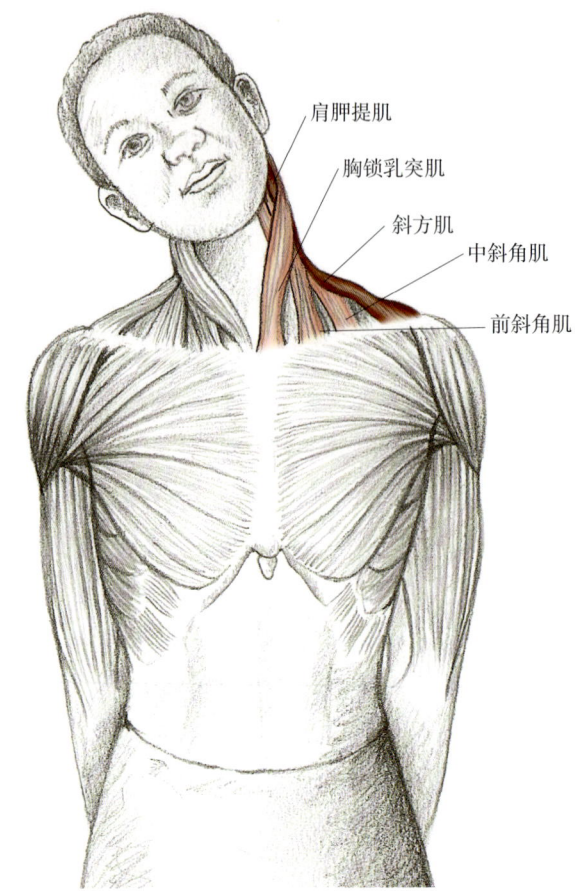

步骤
抬头看着前方。双手置于背后,慢慢把耳朵贴向肩膀。

拉到的肌群
- 主要肌群:肩胛提肌、斜方肌。
- 次要肌群:胸锁乳突肌、前斜角肌、中斜角肌、后斜角肌。

动作诀窍
1. 放松肩膀。
2. 双手一直要放在背后。
3. 侧头时不要耸肩。

- 有助于修复哪些肌肉的问题:
  颈部肌肉拉伤、颈部挥鞭样损伤(颈椎屈曲/伸展损伤)、颈神经牵拉综合征、急性斜颈。
- 对哪些运动有帮助:
  拳击、美式足球、橄榄球、游泳、摔跤。

▶ 可以配合练习的其他拉筋操:编号 3.2

3.2 颈部旋转拉筋操

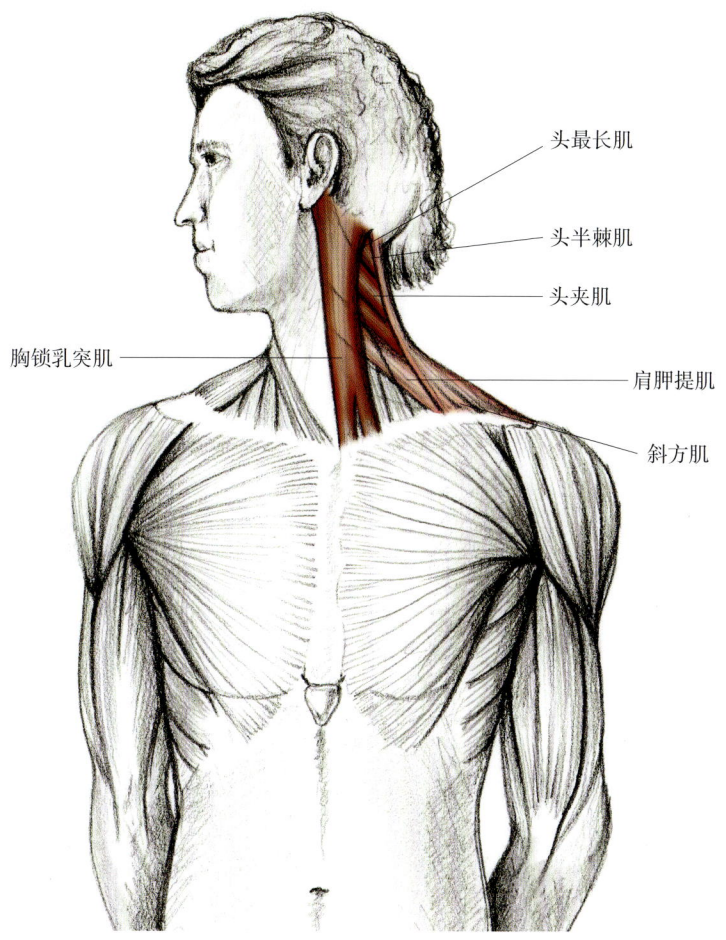

头最长肌
头半棘肌
头夹肌
胸锁乳突肌
肩胛提肌
斜方肌

步骤
抬头挺直站立，肩膀不动，慢慢把下巴转向肩膀。

拉到的肌群
- 主要肌群：胸锁乳突肌、头夹肌、头半棘肌、头最长肌。
- 次要肌群：肩胛提肌、斜方肌。

动作诀窍
1. 保持头部挺直。
2. 下巴不要下垂。

- 有助于修复哪些肌肉问题：
  颈部肌肉拉伤、颈部挥鞭样损伤（颈椎屈曲/伸展损伤）、颈神经牵拉综合征、急性斜颈。
- 对哪些运动有帮助：
  射箭、拳击、美式足球、橄榄球、游泳、摔跤。

▶ 可以配合练习的其他拉筋操：编号 3.6

3.3 颈部前弯拉筋操

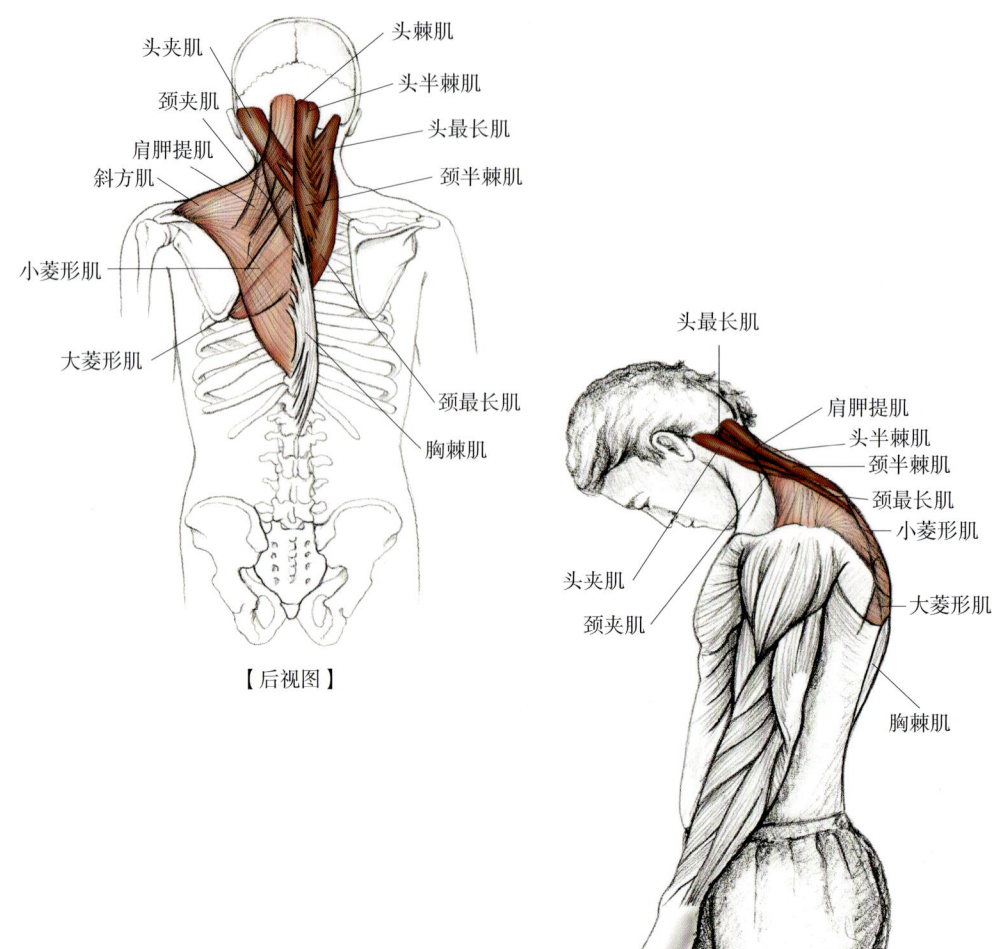

【后视图】

步骤
挺直站立，下巴垂向胸膛。放松肩膀，双臂垂放在身体两侧。

拉到的肌群
- 主要肌群：头半棘肌、颈半棘肌、头棘肌、颈棘肌、头最长肌、颈最长肌、头夹肌、颈夹肌。
- 次要肌群：肩胛提肌、斜方肌、菱形肌。

动作诀窍
1. 上背部和颈部的柔软度因人而异，不要用力低下头而导致过度拉扯颈部。
2. 放松身体，靠头部重量自然下垂而伸展颈部。

· 有助于修复哪些肌肉问题：
颈部肌肉拉伤、颈部挥鞭样损伤（颈椎屈曲/伸展损伤）、颈神经牵拉综合征、急性斜颈。

· 对哪些运动有帮助：
拳击、美式足球、橄榄球、自行车、游泳、摔跤。

▶ 可以配合练习的其他拉筋操：编号 3.7

3.4 颈部对角弯曲拉筋操

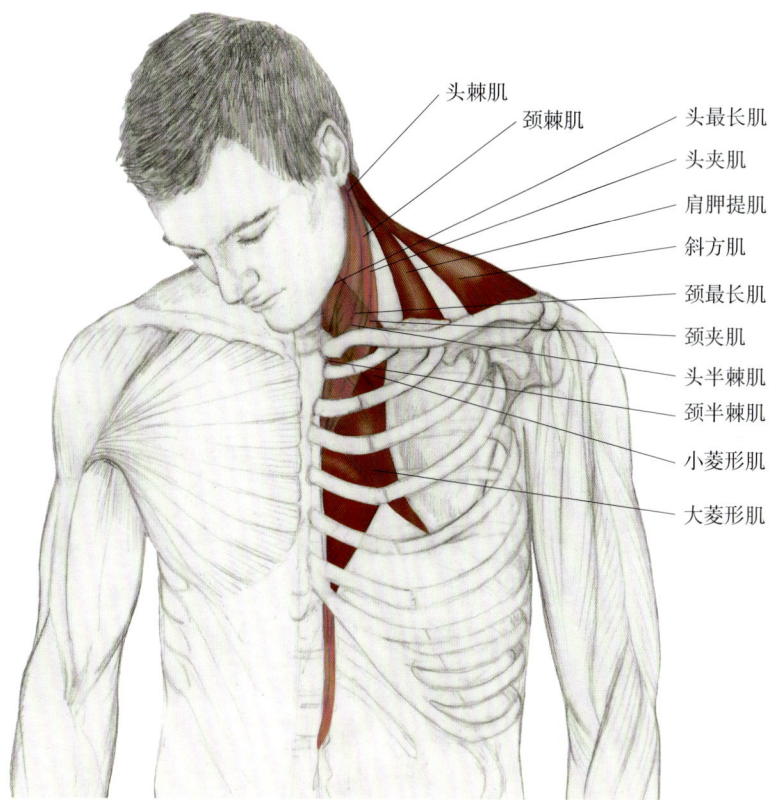

- 头棘肌
- 颈棘肌
- 头最长肌
- 头夹肌
- 肩胛提肌
- 斜方肌
- 颈最长肌
- 颈夹肌
- 头半棘肌
- 颈半棘肌
- 小菱形肌
- 大菱形肌

步骤
挺直站立，下巴垂向胸腔，然后轻轻将头靠向一侧。放松双肩，双臂垂放在身体两侧。

拉到的肌群
- 主要肌群：肩胛提肌、斜方肌、菱形肌。
- 次要肌群：半棘肌、棘肌、头最长肌、头夹肌。

动作诀窍
1. 上背部和颈部的柔软度因人而异，不要用力低头而导致过度拉扯颈部。
2. 放松身体，靠头部重量自然下垂而伸展颈部。

· 有助于修复哪些肌肉问题：
颈部肌肉拉伤、颈部挥鞭样损伤（颈椎屈曲/伸展损伤）、挥鞭伤（颈部扭伤）、颈神经牵拉综合征、急性斜颈。

· 对哪些运动有帮助：
射箭、拳击、足球、美式足球、橄榄球、自行车、高尔夫球、游泳、摔跤。

▶ 可以配合练习的其他拉筋操：编号 3.2

3.5 颈部延展拉筋操

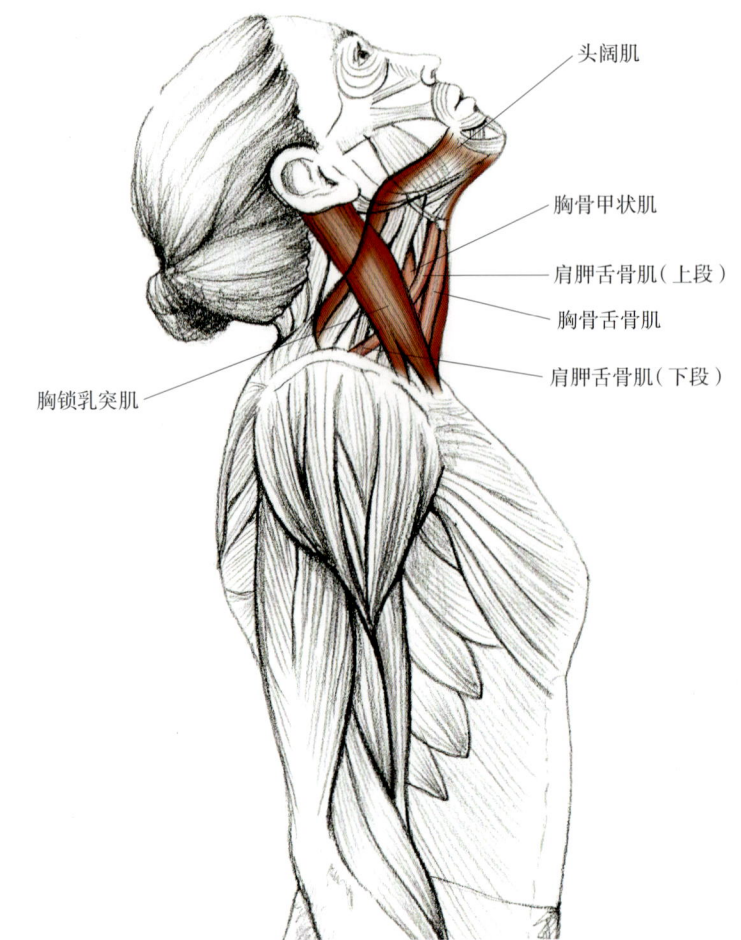

头阔肌
胸骨甲状肌
肩胛舌骨肌（上段）
胸骨舌骨肌
肩胛舌骨肌（下段）
胸锁乳突肌

▌步骤
挺直站立，头向上抬，同时眼看上方。放松双肩，双臂垂放在身体两侧。

▌拉到的肌群
- 主要肌群：头阔肌、胸锁乳突肌。
- 次要肌群：肩胛舌骨肌、胸肌舌骨肌、胸骨甲状肌。

动作诀窍
做这个拉筋动作时，嘴巴不要张开。

- 有助于修复哪些肌肉问题：
  颈部肌肉拉伤、颈部挥鞭样损伤（颈椎屈曲/伸展损伤）、挥鞭伤（颈部扭伤）、颈神经牵拉综合征、急性斜颈。
- 对哪些运动有帮助：
  射箭、拳击、足球、美式足球、橄榄球、自行车、高尔夫球、游泳、摔跤。

▶ 可以配合练习的其他拉筋操：编号 5.2

3.6 颈部前伸拉筋操

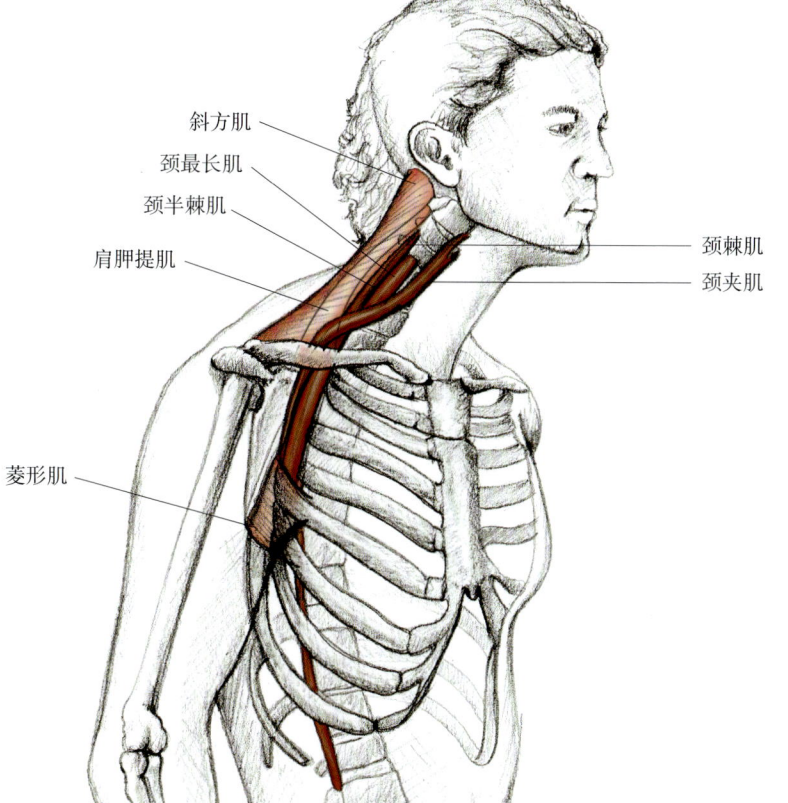

斜方肌
颈最长肌
颈半棘肌
肩胛提肌
菱形肌
颈棘肌
颈夹肌

步骤
抬头，接着将下巴往前顶，头部往前推出。

拉到的肌群
- 主要肌群：颈半棘肌、颈棘肌、颈最长肌、颈夹肌。
- 次要肌群：肩胛提肌、斜方肌、菱形肌。

动作诀窍
1. 头要抬高。
2. 下巴不要下垂。

- 有助于修复哪些肌肉问题：
  颈部肌肉拉伤、颈部挥鞭样损伤（颈椎屈曲/伸展损伤）、颈神经牵拉综合征、急性斜颈。
- 对哪些运动有帮助：
  拳击、美式足球、橄榄球、自行车、游泳、摔跤。

▶ 可以配合练习的其他拉筋操：编号 3.3

3.7 坐姿俯颈拉筋操

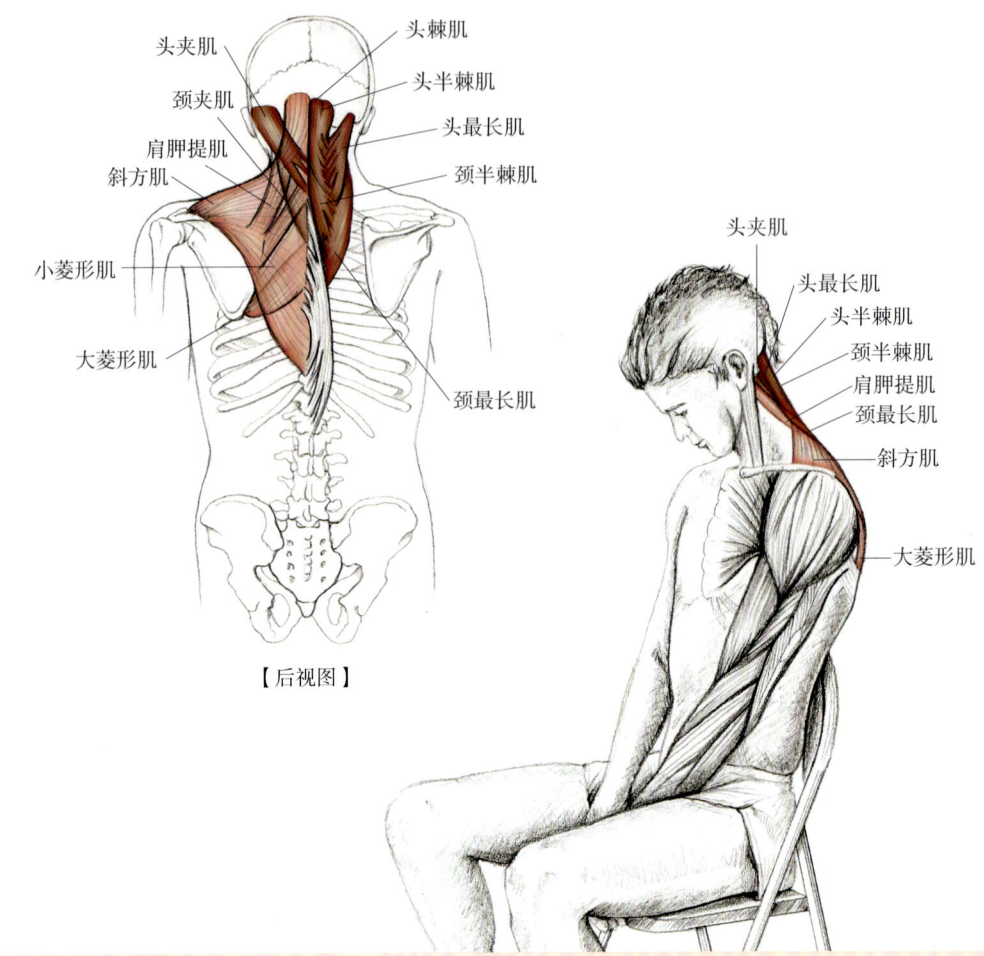

【后视图】

步骤：
坐在椅子上，双手交叉垂靠在双腿内侧。让头部下垂，然后抬头回正。

拉到的肌群：
- 主要肌群：头半棘肌、头夹肌、颈夹肌。
- 次要肌群：肩胛提肌、斜方肌、菱形肌。

动作诀窍

上背部和颈部的柔软度因人而异，不要用力低头，而应该放松身体，让头部随着其本身的重量下垂伸展。

· 有助于修复哪些肌肉问题：
颈部肌肉拉伤、颈部挥鞭样损伤（颈椎屈曲/伸展损伤）、颈神经牵拉综合征、急性斜颈。

· 对哪些运动有帮助：
射箭、拳击、美式足球、橄榄球、自行车、高尔夫球、游泳、摔跤。

▶ 可以配合练习的其他拉筋操：编号 3.3, 3.11

3.8 平衡式肩膀拉筋操

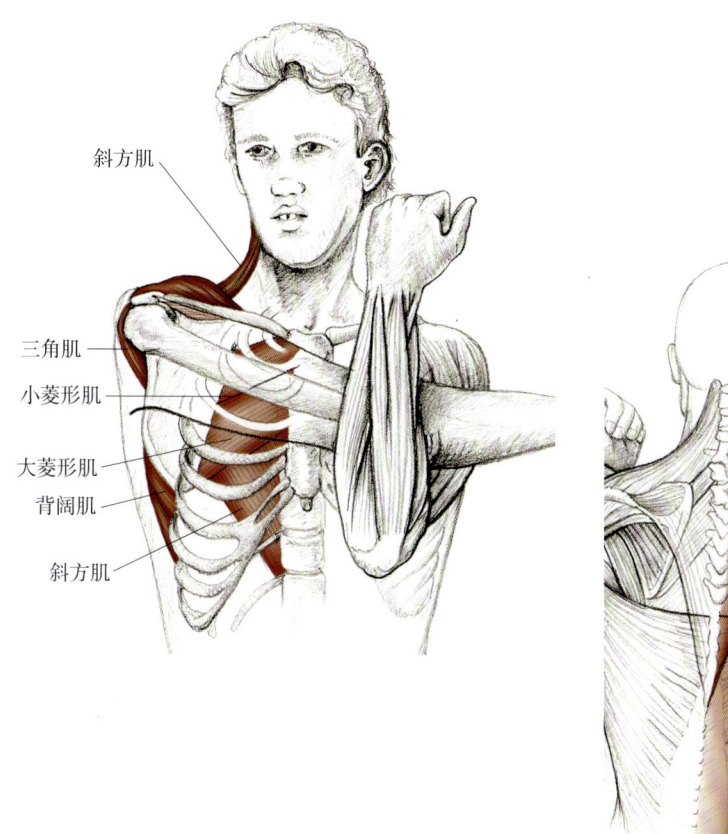
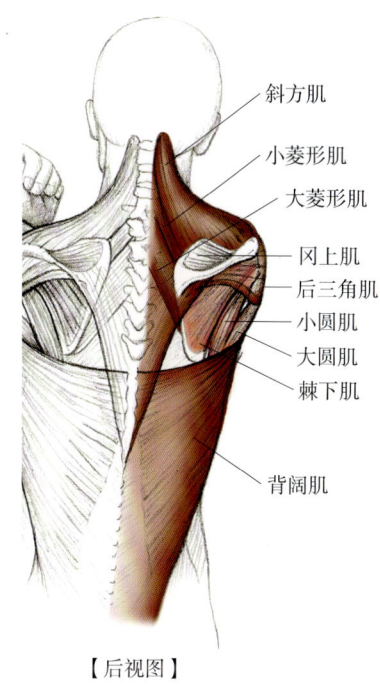

【后视图】

步骤
身体站直,一只手臂横过胸前,并与地面保持平行,然后把手肘往另一侧肩膀拉近。

拉到的肌群
- 主要肌群:斜方肌、菱形肌、背阔肌、后三角肌。
- 次要肌群:冈上肌、棘下肌、大圆肌、小圆肌。

动作诀窍
手臂不要弯曲,与地面保持平行。

- 有助于修复哪些肌肉问题:
  脱臼、错位、肩锁关节分离、胸锁关节分离、肩关节夹挤综合征、肩旋转肌肌腱炎、肩部滑囊炎、肩凝症(肩周炎)。
- 对哪些运动有帮助:
  射箭、板球、棒球、垒球、拳击、高尔夫球、网球、羽毛球、壁球、划船、皮艇、游泳、田径投掷项目。

▶ 可以配合练习的其他拉筋操:编号 3.9

3.9 折臂式肩膀拉筋操

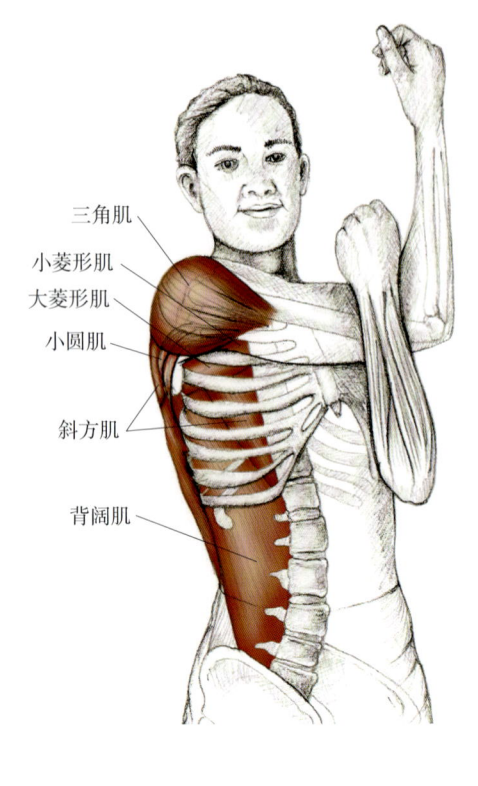
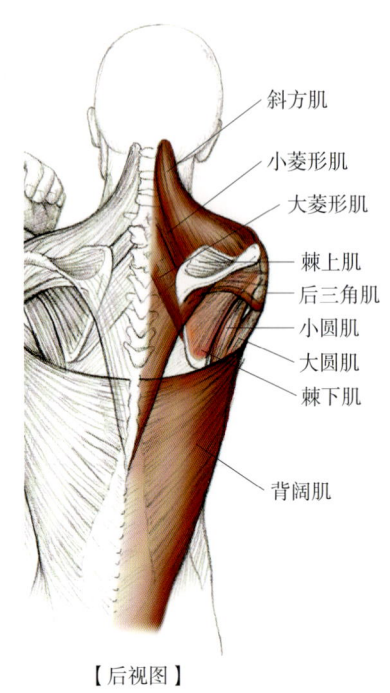

【后视图】

▎步骤
身体站直，一只手臂横过胸前。手肘弓成 90°，然后把手肘往另一侧肩膀拉。

▎拉到的肌群
- 主要肌群：斜方肌、菱形肌、背阔肌、后三角肌。
- 次要肌群：棘上肌、棘下肌、大圆肌、小圆肌。

▎动作诀窍
上臂与地面保持平行。

- 有助于修复哪些肌肉问题：
脱臼、错位、肩锁关节分离、胸锁关节分离、肩关节夹挤综合征、旋转肌肌腱炎、肩部滑囊炎、肩凝症（肩周炎）。

- 对哪些运动有帮助：
射箭、板球、棒球、垒球、拳击、高尔夫球、网球、羽毛球、壁球、划船、皮艇、游泳、田径投掷项目。

▶ 可以配合练习的其他拉筋操：编号 3.8

3.10 抱臂式肩膀拉筋操

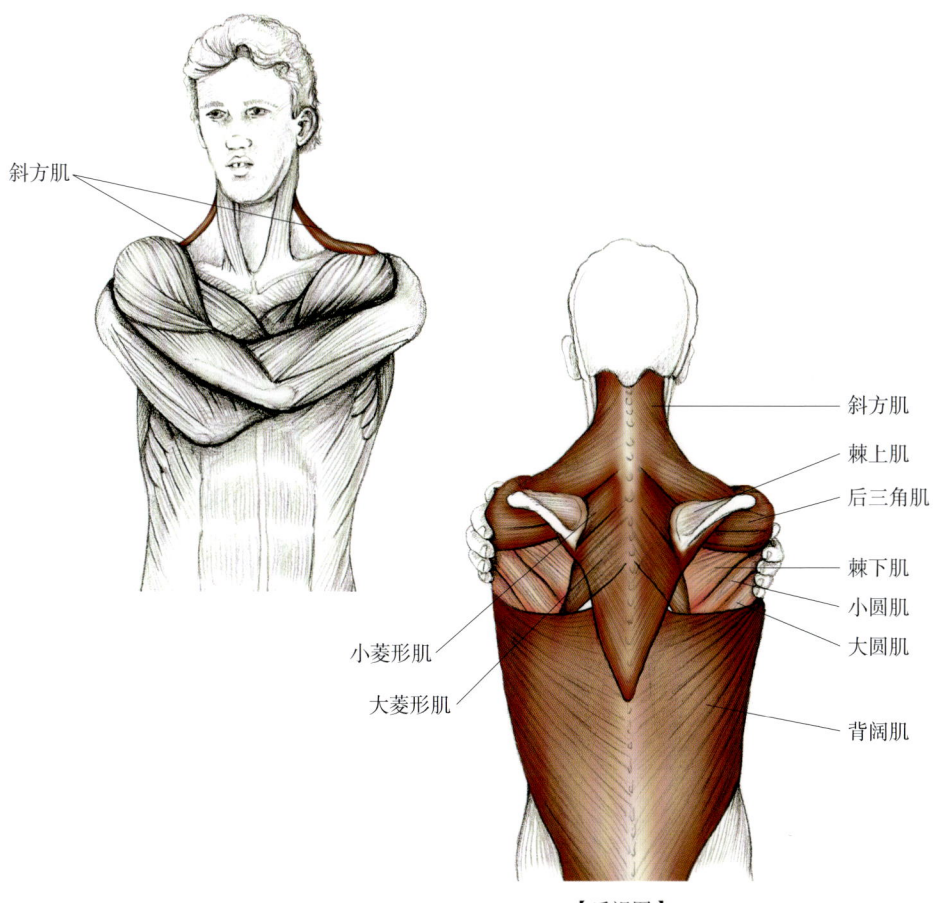

【后视图】

步骤
身体站直,双臂交叉环抱肩膀,然后把双肩往后挺。

拉到的肌群
- 主要肌群:斜方肌、菱形肌、背阔肌、后三角肌。
- 次要肌群:棘上肌、棘下肌、大圆肌、小圆肌。

动作诀窍
1. 不要猛然把肩膀往后挺。
2. 要慢慢地把肩膀往后拉,做渐进式伸展。

- 有助于修复哪些肌肉问题:
  脱臼、错位、肩锁关节分离、胸锁关节分离、肩关节夹挤综合征、旋转肌肌腱炎、肩部滑囊炎、肩凝症(肩周炎)。
- 对哪些运动有帮助:
  射箭、板球、棒球、垒球、拳击、高尔夫球、网球、羽毛球、壁球、划船、皮艇、游泳、田径投掷项目。

▶ 可以配合练习的其他拉筋操:编号 3.11

3.11 交叉双臂肩膀拉筋操

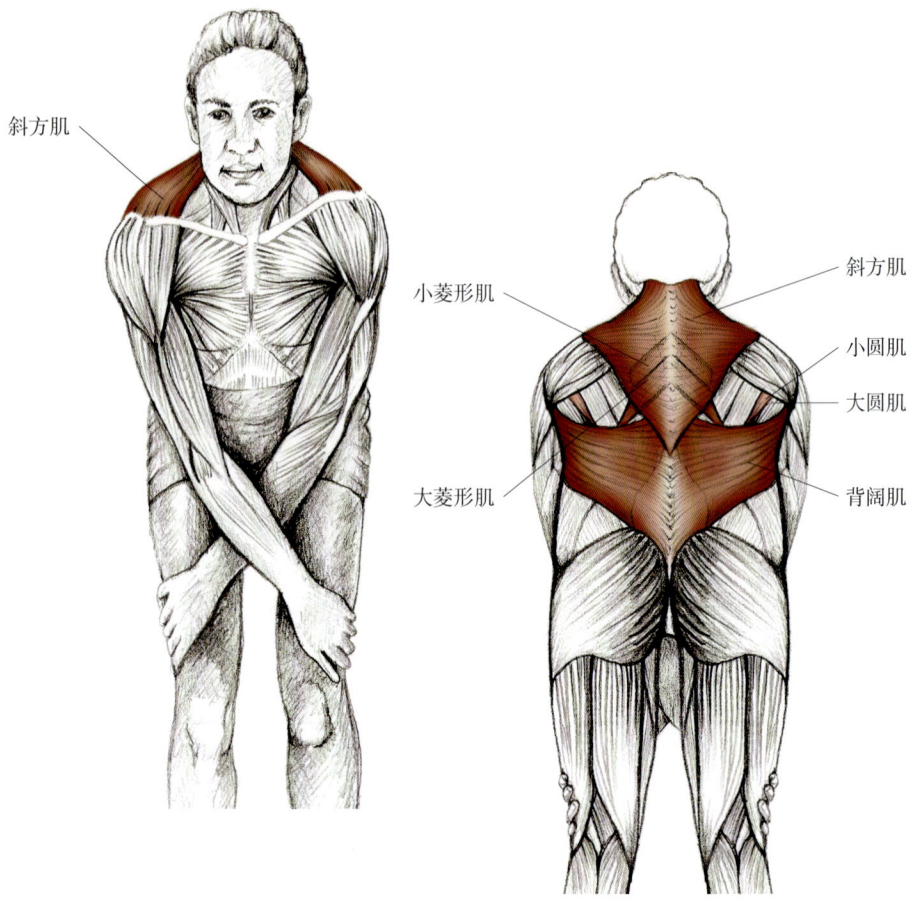

斜方肌　小菱形肌　大菱形肌　斜方肌　小圆肌　大圆肌　背阔肌

【后视图】

▌步骤
屈膝站立，双臂于身前交叉，然后双手抓住膝盖，渐渐挺起上半身，直到背部和肩膀觉得紧绷为止。

▌拉到的肌群
- 主要肌群：斜方肌、菱形肌。
- 次要肌群：小圆肌。

动作诀窍
双肩保持与地面平行，不要翻转。

- 有助于修复哪些肌肉问题：
  脱臼、错位、肩锁关节分离、胸锁关节分离、肩关节夹挤综合征、旋转肌肌腱炎、肩部滑囊炎、肩凝症（肩周炎）。
- 对哪些运动有帮助：
  射箭、板球、棒球、垒球、拳击、高尔夫球、网球、羽毛球、壁球、划船、划艇、游泳、田径投掷项目。

▶ 可以配合练习的其他拉筋操：编号 3.7

3.12 上推肩部拉筋操

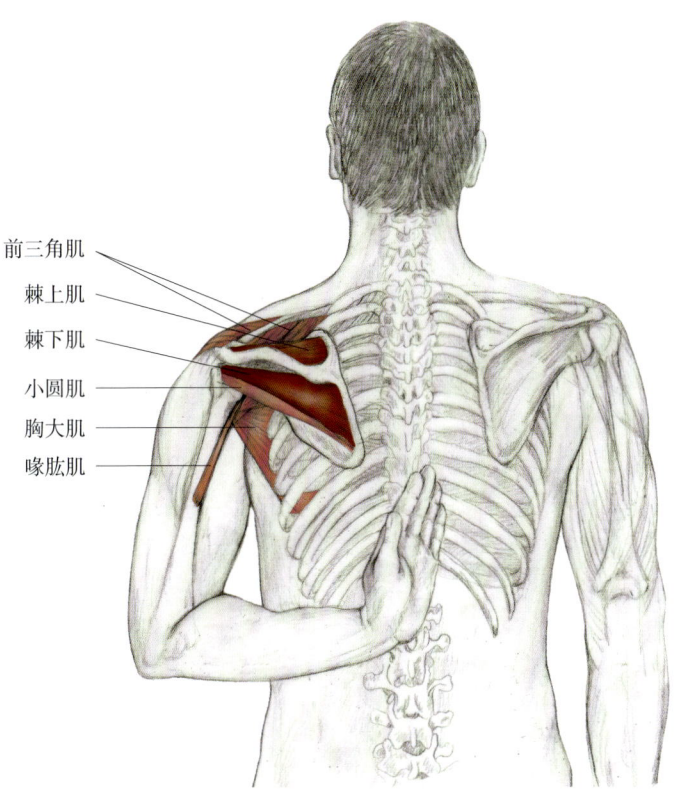

前三角肌
棘上肌
棘下肌
小圆肌
胸大肌
喙肱肌

步骤
一手置于背后，沿肩胛中间上推。

拉到的肌群
- 主要肌群：棘上肌、棘下肌。
- 次要肌群：胸大肌、小圆肌、前三角肌、喙肱肌。

动作诀窍
很多人做此运动时肩部旋转肌群非常紧。做此拉筋操开始要非常慢，并且以后不管何时做此拉筋操都要非常注意。

- 有助于修复哪些肌肉问题：
  脱臼、错位、肩锁关节分离、胸锁关节分离、肩关节夹挤综合征、旋转肌肌腱炎、肩部滑囊炎、肩周炎。
- 对哪些运动有帮助：
  武术、网球、羽毛球、壁球、划船、划艇、皮船、游泳、板球、棒球、田径投掷项目、摔跤。

▶ 可以配合练习的其他拉筋操：编号 3.13，3.15

3.13 手扶腰的旋转拉筋操

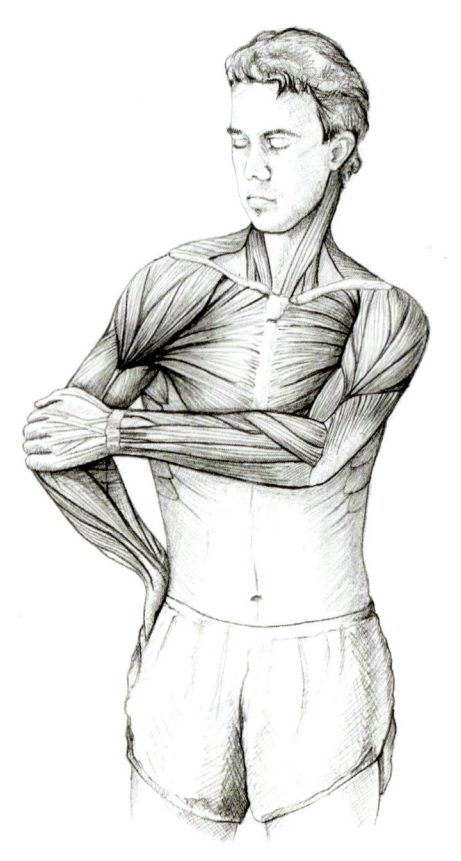
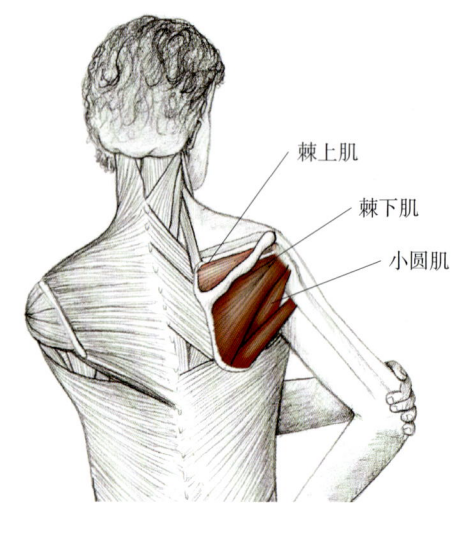

棘上肌
棘下肌
小圆肌

▎步骤
保持站姿,一只手扶在后腰上,手肘朝向侧边;用另一只手抓住手肘,轻轻地把手肘往前拉。

▎拉到的肌群
- 主要肌群:棘下肌、大圆肌、小圆肌。
- 次要肌群:棘上肌。

动作诀窍
许多人的肩膀旋转肌非常僵硬、紧绷,刚开始做这个拉筋动作时,要非常小心、缓慢。

- 有助于修复哪些肌肉问题:
  脱臼、错位、肩锁关节分离、胸锁关节分离、肩关节夹挤综合征、旋转肌肌腱炎、肩部滑囊炎、肩凝症(肩周炎)。
- 对哪些运动有帮助:
  武术、网球、羽毛球、壁球、划船、皮艇、游泳、板球、棒球、田径投掷项目、摔跤。

▶ 可以配合练习的其他拉筋操:编号 3.15

3.14 手臂朝上旋转拉筋操

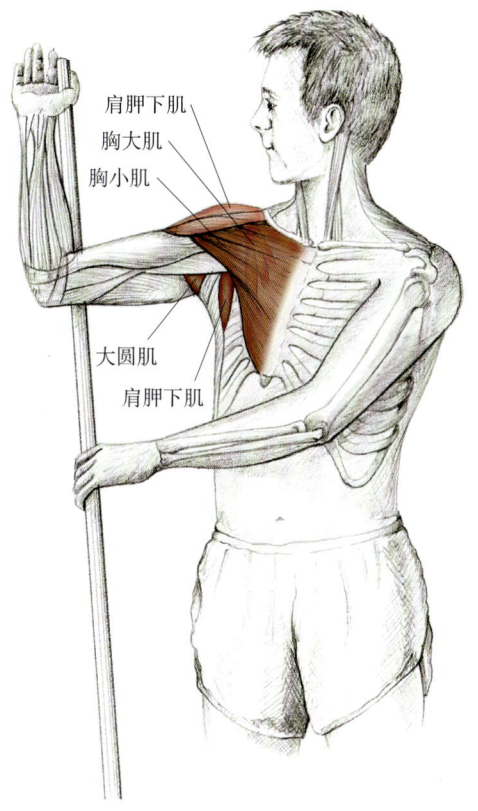
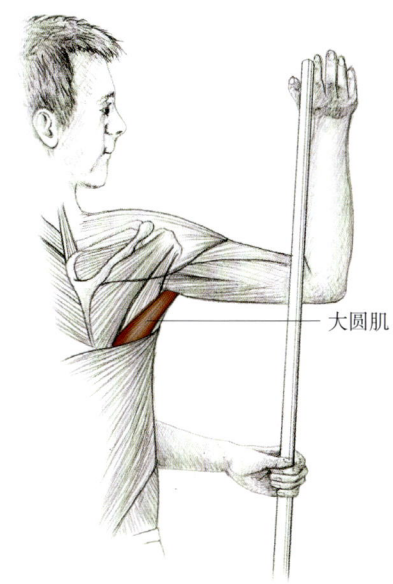

步骤
保持站姿，朝侧边伸出一只手臂，前臂朝上，与上臂呈90°。拿一根扫帚杆靠在手肘后方，一只手抓住扫帚杆，另一只手则抓着扫帚杆的下部往前拉。

拉到的肌群
- 主要肌群：肩胛下肌、大圆肌。
- 次要肌群：小圆肌。

动作诀窍
许多人的肩部旋转肌非常僵硬、紧绷。刚开始做这个拉筋动作时，全程都要非常小心、缓慢。

· 有助于修复哪些肌肉问题：
脱臼、错位、肩锁关节分离、胸锁关节分离、肩关节夹挤综合征、旋转肌肌腱炎、肩部滑囊炎、肩凝症（肩周炎）。

· 对哪些运动有帮助：
武术、网球、羽毛球、壁球、划船、皮艇、游泳、板球、棒球、田径投掷项目、摔跤。

▶ 可以配合练习的其他拉筋操：编号 3.15

3.15 手臂朝下旋转拉筋操

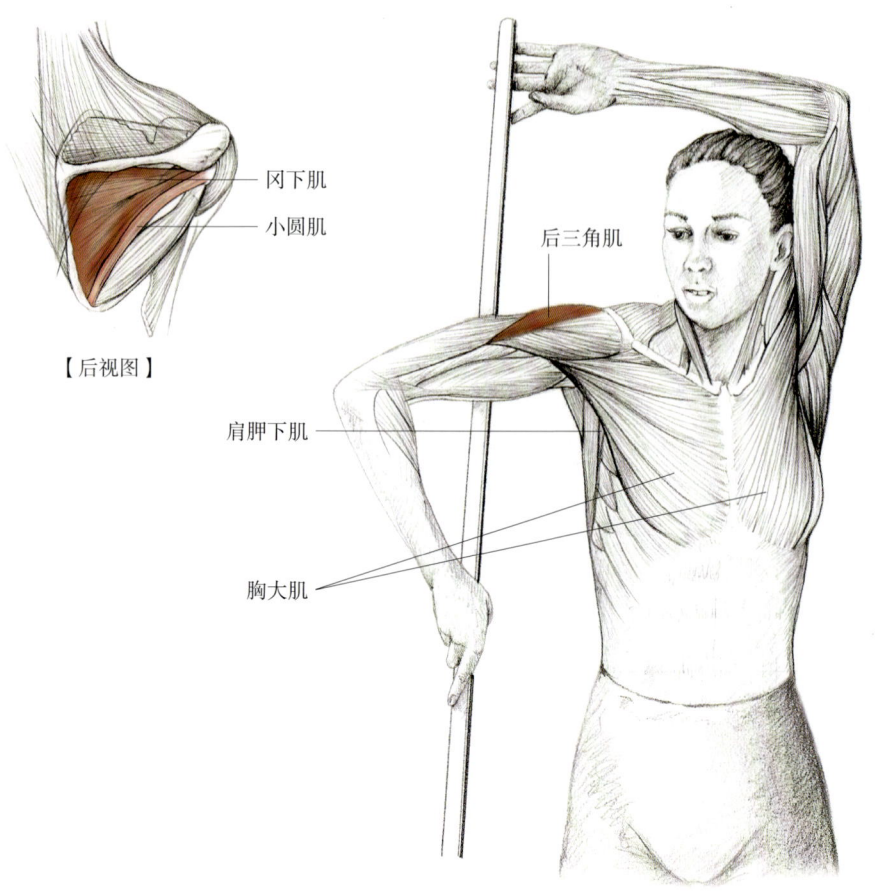

步骤
保持站姿,朝侧边伸出一只手臂,前臂朝下,和上臂呈90°。拿一根扫帚杆靠在手肘后方,一只手抓住扫帚杆,另一只手则抓着扫帚杆的上部往前拉。

拉到的肌群
- 主要肌群:肩胛下肌。
- 次要肌群:胸大肌。

动作诀窍
许多人的肩部旋转肌非常僵硬、紧绷。刚开始做这个拉筋动作时,全程都要非常小心、缓慢。

- 有助于修复哪些肌肉问题:
  脱臼、错位、肩锁关节分离、胸锁关节分离、肩关节夹挤综合征、旋转肌肌腱炎、肩部滑囊炎、肩凝症(肩周炎)。
- 对哪些运动有帮助:
  武术、网球、羽毛球、壁球、划船、皮艇、游泳、板球、棒球、田径投掷项目、摔跤。

▶ 可以配合练习的其他拉筋操:编号 3.13

3.16 双手背后胸部拉筋操

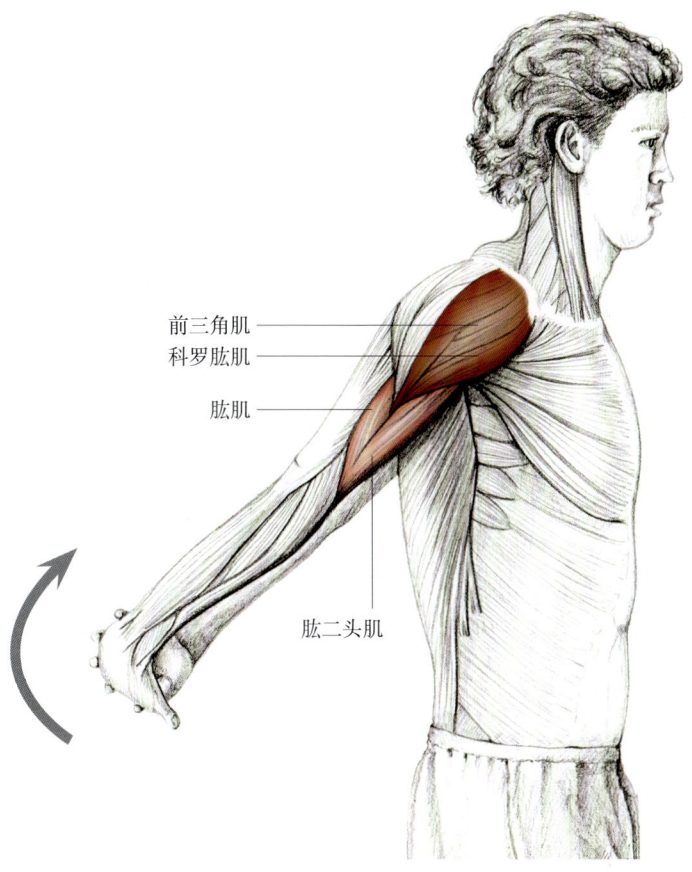

前三角肌
科罗肱肌
肱肌
肱二头肌

步骤
身体站直，双手于背后交扣，然后慢慢把手臂往上抬。

拉到的肌群
- 主要肌群：前三角肌。
- 次要肌群：肱二头肌、肱肌。

动作诀窍
手臂往上抬时，身体不要前倾。

- 有助于修复哪些肌肉问题：
  脱臼、错位、肩锁关节分离、胸锁关节分离、肩关节夹挤综合征、旋转肌肌腱炎、肩部滑囊炎、肩凝症（肩周炎）、胸部肌肉拉伤、胸部肌肉止端发炎。
- 对哪些运动有帮助：
  篮球、篮网球、徒步、露营、登山、定向越野、网球、羽毛球、壁球、划船、皮艇、游泳、板球、棒球、田径投掷项目。

▶ 可以配合练习的其他拉筋操：编号 4.6

3.17 有辅助的双手放在背后的胸部拉筋操

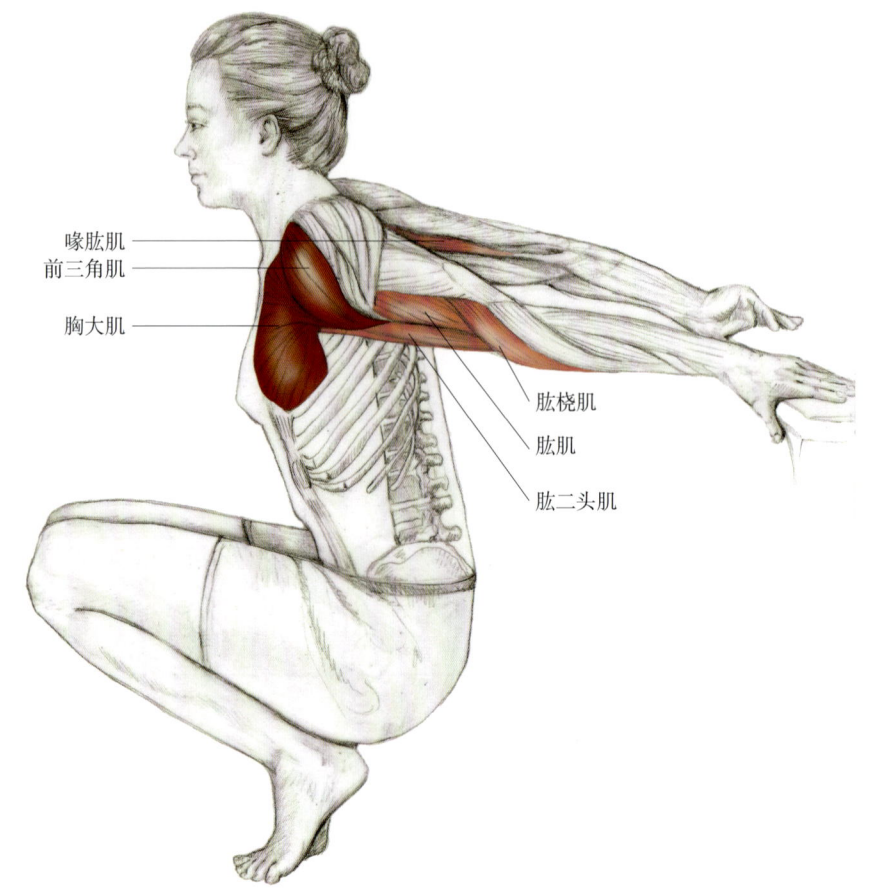

喙肱肌
前三角肌
胸大肌
肱桡肌
肱肌
肱二头肌

▌步骤
正直站立，后背朝向桌子或长椅，将双手放到桌椅边缘。保持手臂不弯曲，然后缓慢降低整个身体。

▌拉到的肌群
- 主要肌群：前三角肌、胸大肌。
- 次要肌群：喙肱肌、肱桡肌、肱肌、肱二头肌。

▌动作诀窍
1. 目视前方。
2. 身体保持正、直。

- 有助于修复哪些肌肉问题：
脱臼、错位、肩锁关节分离、胸锁关节分离、肩关节夹挤综合征、旋转肌肌腱炎、肩部滑囊炎、冻肩（粘连性囊炎）、胸部肌肉拉伤、胸部肌肉止端发炎。

- 对哪些运动有帮助：
篮球、无网篮球、徒步、露营、登山、定向越野、网球、羽毛球、壁球、划船、划艇、皮船、游泳、板球、棒球、田径投掷项目。

▶ 可以配合练习的其他拉筋操：编号 4.3，4.5

第四章
手臂和胸部的拉筋操

上肢的活动主要依靠三个关节：胸锁关节、肩锁关节和肩关节。这个区域的肌肉可分为以下几类：（1）躯干和肩胛骨之间的肌肉。它们作用于肩胛带而不作用于肩关节，如：**斜方肌、肩胛提肌、菱形肌、前锯肌、胸小肌**和**锁骨下肌**。（2）躯干与肱部之间的肌肉。作用于肩关节和肩胛带，如**背阔肌**和**胸大肌**。（3）肩胛骨和肱部之间的肌肉。只作用于肩关节，如：**三角肌、冈上肌、冈下肌、小圆肌、肩胛下肌、大圆肌**和**喙肱肌**。

手臂上的肌肉从肩胛骨和肱骨开始，并插入桡骨和尺骨，这样它们就能作用于肘关节。这些肌肉是：**肱二头肌、肱肌、肱三头肌和肘肌**。**喙肱肌**虽然作用于肩关节，但是由于其离这组肌肉较近，所以也被包括其中了。肱二头肌作用于三个关节，在其端头有两个肌腱起始端，还有两个肌腱插入端，有时还会有第三个从喙肱肌的插入端开始的起始端。短的起始端与喙肱肌和肱骨形成了部分腋窝外壁。**肱肌**位于肱二头肌后面，是肘部主要的屈肌。肱三头肌有三个起始端，它是唯一一块在手臂背面的肌肉。

前臂的正面有三个功能性肌肉组：前臂的旋前肌、腕屈肌和拇长屈肌。它们分三层排布：表层由四块肌肉组成：**旋前圆肌、桡侧腕屈肌、掌长肌**和**尺侧腕屈肌**；中间层只有**指浅屈肌**；最深层则包括：**指深屈肌、拇长屈肌**和**旋前方肌**。前臂背面有两个肌肉组。浅层肌肉，从桡骨到尺骨依次为：**肱桡肌、桡侧腕长伸肌、桡侧腕短伸肌、指伸肌、小指伸肌**和**尺侧腕伸肌**。肱桡肌的肌腹在抵抗力时会凸起。深层肌肉包括：**旋后肌、拇短展肌、拇短伸肌、拇长伸肌**和**食指伸肌**。手部的肌肉可分为：（1）"内在的"肌肉，包括位于掌骨间隙、作用于五指的**骨间肌**和起源于指深屈肌肌腱、作用于除拇指外其他四指的**蚓状肌**；（2）小鱼际隆起部位的肌肉；（3）大鱼际隆起部位的肌肉；（4）**拇收肌**。

手臂和胸部的拉筋操有益于以下运动：篮球、篮网球、板球、棒球、壁球、徒步、远足野营、登山、定向越野、冰球、曲棍球、划船、游泳、投掷类运动、搏击。

4.1 双手过头的胸部拉筋操

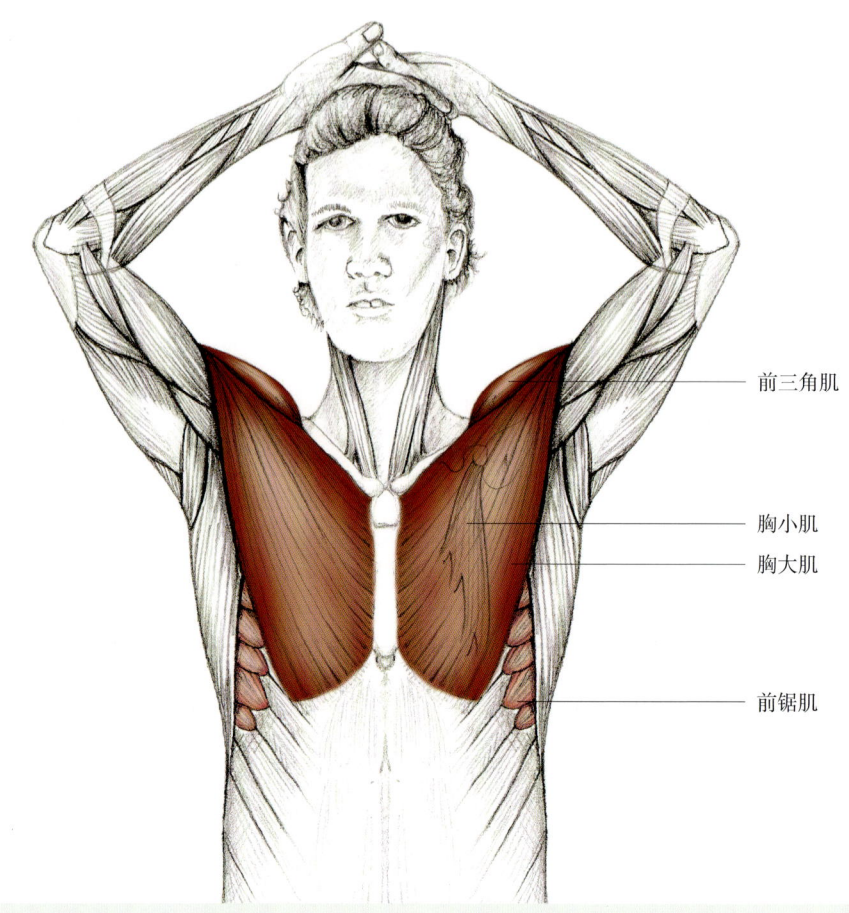

前三角肌

胸小肌
胸大肌

前锯肌

步骤
身体站直,双手十指交扣。弯曲手肘并把交扣的双手举到头顶,同时把双手和双肘往后推。

拉到的肌群
- 主要肌群:胸大肌、胸小肌、前三角肌。
- 次要肌群:前锯肌。

动作诀窍
1. 变化手的高度。双手放到头部后方,着重使用前三角肌。
2. 或者把双手举到头部上方,着重使用胸肌。

- 有助于修复哪些肌肉问题:
肩关节夹挤综合征、旋转肌肌腱炎、肩部滑囊炎、肩凝症(肩周炎)、胸部肌肉拉伤、胸部肌肉止端发炎

- 对哪些运动有帮助:
篮球、篮网球、徒步、远足野营、登山、定向越野运动、网球、羽毛球、壁球、划船、皮艇、游泳、板球、棒球、田径投掷项目。

▶ 可以配合练习的其他拉筋操:编号 4.7

4.2 有同伴帮忙的胸部拉筋操

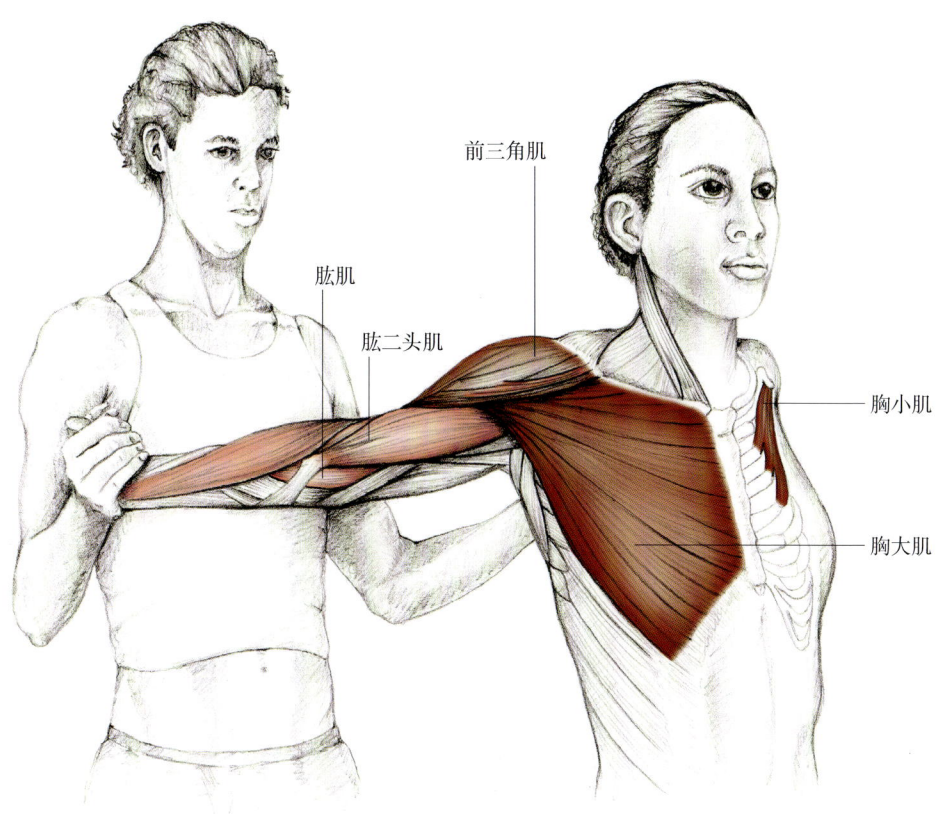

步骤
双臂张开与地面平行,请同伴抓住你的双手,慢慢往后拉。

拉到的肌群
- 主要肌群:胸大肌、胸小肌、前三角肌。
- 次要肌群:肱二头肌、肱肌。

动作诀窍
1. 保持双臂与地面平行。
2. 双手手掌外翻。

- 有助于修复哪些肌肉问题:
  肩关节夹挤综合征、旋转肌肌腱炎、肩部滑囊炎、肩凝症(肩周炎)、胸部肌肉拉伤、胸部肌肉止端发炎。
- 对哪些运动有帮助:
  篮球、篮网球、徒步、远足野营、登山、定向越野运动、网球、羽毛球、壁球、划船、皮艇、游泳、板球、棒球、田径投掷项目。

▶ 可以配合练习的其他拉筋操:编号 4.4

4.3 有同伴帮忙的双手过头式胸部拉筋操

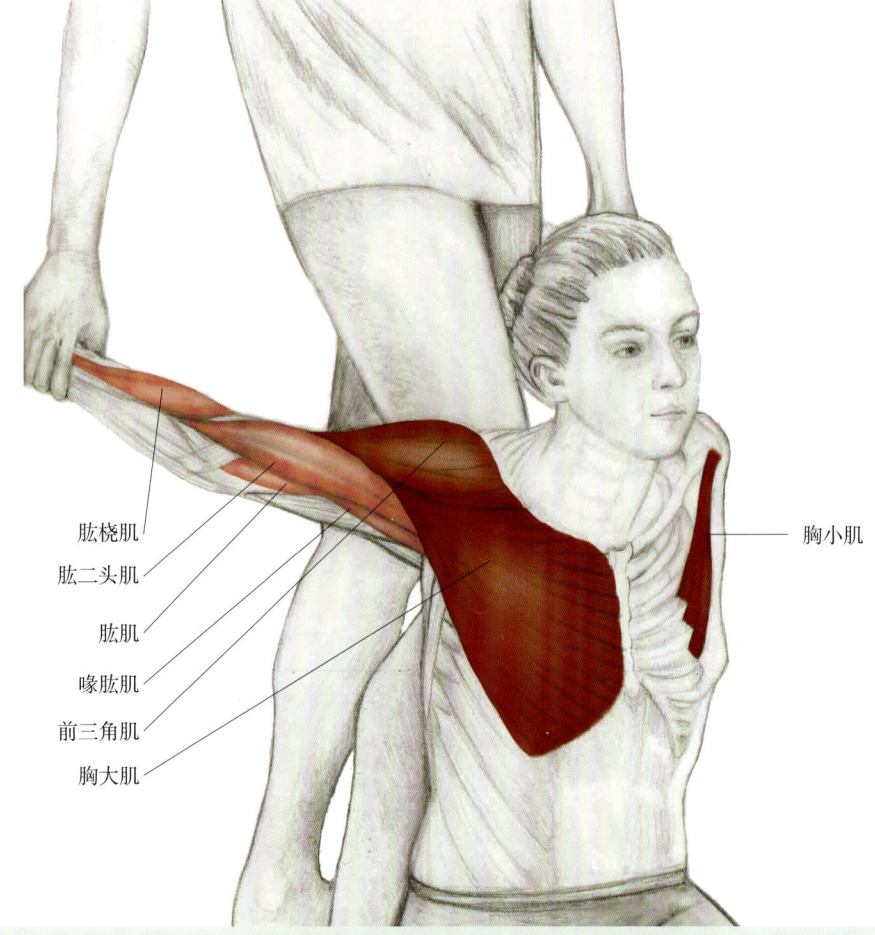

肱桡肌
肱二头肌
肱肌
喙肱肌
前三角肌
胸大肌

胸小肌

步骤
坐在地面上,同伴站于你身后。双臂后伸,同伴于身后拉伸你的胳膊。

拉到的肌群
- 主要肌群:胸大肌、胸小肌、前三角肌。
- 次要肌群:肱桡肌、肱二头肌、肱肌、喙肱肌。

动作诀窍
手掌朝外,手臂略高于水平线。

- 有助于修复哪些肌肉问题:
脱臼、错位、肩锁关节分离、胸锁关节分离、肩关节夹挤综合征、旋转肌肌腱炎、肩部滑囊炎、肩凝症(肩周炎)、肱二头肌肌腱断裂、肱二头肌肌腱炎、肱二头肌拉伤、胸部肌肉拉伤、胸部肌肉止端发炎。
- 对哪些运动有帮助:
篮球、无网篮球、徒步、远足野营、登山、定向越野、网球、羽毛球、壁球、划船、划艇、皮艇、游泳、板球、棒球、田径投掷项目。

▶ 可以配合练习的其他拉筋操:编号 4.1,4.5

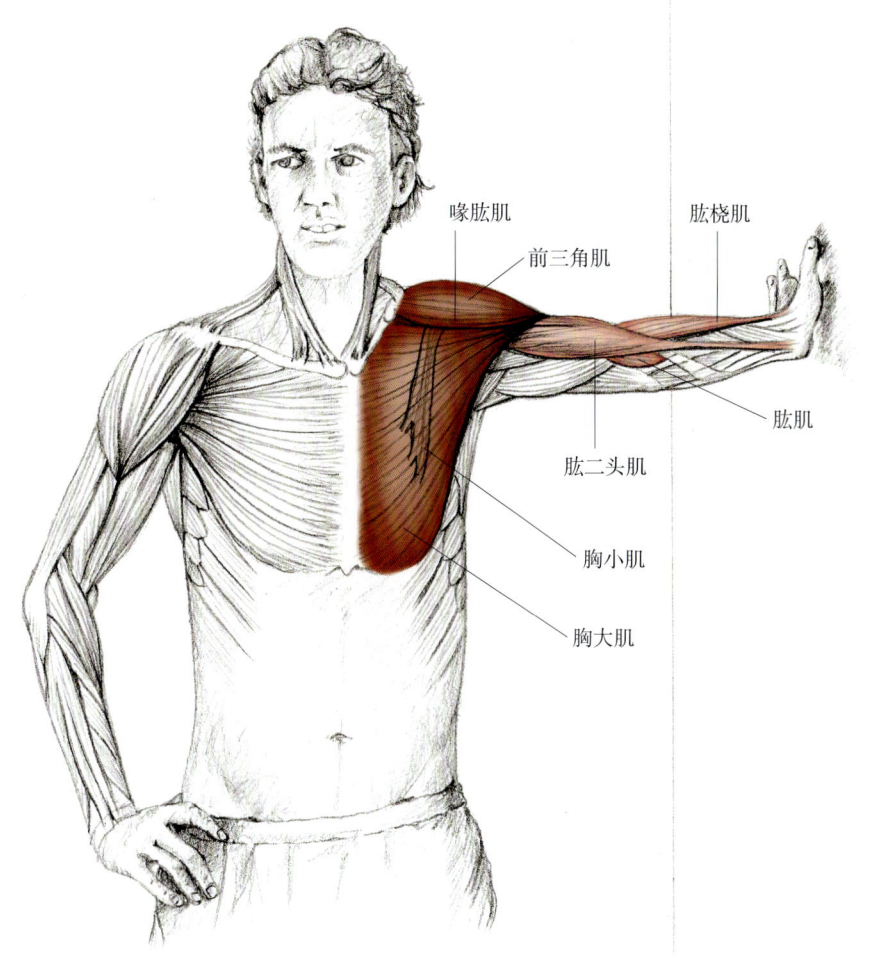

4.4 手扶墙式胸部拉筋操

喙肱肌
前三角肌
肱桡肌
肱肌
肱二头肌
胸小肌
胸大肌

▍步骤
保持站姿，一只手臂伸向后方并与地面平行，将手臂搭在固定的物体上，再把肩膀和身体转离伸出的手臂。

▍拉到的肌群
- 主要肌群：胸大肌、胸小肌、前三角肌。
- 次要肌群：肱二头肌、肱肌、肱桡肌。

动作诀窍
保持手臂与地面平行，手指朝向后方。

- 有助于修复哪些肌肉问题：
  脱臼、错位、肩锁关节分离、胸锁关节分离、肩关节夹挤综合征、旋转肌肌腱炎、肩部滑囊炎、肩凝症（肩周炎）、肱二头肌肌腱断裂、肱二头肌肌腱炎、肱二头肌拉伤、胸部肌肉拉伤、胸部肌肉止端发炎。
- 对哪些运动有帮助：
  篮球、篮网球、徒步、远足野营、登山、定向越野运动、网球、羽毛球、壁球、划船、皮艇、游泳、板球、棒球、田径投掷项目。

▶ 可以配合练习的其他拉筋操：编号 4.2

4.5 折臂式胸部拉筋操

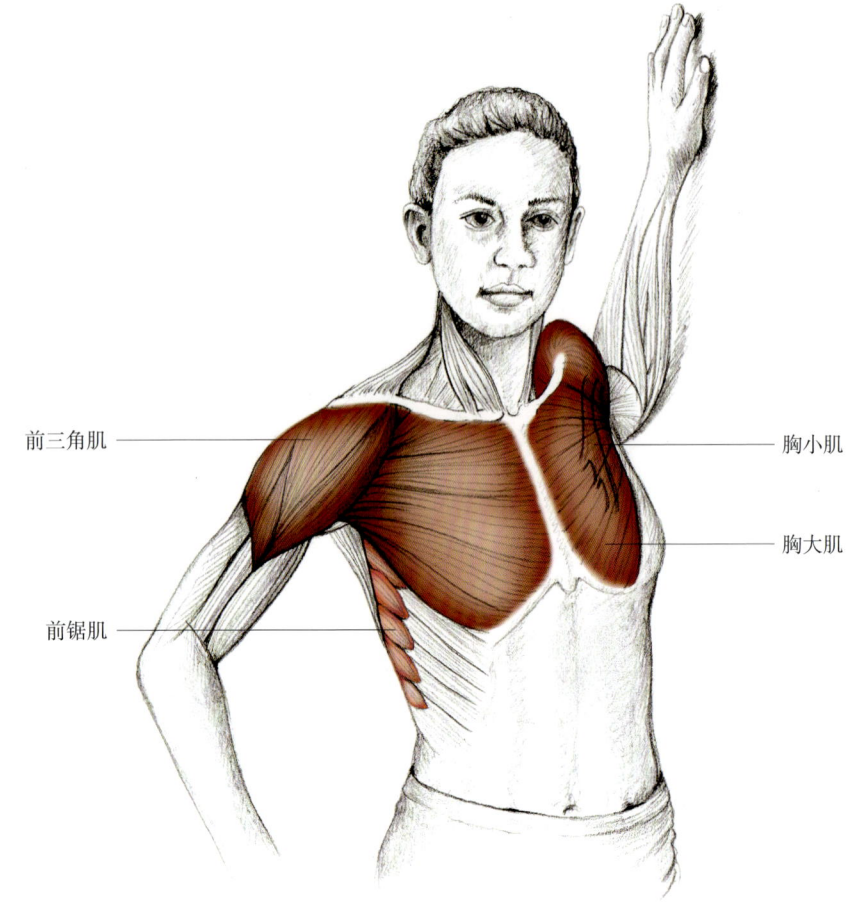

前三角肌　　　　　　　　　　　胸小肌
　　　　　　　　　　　　　　　胸大肌
前锯肌

步骤
保持站姿，伸出一只手臂，将前臂贴紧在固定的物体上，然后把肩膀和身体转离伸出的手臂。

拉到的肌群
- 主要肌群：胸大肌、胸小肌、前三角肌。
- 次要肌群：前锯肌。

动作诀窍
上臂与地面保持平行。

- 有助于修复哪些肌肉问题：
  脱臼、错位、肩锁关节分离、胸锁关节分离、肩关节夹挤综合征、旋转肌肌腱炎、肩部滑囊炎、肩凝症（肩周炎）、胸部肌肉拉伤、胸部肌肉止端发炎。
- 对哪些运动有帮助：
  篮球、篮网球、徒步、远足野营、登山、定向越野运动、网球、羽毛球、壁球、划船、皮艇、游泳、板球、棒球、田径投掷项目。

▶ 可以配合练习的其他拉筋操：编号 4.4

4.6 辅助的反向胸部拉筋操

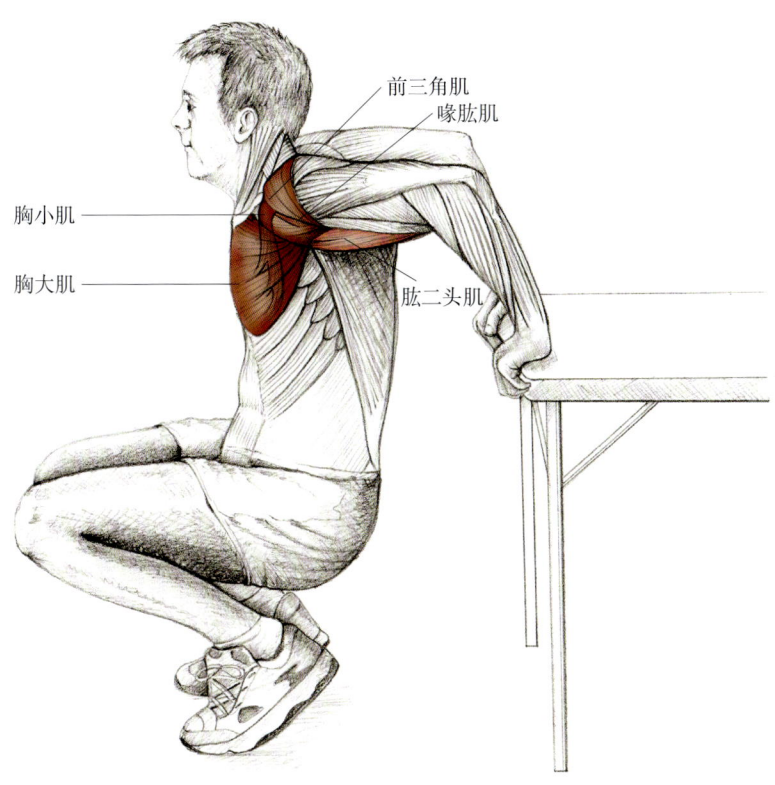

步骤
背对桌子或长椅站直，双手反向抓住桌子或椅子的边缘，慢慢往下蹲。

拉到的肌群
- 主要肌群：前三角肌、胸大肌、胸小肌。
- 次要肌群：肱二头肌。

动作诀窍
用双腿控制身体往下蹲的动作，不要猛地蹲得太快。

- 有助于修复哪些肌肉问题：
  脱臼、错位、肩锁关节分离、胸锁关节分离、肩关节夹挤综合征、旋转肌肌腱炎、肩部滑囊炎、肩凝症（肩周炎）、肱二头肌肌腱断裂、肱二头肌肌腱炎、肱二头肌拉伤、胸部肌肉拉伤、胸部肌肉止端发炎。
- 对哪些运动有帮助：
  射箭、板球、棒球、垒球、拳击、高尔夫球、网球、羽毛球、壁球、划船、皮艇、游泳、田径投掷项目。

▶ 可以配合练习的其他拉筋操：编号 3.16

4.7 弯腰式胸部拉筋操

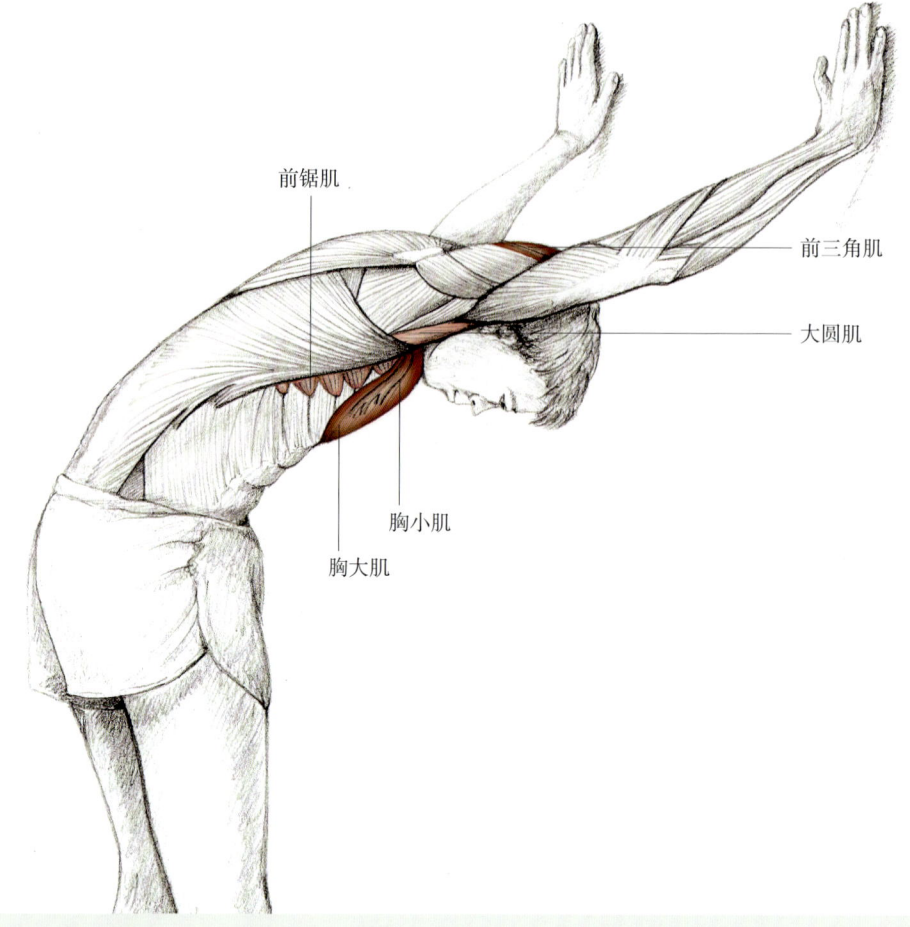

前锯肌　前三角肌　大圆肌　胸小肌　胸大肌

▍步骤
面向墙壁，双手置于墙面高过头之处。慢慢放低肩膀，就像要把下巴贴近地面一样。

▍拉到的肌群
- 主要肌群：胸大肌、胸小肌、前三角肌。
- 次要肌群：前锯肌、大圆肌。

动作诀窍
1. 双臂不要弯曲。
2. 十指朝上。

- 有助于修复哪些肌肉问题：
  脱臼、错位、肩锁关节分离、胸锁关节分离、肩关节夹挤综合征、旋转肌肌腱炎、肩部滑囊炎、肩凝症（肩周炎）、胸部肌肉拉伤、胸部肌肉止端发炎。
- 对哪些运动有帮助：
  篮球、篮网球、徒步、远足野营、登山、定向越野运动、网球、羽毛球、壁球、划船、皮艇、游泳、板球、棒球、田径投掷项目。

▶ 可以配合练习的其他拉筋操：编号 4.1

4.8 跪地胸部拉筋操

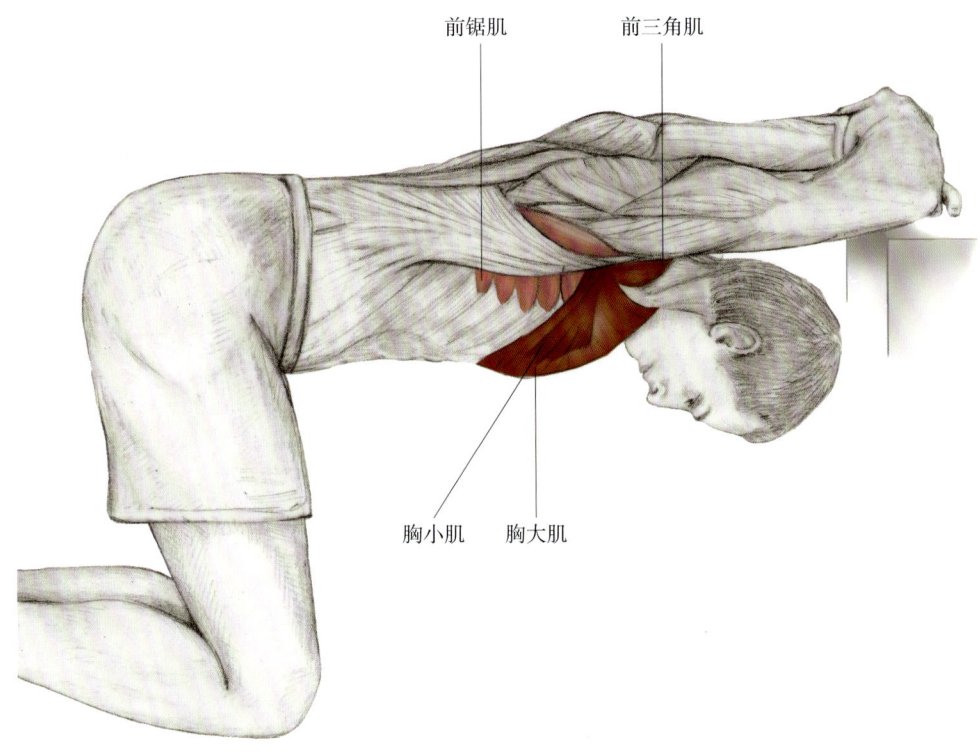

前锯肌　　前三角肌

胸小肌　胸大肌

步骤
跪在椅子或桌子前面的地面上。双臂交叠于头顶。将手臂放在桌椅上，上身渐渐向地面放低。

拉到的肌群
- 主要肌群：胸大肌、胸小肌、前三角肌。
- 次要肌群：前锯肌、大圆肌。

动作诀窍
保持肘部弯曲，拉伸程度略有不同，手臂宽度也要做相应的调整。

- 有助于修复哪些肌肉问题：
  肩关节夹挤综合征、旋转肌肌腱炎、肩部滑囊炎、冻肩（粘连性囊炎）、胸部肌肉拉伤、胸部肌肉止端发炎。
- 对哪些运动有帮助：
  篮球、无网篮球、徒步、远足野营、登山、定向越野、网球、羽毛球、壁球、划船、划艇、皮船、游泳、板球、棒球、田径投掷项目。

▶ 可以配合练习的其他拉筋操：编号 4.1

4.9 下伸肱三头肌拉筋操

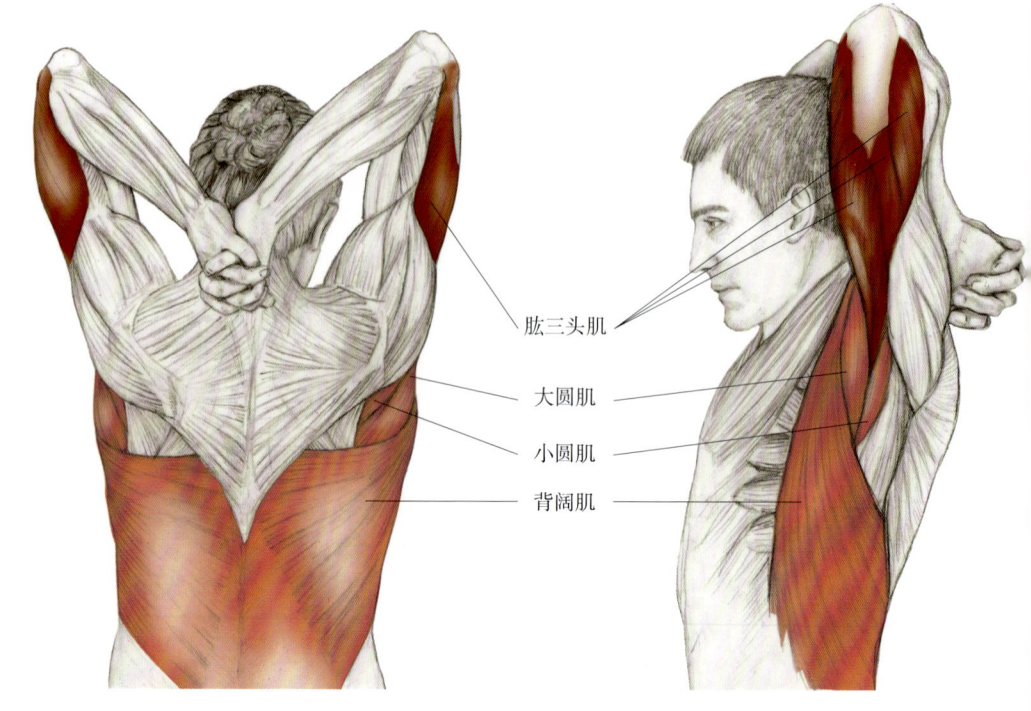

肱三头肌
大圆肌
小圆肌
背阔肌

步骤
双手相握,置于头后,肘部向上。然后双手沿背部向下伸展。

拉到的肌群
- 主要肌群:肱三头肌。
- 次要肌群:大圆肌、小圆肌、背阔肌。

动作诀窍
做这个拉筋操时间不要过长,因为血液会被限制在肩部。

- 有助于修复哪些肌肉问题:
  肘部扭伤、肘关节脱臼、手肘滑囊炎、肱三头肌肌腱断裂。
- 对哪些运动有帮助:
  篮球、无网篮球、网球、羽毛球、壁球、划船、划艇、皮艇、游泳、板球、棒球、田径投掷项目、排球。

▶可以配合练习的其他拉筋操:编号 4.14,4.8

4.10 肱三头肌拉筋操

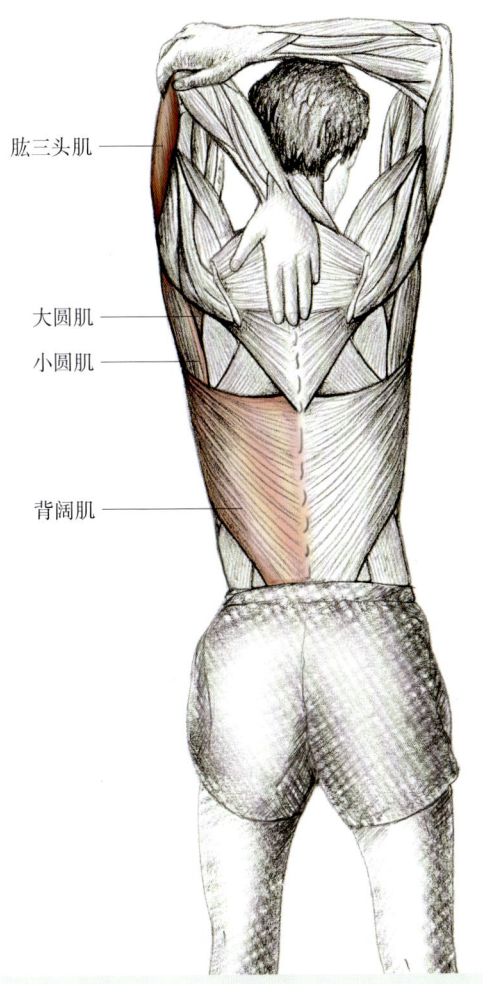
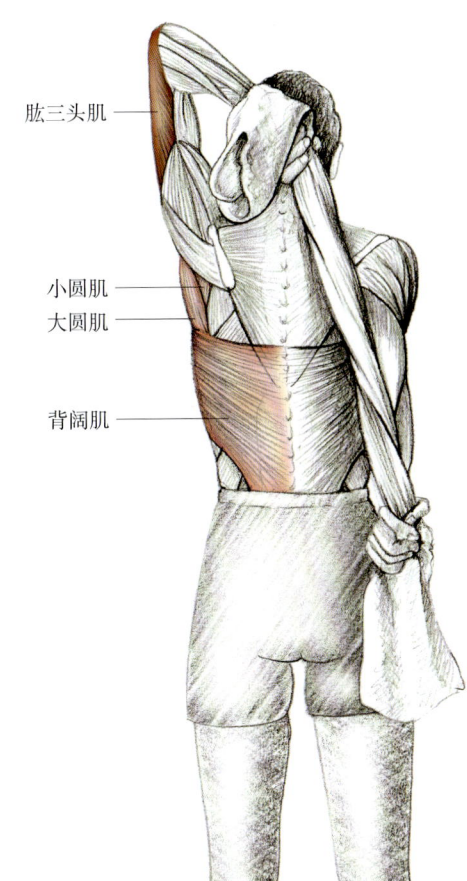

左图标注：肱三头肌、大圆肌、小圆肌、背阔肌
右图标注：肱三头肌、小圆肌、大圆肌、背阔肌

▌步骤
保持站姿，一只手置于头后，手肘朝上。然后用另一只手把手肘往下压。（可借助绳子或毛巾）

▌拉到的肌群
- 主要肌群：肱三头肌。
- 次要肌群：背阔肌、大圆肌、小圆肌。

动作诀窍

做这个伸展动作的时间不要太持久，以免肩部血液循环不良。

- 有助于修复哪些肌肉问题：
  肘关节扭伤、肘关节脱臼、手肘滑囊炎、肱三头肌肌腱断裂。
- 对哪些运动有帮助：
  篮球、篮网球、网球、羽毛球、壁球、划船、皮艇、游泳、板球、棒球、田径投掷项目、排球。

▶ 可以配合练习的其他拉筋操：编号 6.3

4.11 跪姿式前臂拉筋操

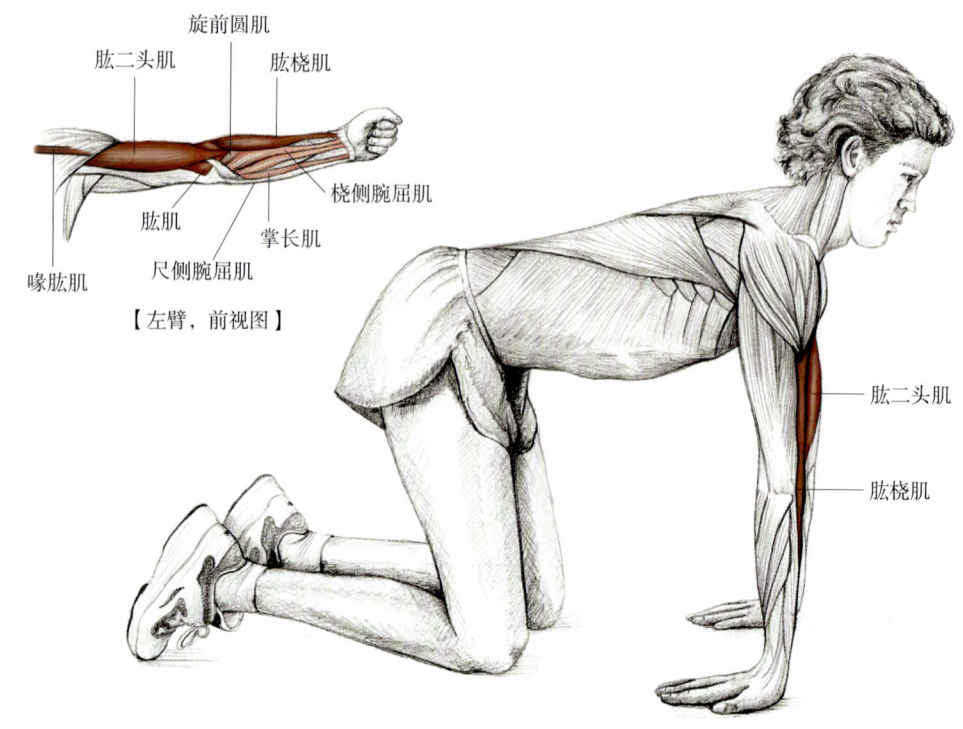

【左臂，前视图】

步骤
四肢着地的跪姿，前臂朝前，手指朝后。然后慢慢地把身体往后移动。

拉到的肌群
- 主要肌群：肱二头肌、肱肌、肱桡肌。
- 次要肌群：旋前圆肌、桡侧腕屈肌、尺侧腕屈肌、掌长肌。

动作诀窍
每个人肌肉紧绷的部位不同，有人可能会觉得前臂拉筋的强度最强，有人则会觉得是上臂。这个拉筋操比较容易的做法，是缩短手和膝盖的距离。

- 有助于修复哪些肌肉问题：
肱二头肌肌腱断裂、肱二头肌肌腱炎、肱二头肌拉伤、手肘拉伤、手肘脱臼、手肘滑囊炎、肱骨外上髁炎、肱骨内上髁炎。
- 对哪些运动有帮助：
篮球、篮网球、板球、棒球、垒球、冰球、曲棍球、武术、网球、羽毛球、壁球、划船、皮艇、游泳、田径投掷项目、排球、摔跤。

▶ 可以配合练习的其他拉筋操：编号 4.12

4.12 手掌朝外的手腕拉筋操

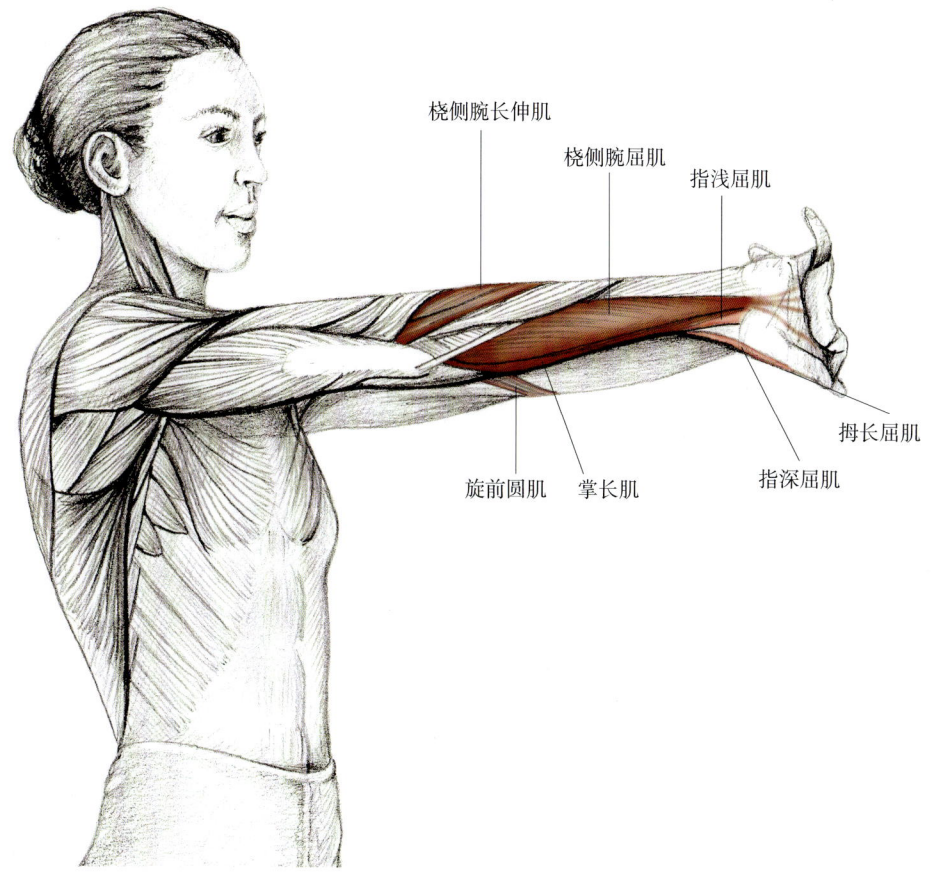

步骤
十指于胸前交扣,伸直手臂,然后把手掌往外推。

拉到的肌群
- 主要肌群:旋前圆肌、桡侧腕屈肌、尺侧腕屈肌、掌长肌。
- 次要肌群:指浅屈肌、指深屈肌、拇长屈肌。

动作诀窍
前臂、手腕和手指由众多的小肌肉、肌腱和韧带组成。动作不要太猛太急,才不会过度伸展这些部位。

- 有助于修复哪些肌肉问题:
肱骨外上髁炎、肱骨内上髁炎、手肘痛、手腕扭伤、手腕脱臼、手腕肌腱炎、腕管综合征、肘管综合征。
- 对哪些运动有帮助:
篮球、篮网球、板球、棒球、垒球、冰球、曲棍球、武术、网球、羽毛球、壁球、划船、皮艇、游泳、田径投掷项目、排球、摔跤。

▶ 可以配合练习的其他拉筋操:编号 4.13

4.13 手指下拉的前臂拉筋操

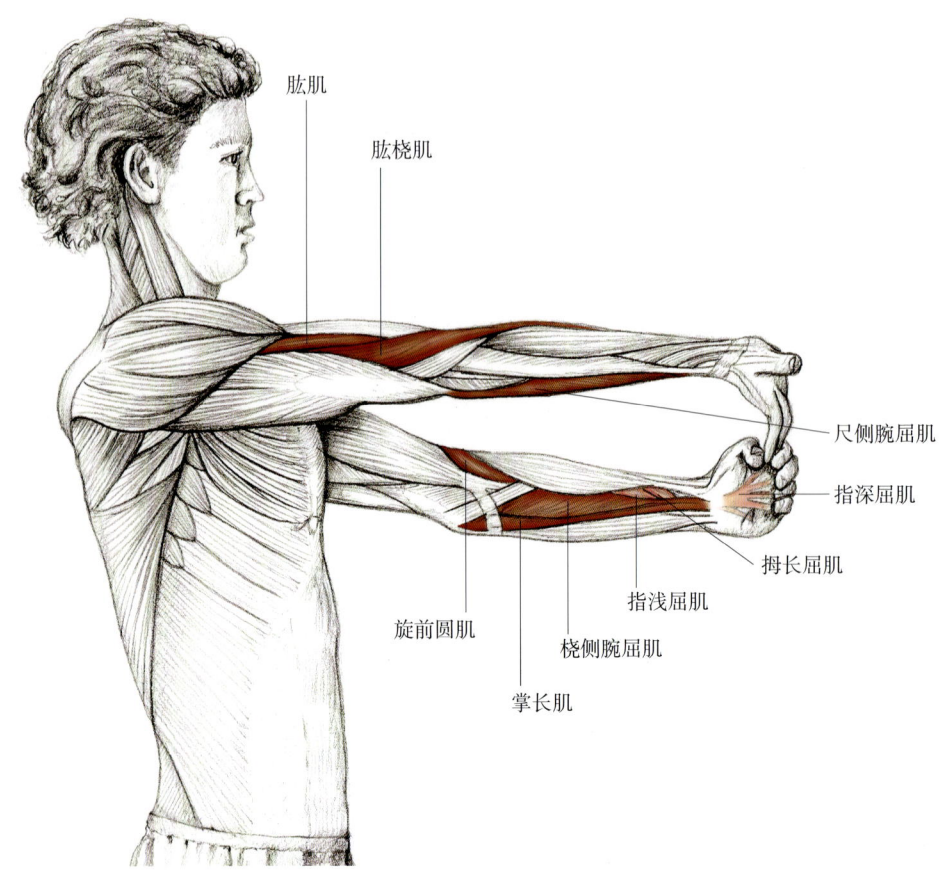

肱肌、肱桡肌、尺侧腕屈肌、指深屈肌、拇长屈肌、指浅屈肌、桡侧腕屈肌、旋前圆肌、掌长肌

步骤
一只手抓住另一只手的手指，将手掌外翻。伸直（右手）手臂，然后（左手）把手指往后拉。

拉到的肌群
- 主要肌群：肱肌、肱桡肌、旋前圆肌、掌长肌、尺侧腕屈肌。
- 次要肌群：指浅屈肌、指深屈肌、拇长屈肌。

动作诀窍
前臂、手腕和手指由众多的小肌肉、肌腱和韧带组成。动作不要太急太猛，才不会过度伸展这些部位。

- 有助于修复哪些肌肉问题：
  肱骨外上髁炎、肱骨内上髁炎、手肘痛、手腕扭伤、手腕脱臼、手腕肌腱炎、腕管综合征、肘管综合征。
- 对哪些运动有帮助：
  篮球、篮网球、板球、棒球、垒球、冰球、曲棍球、武术、网球、羽毛球、壁球、划船、皮艇、游泳、田径投掷项目、排球、摔跤。

▶ 可以配合练习的其他拉筋操：编号 4.11

4.14 手指拉筋操

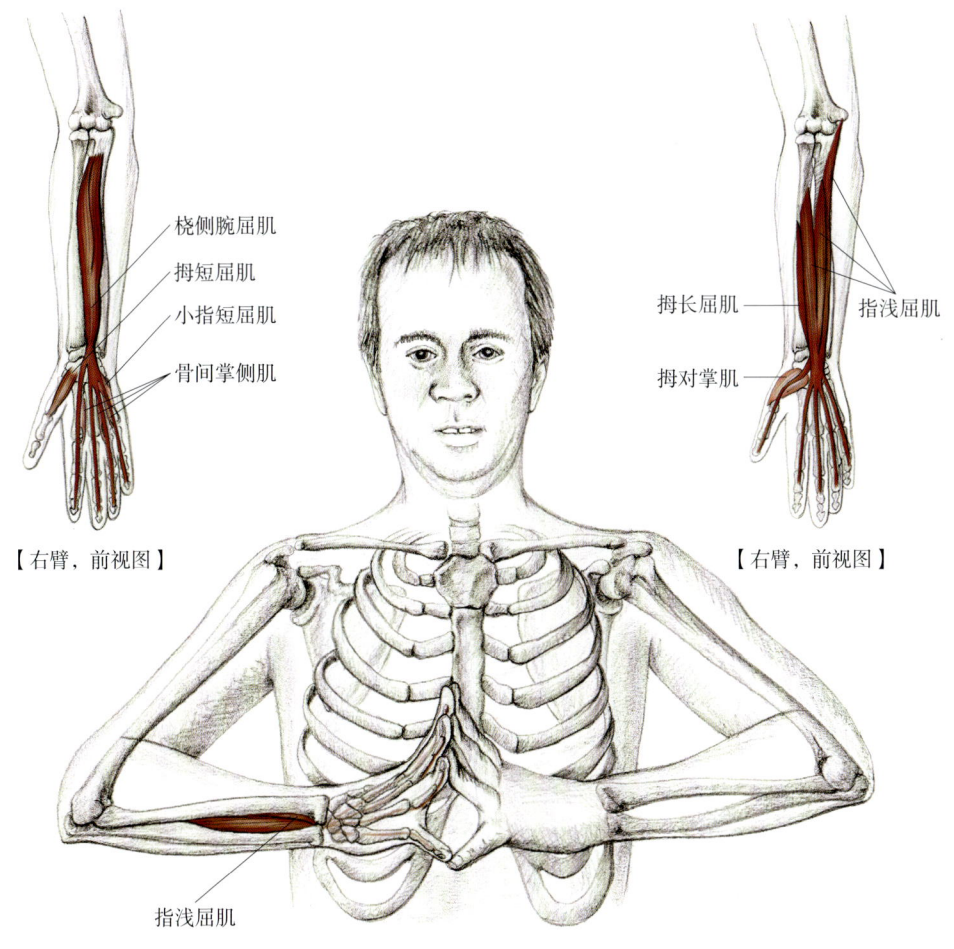

【右臂,前视图】 【右臂,前视图】

桡侧腕屈肌
拇短屈肌
小指短屈肌
骨间掌侧肌

拇长屈肌
指浅屈肌
拇对掌肌

指浅屈肌

步骤
十指指尖相对,双掌互推。

拉到的肌群
- 主要肌群:指浅屈肌、指深屈肌、拇长屈肌。
- 次要肌群:拇对掌肌。

动作诀窍

前臂、手腕和手指由众多的小肌肉、肌腱和韧带组成。动作不要太急太猛,才不会过度伸展这些部位。

- 有助于修复哪些肌肉问题:
  肱骨外上髁炎、肱骨内上髁炎、手肘痛、手腕扭伤、手腕脱臼、手腕肌腱炎、腕管综合征、肘管综合征。
- 对哪些运动有帮助:
  篮球、篮网球、板球、棒球、垒球、冰球、曲棍球、武术、网球、羽毛球、壁球、划船、皮艇、游泳、田径投掷项目、排球、摔跤。

▶ 可以配合练习的其他拉筋操:编号 4.13

4.15 拇指拉筋操

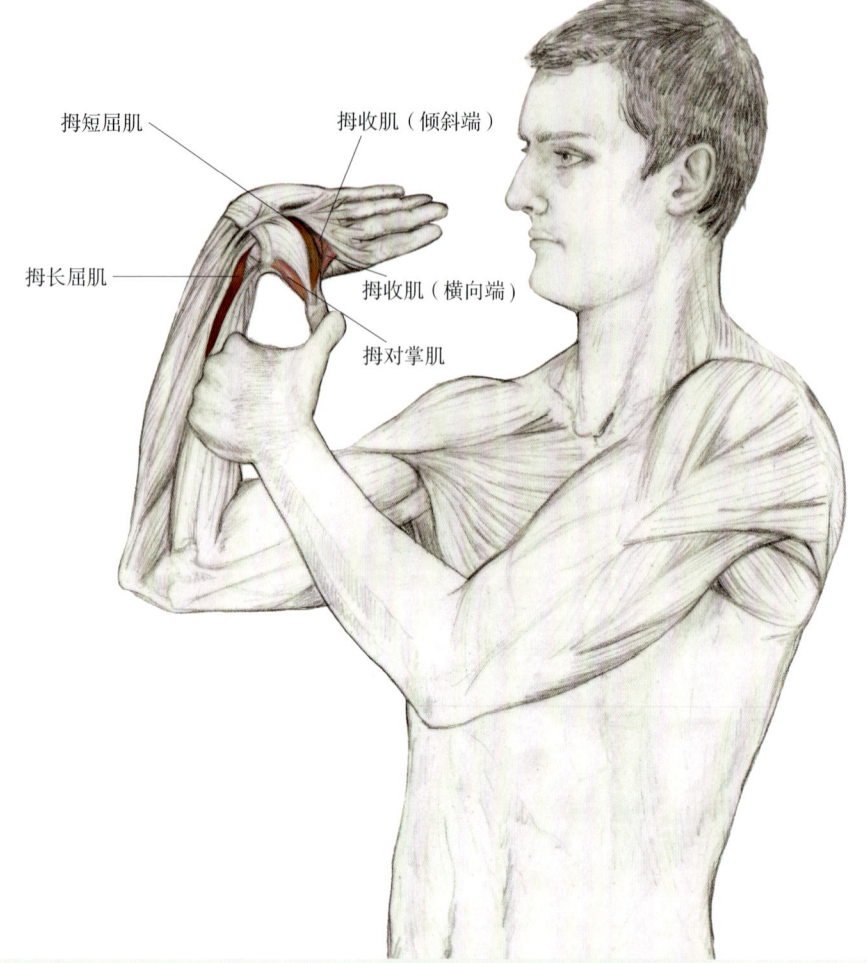

拇短屈肌　　拇收肌（倾斜端）
拇长屈肌　　拇收肌（横向端）
　　　　　　拇对掌肌

▎步骤
手指向上，大拇指向外，然后用另一只手向下拉大拇指。

▎拉到的肌群
- 主要肌群：拇长屈肌、拇短屈肌。
- 次要肌群：拇收肌、拇对掌肌。

动作诀窍
手掌和拇指由众多小尺寸的肌肉、肌腱和韧带组成。不要过快或时间过长地对该区域进行过度拉伸。

- 有助于修复哪些肌肉问题：
  网球肘、高尔夫球肘、投掷肘、手腕肌腱炎、腕管综合征。
- 对哪些运动有帮助：
  篮球、无网篮球、板球、棒球、垒球、冰球、曲棍球、武术、网球、羽毛球、壁球、划船、滑艇、皮艇、游泳、田径投掷项目、排球、搏击。

▶ 可以配合练习的其他拉筋操：编号 4.12，4.14

4.16 手指朝下的手腕拉筋操

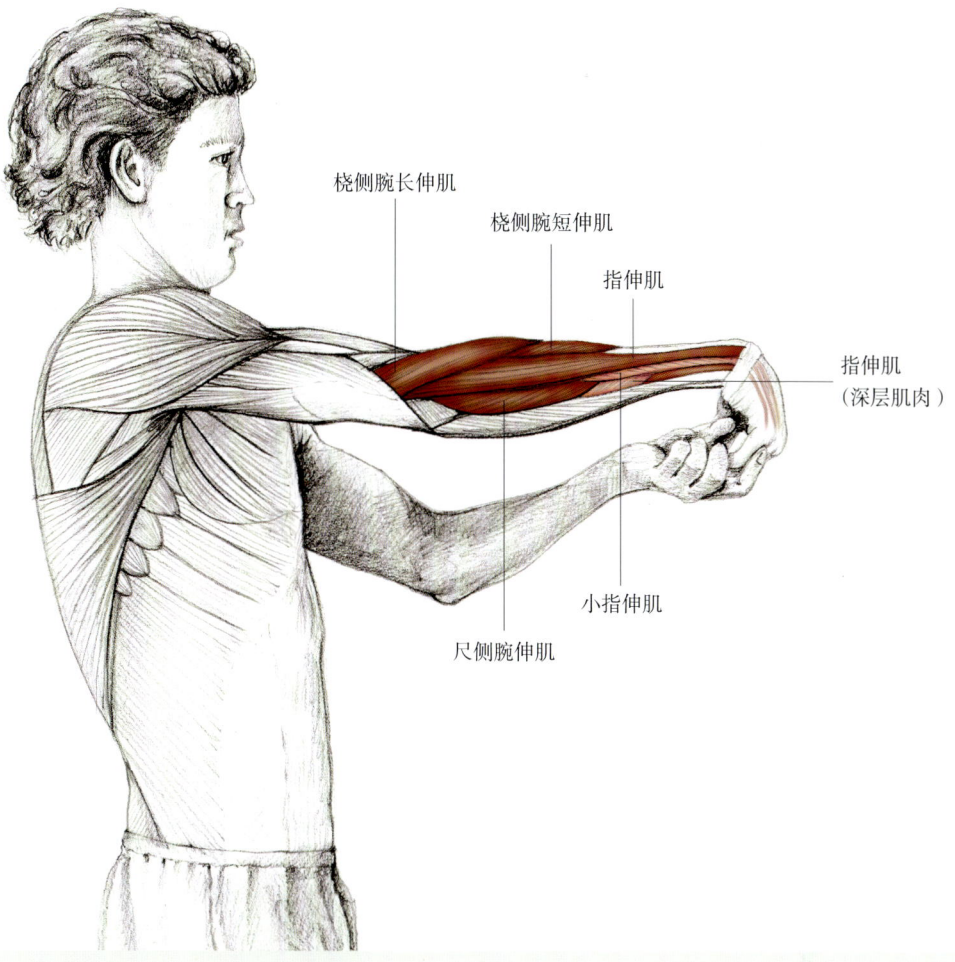

桡侧腕长伸肌
桡侧腕短伸肌
指伸肌
指伸肌（深层肌肉）
小指伸肌
尺侧腕伸肌

步骤
用一只手抓住另一只手（图示为右手）的手指，同时伸直（右手）手臂。再把手指往身体的方向拉。

拉到的肌群
- 主要肌群：尺侧腕伸肌、桡侧腕长伸肌、桡侧腕短伸肌、指伸肌。
- 次要肌群：小指伸肌、食指伸肌。

动作诀窍
前臂、手腕和手指由众多的小肌肉、肌腱和韧带组成。动作不要太急太猛，才不会过度伸展这些部位。

- 有助于修复哪些肌肉问题：
  肱骨外上髁炎、肱骨内上髁炎、手肘痛、手腕扭伤、手腕脱臼、手腕肌腱炎、腕管综合征、肘管综合征。
- 对哪些运动有帮助：
  篮球、篮网球、板球、棒球、垒球、冰球、曲棍球、武术、网球、羽毛球、壁球、划船、皮艇、游泳、田径投掷项目、排球、摔跤。

▶ 可以配合练习的其他拉筋操：编号 4.17

4.17 手腕旋转拉筋操

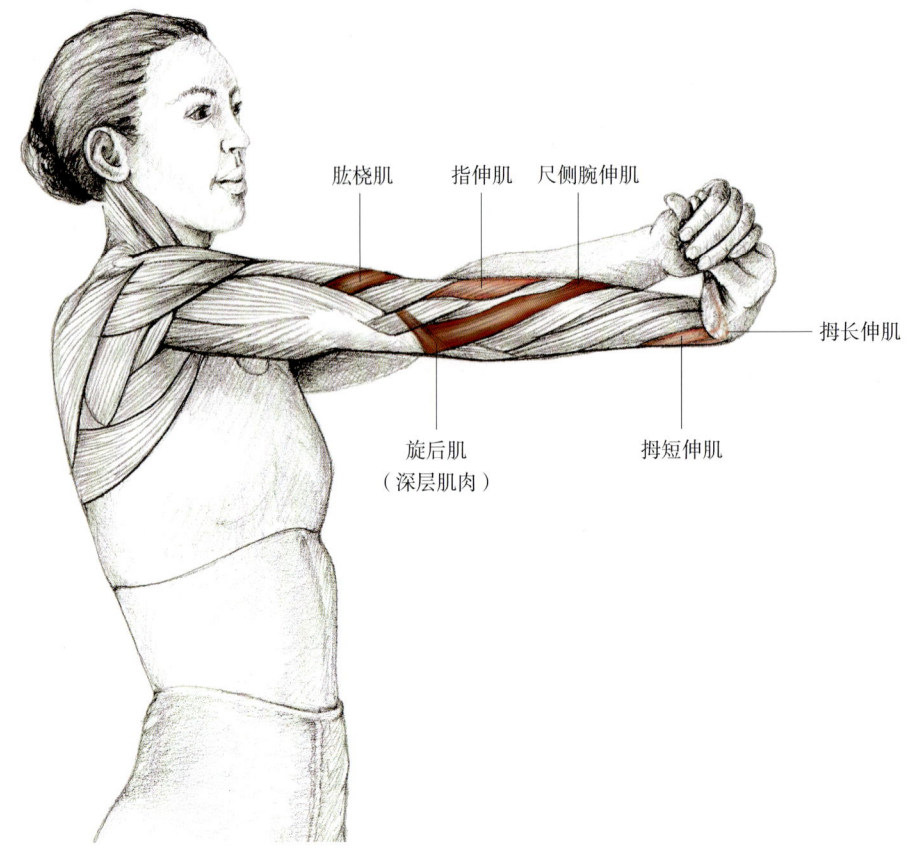

步骤
一只手（图示为右手）的手臂伸直，与地面平行，把手腕往下转后再往外翻转，然后用另一只手（左手）帮助手腕进一步向上翻转。

拉到的肌群
- 主要肌群：肱桡肌、尺侧腕伸肌、旋后肌。
- 次要肌群：指伸肌、拇长伸肌、拇短伸肌。

动作诀窍
前臂、手腕和手指由众多的小肌肉、肌腱和韧带组成。动作不要太急太猛，才不会过度伸展这些部位。

- 有助于修复哪些肌肉问题：
  肱骨外上髁炎、肱骨内上髁炎、手肘痛、手腕扭伤、手腕脱臼、手腕肌腱炎、腕管综合征、肘管综合征。
- 对哪些运动有帮助：
  篮球、篮网球、板球、棒球、垒球、冰球、曲棍球、武术、网球、羽毛球、壁球、划船、皮艇、游泳、田径投掷项目、排球、摔跤。

▶ 可以配合练习的其他拉筋操：编号 4.16

第五章
腹部的拉筋操

前腹壁肌肉位于肋骨和骨盆之间,围绕内脏器官,可起到支撑躯干、运动(主要是腰椎的弯曲、旋转)和支撑下背的作用。胸壁肌肉有三层,肌肉纤维与相应的三层肌肉的方向一致。最深的一层由方向几乎水平的**腹横肌**组成。腹横肌围绕躯干,连接胸腰筋膜;胸腰筋膜是一层很厚的连接组织护套,可以在与之相连的肌肉受力时稳定躯干和骨盆。中间的一层由内斜肌组成。内斜肌的纤维与最外层外斜肌的纤维相互交错,形成一种斜十字架的形状。这三层肌肉之上是腹直肌,呈竖直方向,位于腹部中线两侧,与我们一般在运动员身上看到的六块腹肌有关。腹直肌是躯干弯曲时的主动肌,它使胸腔靠近耻骨。比方说,在做仰卧卷腹或仰卧起坐时,它像其他腹肌一样起到稳定身体的作用,同时能防止腰椎过伸。

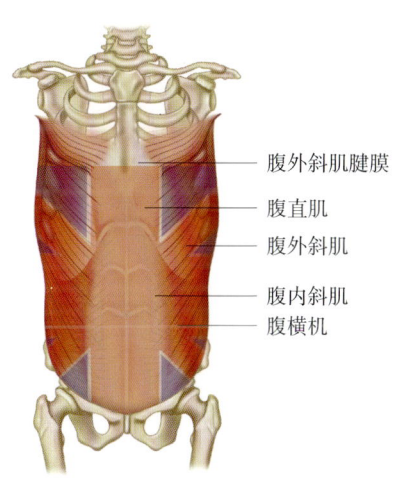

腹外斜肌腱膜
腹直肌
腹外斜肌
腹内斜肌
腹横机

腹部拉筋操对以下运动有益:篮球、无网篮球、板球、棒球、垒球、拳击、足球、美式足球、橄榄球、高尔夫球、徒步、远足野营、登山、定向越野、滑冰、轮滑、纵列式轮滑、划船、划艇、皮艇、跑步、越野、滑雪、滑水、冲浪、步行、竞走、搏击。

5.1 双肘撑地的腹部拉筋操

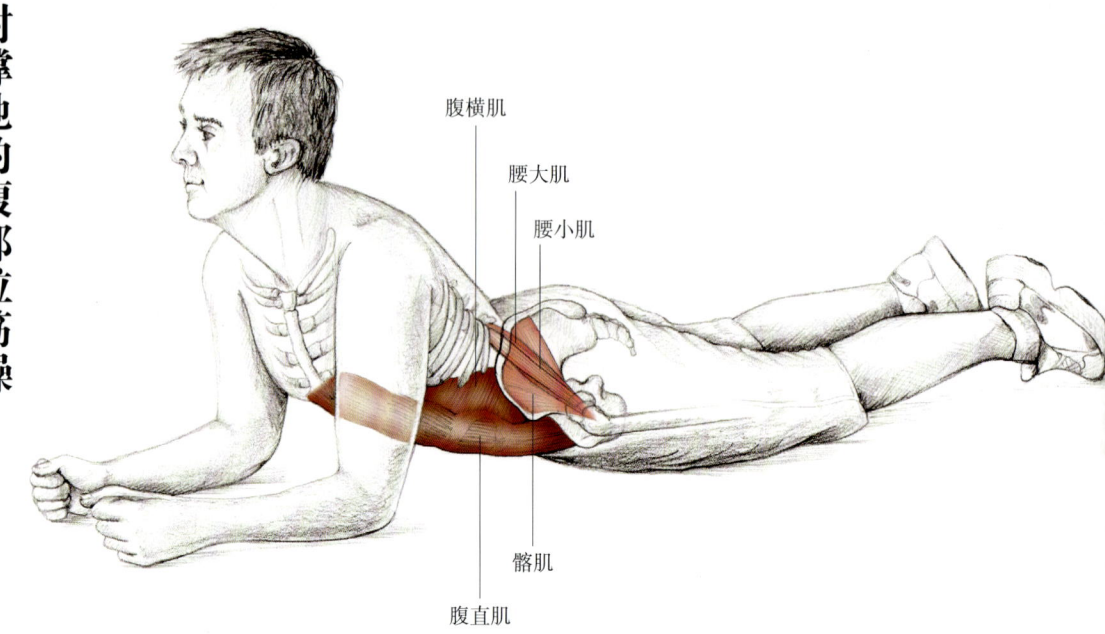

步骤
脸朝下趴卧,把双手拉近肩膀。髋部平贴于地面,用手肘撑起上半身,眼睛看前方。

拉到的肌群
- 主要肌群:腹横肌、腹直肌。
- 次要肌群:腰大肌、腰小肌、髂肌。

动作诀窍
对上班族和司机等长时间坐着的人来说,胸腹部的肌肉可能会非常紧绷、僵硬。第一次做这组拉筋操时要小心,每做一次要充分休息。

- 有助于修复哪些肌肉问题:
腹部肌肉拉伤。
- 对哪些运动有帮助:
篮球、篮网球、板球、棒球、垒球、拳击、高尔夫球、徒步、远足野营、登山、定向越野、冰球、曲棍球、溜冰、溜滑轮、溜直排轮、武术、划船、皮艇、跑步、美式足球、足球、橄榄球、滑雪、滑水、冲浪、健走、竞走、摔跤。

▶ 可以配合练习的其他拉筋操:编号 5.3

5.2 抬起上身的腹部拉筋操

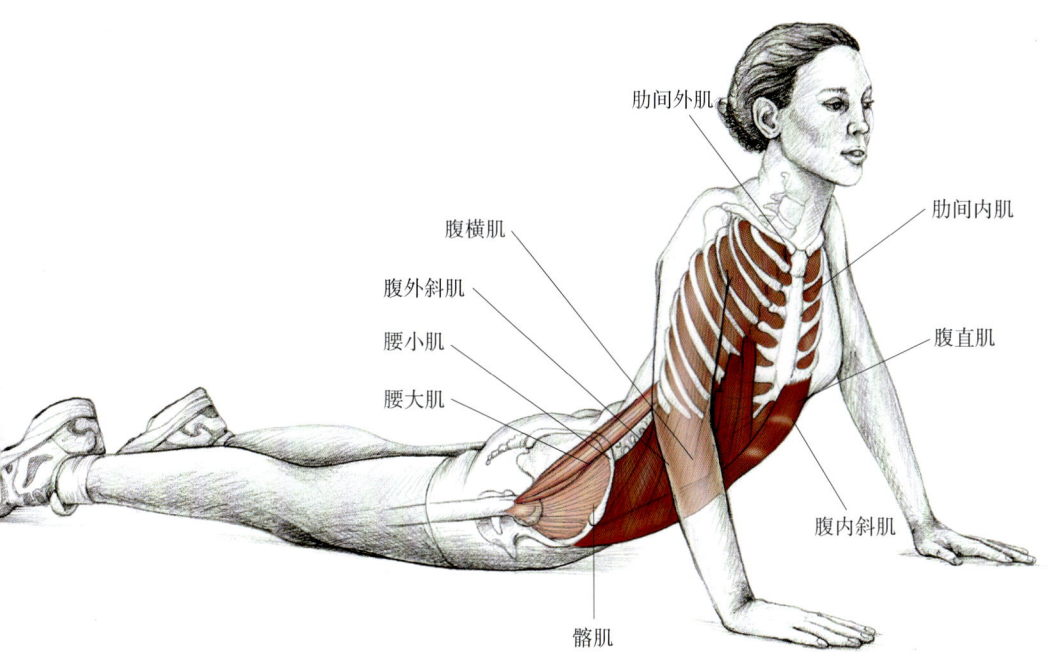

步骤
脸朝下趴卧，双手拉近肩膀。髋部平贴在地面，伸直双臂撑起上半身，眼睛看着前方。

拉到的肌群
- 主要肌群：肋间外肌、肋间内肌、腹外斜肌、腹内斜肌、腹横肌、腹直肌。
- 次要肌群：腰大肌、腰小肌、髂肌。

动作诀窍
对于上班族和司机等长时间坐着的人来说，胸腹部的肌肉可能会非常紧绷、僵硬。第一次做这组拉筋操时要小心，每一次都要充分休息。

- 有助于修复哪些肌肉问题：
腹部肌肉拉伤、髋屈肌拉伤、髂腰肌肌腱炎。
- 对哪些运动有帮助：
篮球、篮网球、板球、棒球、垒球、拳击、高尔夫球、徒步、远足野营、登山、定向越野、冰球、曲棍球、溜冰、溜滑轮、溜直排轮、武术、划船、皮艇、跑步、美式足球、足球、橄榄球、滑雪、滑水、冲浪、竞走、摔跤。

▶ 可以配合练习的其他拉筋操：编号 5.3

5.3 转身式腹部拉筋操

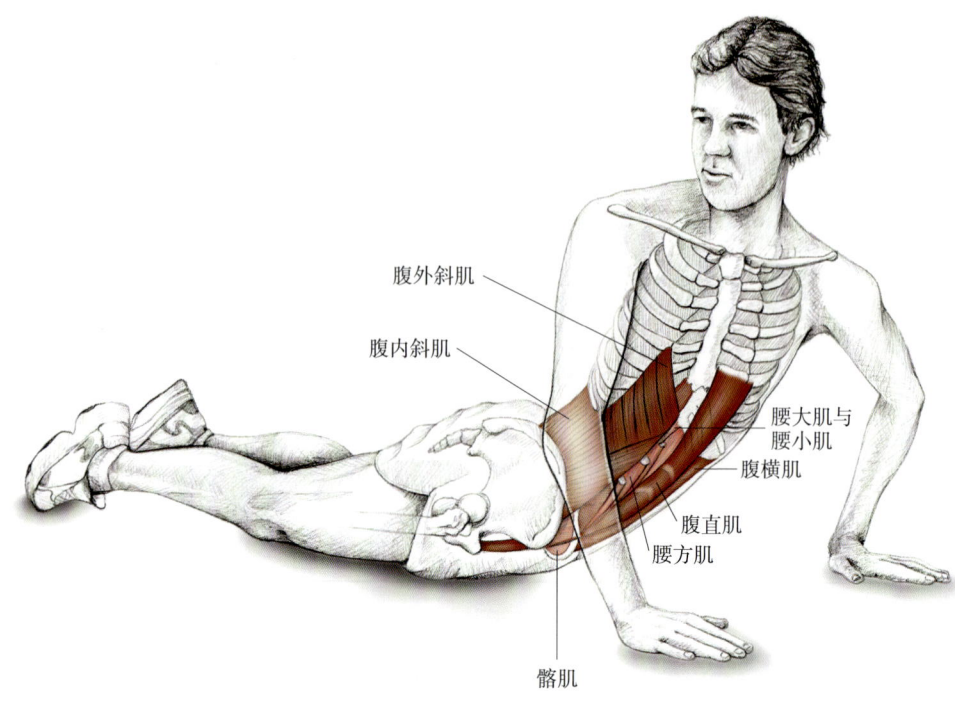

步骤
脸朝下趴卧,双手拉近肩膀。髋部平贴在地面,伸直双臂撑起上半身,眼睛看着前方。然后弯曲一只手的手臂,将同侧的肩膀转向地面。

拉到的肌群
- 主要肌群:腹外斜肌、腹内斜肌、腹横肌、腹直肌。
- 次要肌群:腰方肌、腰大肌、腰小肌、髂肌。

动作诀窍
对上班族和司机等长时间坐着的人来说,胸腹部的肌肉可能会非常紧绷、僵硬。第一次做这个拉筋操时要小心,每做一次都要充分休息。

- 有助于修复哪些肌肉问题:
  腹部肌肉拉伤、髋屈肌拉伤、髂腰肌肌腱炎。
- 对哪些运动有帮助:
  篮球、篮网球、板球、棒球、垒球、拳击、高尔夫球、徒步、远足野营、登山、定向越野、冰球、曲棍球、溜冰、溜滑轮、溜直排轮、武术、划船、皮艇、跑步、美式足球、足球、橄榄球、滑雪、滑水、冲浪、竞走、摔跤。

▶ 可以配合练习的其他拉筋操:编号 5.6

5.4 站姿后靠的腹部拉筋操

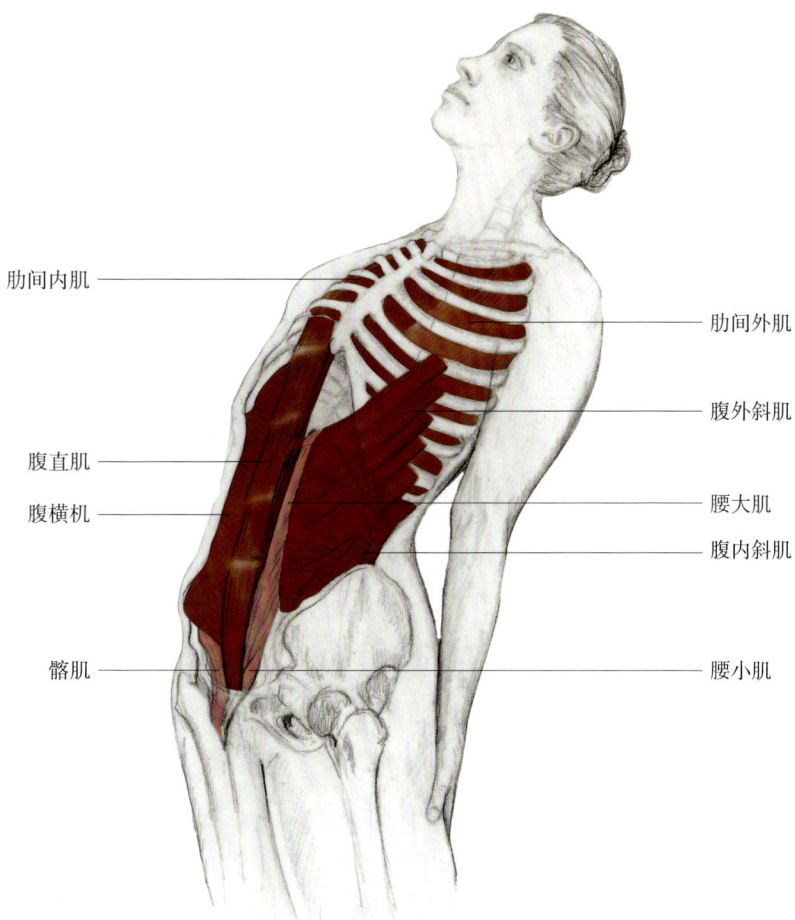

肋间内肌　肋间外肌　腹外斜肌　腹直肌　腰大肌　腹横机　腹内斜肌　髂肌　腰小肌

步骤
正直站立，双脚分开，与肩同宽。双手放在臀部作为支撑，向上看，然后慢慢将头与上身后仰。

拉到的肌群
- 主要肌群：肋间内肌、肋间外肌、腹内斜肌、腹外斜肌、腹横机、腹直肌。
- 次要肌群：腰大肌、腰小肌、髂肌。

动作诀窍
若您下腰部疼痛或下腰部有伤，请勿做此拉筋操。第一次做此拉筋操时要特别注意，每次拉筋操之间要有足够长的恢复时间。

- 有助于修复哪些肌肉问题：
腹部肌肉拉伤、髋屈肌紧张、髂腰肌肌腱炎。
- 对哪些运动有帮助：
篮球、无网篮球、板球、棒球、垒球、拳击、高尔夫球、徒步、远足野营、登山、定向越野、冰球、曲棍球、滑冰、溜滑轮、武术、划船、皮艇、跑步、美式足球、足球、橄榄球、滑雪、滑水、冲浪、步行、竞走、搏击。

▶ 可以配合练习的其他拉筋操：编号 5.2

5.5 站姿单侧后靠的腹部拉筋操

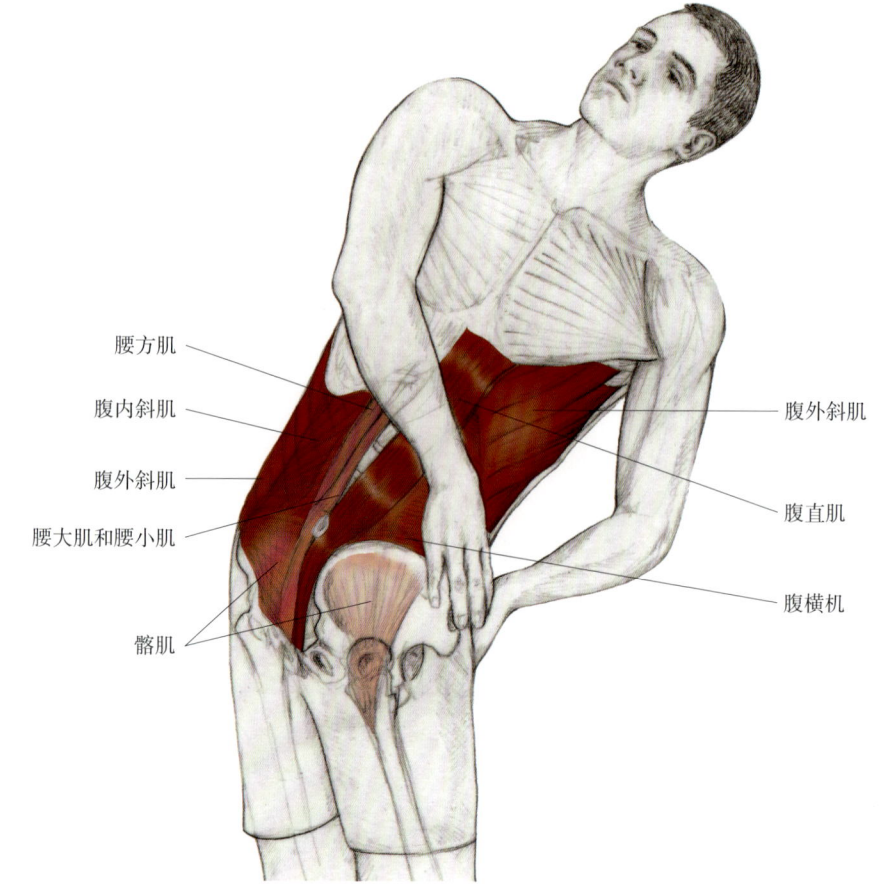

腰方肌
腹内斜肌
腹外斜肌
腰大肌和腰小肌
髂肌

腹外斜肌
腹直肌
腹横机

▌步骤
正直站立，两脚分开，与肩同宽。一只手放于臀部作为支撑，向上看，慢慢后仰。另一只手伸到身体对侧，然后旋转腰部。

▌拉到的肌群
- 主要肌群：腹内斜肌、腹外斜肌、腹横机、腹直肌。
- 次要肌群：腰方肌、腰大肌、腰小肌、髂肌。

动作诀窍

若您下腰部疼痛或下腰部有伤，请勿做此拉筋操。第一次做此拉筋操的时候要特别注意，每次拉筋操之间要有足够长的恢复时间。

- 有助于修复哪些肌肉问题：
  腹部肌肉拉伤、髋屈肌紧张、髂腰肌肌腱炎。
- 对哪些运动有帮助：
  篮球、无网篮球、板球、棒球、垒球、拳击、高尔夫球、徒步、登山、远足野营、定向越野、冰球、曲棍球、滑冰、轮滑、武术、划船、皮艇、跑步、足球、美式足球、橄榄球、滑雪、滑水、冲浪、步行、竞走、搏击。

▶ 可以配合练习的其他拉筋操：编号 5.3

5.6 仰背式腹部拉筋操

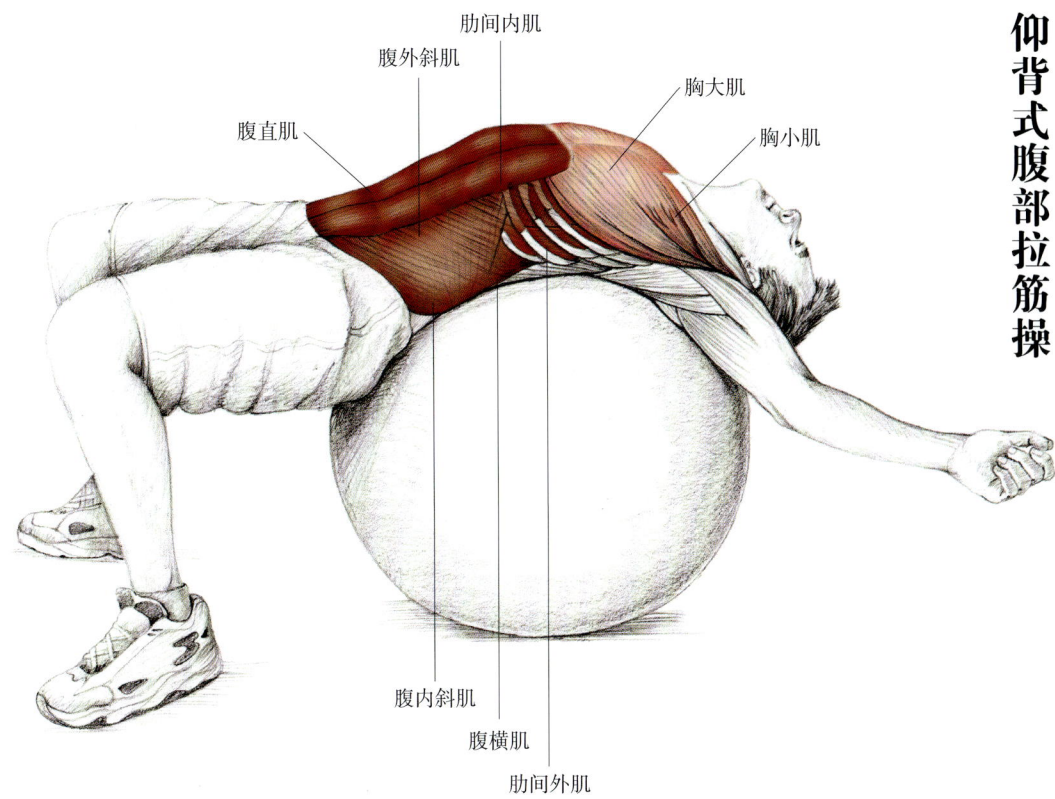

步骤
坐在抗力球上，慢慢把球往前滑，同时把背往后仰，让肩部和背部贴在球上，并且张开双臂。

拉到的肌群
- 主要肌群：肋间外肌、肋间内肌、腹外斜肌、腹内斜肌、腹横肌、腹直肌。
- 次要肌群：胸大肌、胸小肌。

动作诀窍
上班族和司机等长时间坐着的人，胸腹部的肌肉可能会非常紧绷、僵硬。第一次做这个拉筋操时要小心，每做一次都要充分休息。

- 有助于修复哪些肌肉问题：
  腹部肌肉拉伤、胸部肌肉拉伤、胸部肌肉止端发炎。
- 对哪些运动有帮助：
  篮球、篮网球、板球、棒球、垒球、拳击、高尔夫球、徒步、远足野营、登山、定向越野运动、冰球、曲棍球、溜冰、溜滑轮、溜直排轮、武术、划船、皮艇、跑步、美式足球、足球、橄榄球、滑雪、滑水、冲浪、健走、竞走、摔跤。

▶ 可以配合练习的其他拉筋操：编号 5.2

第六章
背部和肋部的拉筋操

脊柱周围和后背的肌肉主要用于固定脊柱，保持背部挺直。背部和两侧的肌肉可以使上身和脊柱弯曲、侧屈、伸展和旋转。

背阔肌是背部最宽的肌肉，它可以向下和向后拉动肩部，或在双手固定时将躯干向上拉动。因此，背阔肌在攀登、体操（特别是吊环和双杠）、游泳和赛艇等运动中会被大量使用。**菱形肌**位于肩胛骨和脊柱之间，因其形状呈菱形而得名。大菱形肌比小菱形肌要大一点。**腰方肌**横穿腰部，从髂骨到骨盆，从髂腰韧带到最低的肋骨和L1至L4横突。腰方肌可以使躯干侧向弯曲，也可以抵抗在躯干另一侧被施加的侧向拉力。

较低的**肋间外肌**可能会与外斜肌的纤维混合到一起，与外斜肌的边缘重叠并形成一个连续的肌肉层，而肋间外肌表面上好像位于肋骨间隙。肋间内肌比肋间外肌要深，并与肋间外肌倾斜相接。胸腔每侧有11块肋间内肌和肋间外肌。

竖脊肌，也被称为骶棘肌，包含三组平行排列的肌肉。从外到内依次是：髂肋肌、最长肌和棘肌。最长肌是竖脊肌的中间部分。它还可以被细分为颈最长肌、背最长肌和头最长肌。棘肌是竖脊肌最内的一部分。它还可以被细分为背棘肌、颈棘肌和头棘肌。横突棘肌是由三组比竖脊肌更深的肌肉组成的。但是跟竖脊肌不一样的是，这三组肌肉一组比一组深，而非靠在一起。这三组肌肉由浅到深为：半棘肌、多裂肌和回旋肌。它们的纤维总体上向上延伸，并在中间从横突过度到棘突。多裂肌为横突棘肌，位于脊柱椎骨和横突沟壑间，位置比竖脊肌和半棘肌都深。回旋肌是横突棘肌最深的一层。

棘间肌是位于棘突间韧带两侧的短小肌肉。横突间肌同棘间肌一样，也短而微小。颈部和胸部有前横突间肌和后横突间肌，脊柱部位有外横突间肌和内横突间肌。

背部和两侧拉筋操对以下运动有益：射箭、板球、棒球、垒球、拳击、足球、美式足球、橄榄球、自行车、高尔夫球、徒步、远足野营、登山、冰球、曲棍球、轮滑、武术、网球、羽毛球、壁球、划船、跑步、滑雪、冲浪、游泳、排球、竞走、搏击。

6.1 延展上背部的拉筋操

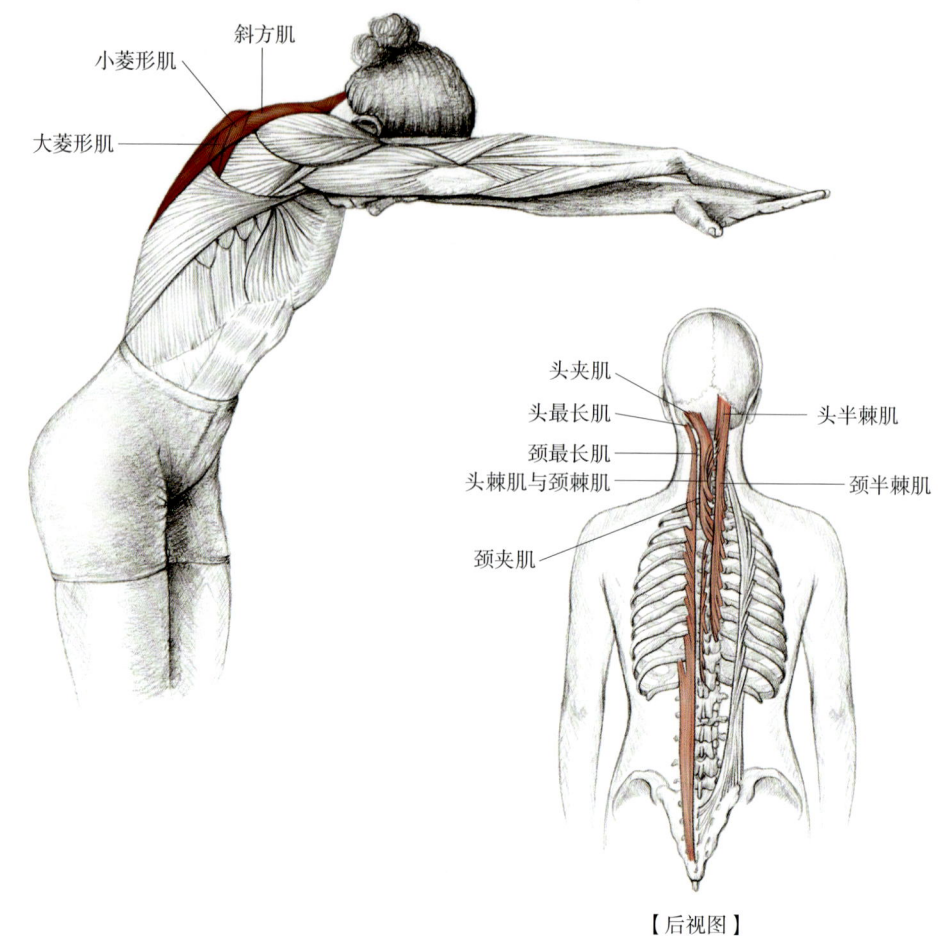

【后视图】

步骤
保持站姿，双臂往前伸出并交叉。尽量把手往前延伸，同时把头低下。

拉到的肌群
- 主要肌群：斜方肌、菱形肌。
- 次要肌群：头半棘肌、颈半棘肌、头棘肌、颈棘肌、头最长肌、颈最长肌、头夹肌、颈夹肌。

动作诀窍
把注意力放在往前延伸的双手上，不要耸肩。

- 有助于修复哪些肌肉问题：
  颈部肌肉拉伤、颈部挥鞭样损伤（颈椎屈曲/伸展损伤）、颈椎神经牵拉症、急性斜颈、上背部肌肉拉伤、上背部韧带扭伤。
- 对哪些运动有帮助：
  射箭、拳击、自行车、高尔夫球、网球、羽毛球、壁球、划船、皮艇、滑雪、滑水、游泳。

▶ 可以配合练习的其他拉筋操：编号 6.5

6.2 拱上背的背部拉筋操

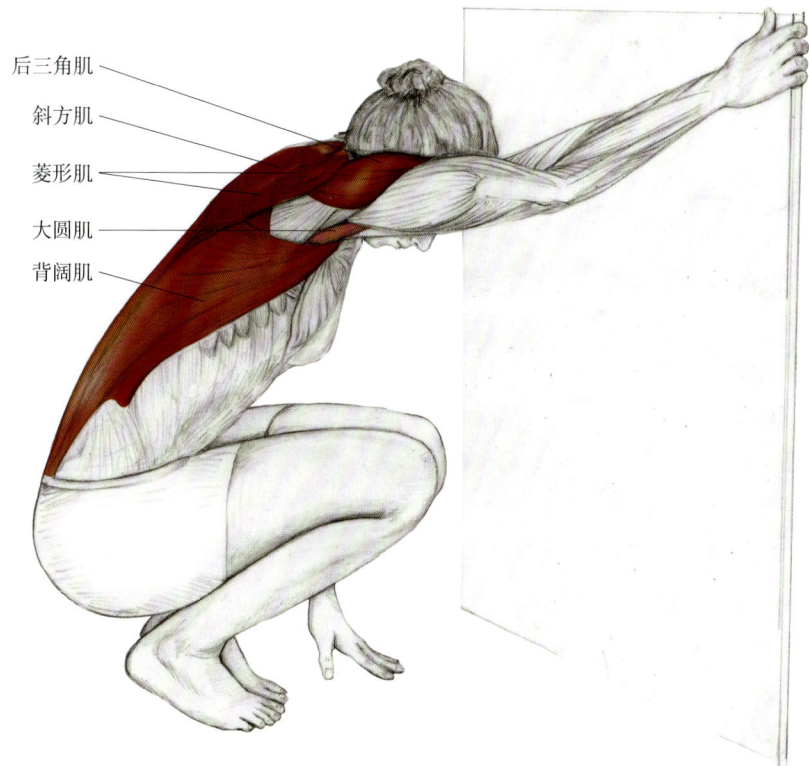

后三角肌
斜方肌
菱形肌
大圆肌
背阔肌

步骤
保持蹲姿，面向门边或柱子，单手握住门边或柱子，然后将背部往后靠。

拉到的肌群
- 主要肌群：斜方肌、菱形肌、背阔肌、后三角肌。
- 次要肌群：大圆肌。

动作诀窍
尽量将背部向后靠，靠体重完成本次拉筋操。放松上背部，允许它拱起来，允许肩胛放松。

- 有助于修复哪些肌肉问题：
颈部肌肉拉伤、挥鞭伤（颈部扭伤）、颈神经牵拉综合征、歪脖（急性斜颈）、上背部肌肉拉伤、上背部韧带扭伤、肩部夹挤综合征、肩袖肌腱炎、冻肩（粘连性囊炎）。
- 对哪些运动有帮助：
射箭、拳击、自行车、高尔夫球、网球、羽毛球、壁球、划船、滑艇、皮艇、滑雪、滑水、游泳。

▶ 可以配合练习的其他拉筋操：编号 6.1，3.8

6.3 手臂上拉的背部拉筋操

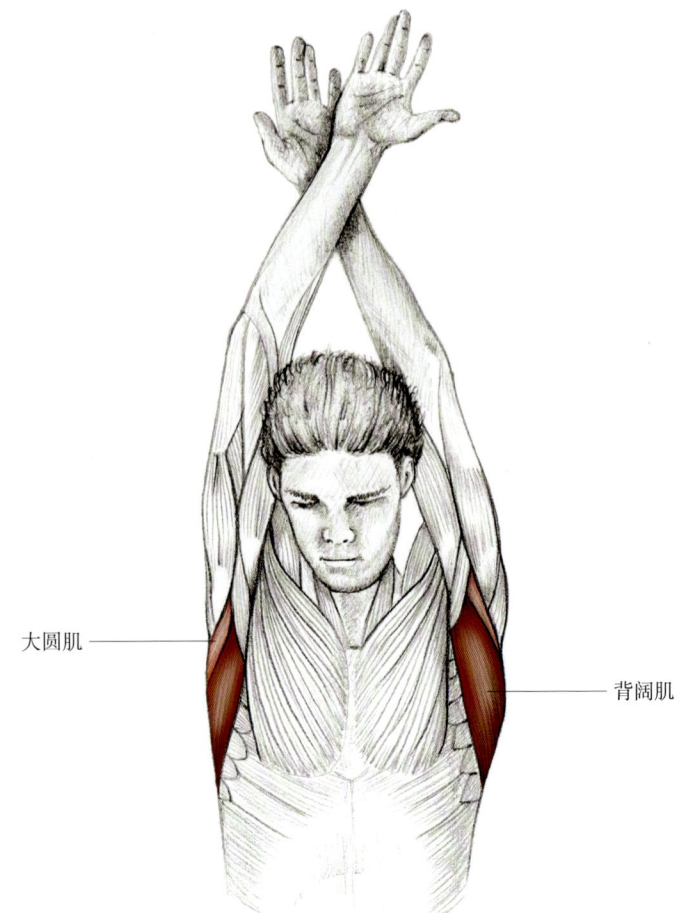

大圆肌

背阔肌

步骤
保持站姿，双臂往头上方伸直并交叉，尽量往上延展。

拉到的肌群
- 主要肌群：背阔肌。
- 次要肌群：大圆肌。

动作诀窍
头往前倾、手臂挺直往上延展时，才不会碰到头。

- 有助于修复哪些肌肉问题：
颈部肌肉拉伤、颈部挥鞭样损伤（颈椎屈曲/伸展损伤）、颈椎神经牵拉症、急性斜颈、上背部肌肉拉伤、上背部韧带扭伤。
- 对哪些运动有帮助：
篮球、篮网球、游泳、排球。

▶ 可以配合练习的其他拉筋操：编号 6.4

6.4 仰躺式全身拉筋操

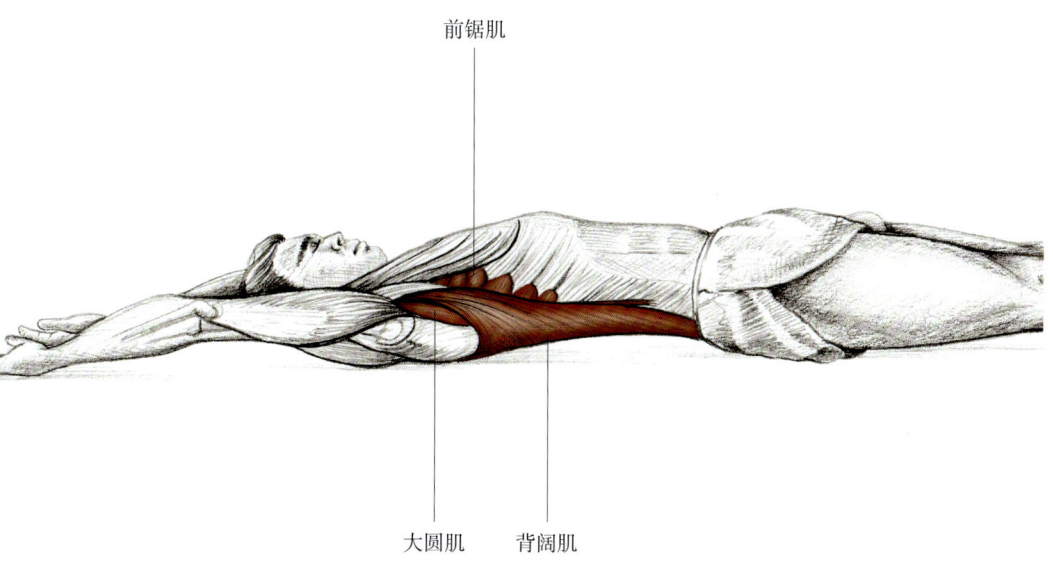

前锯肌

大圆肌　背阔肌

步骤
仰躺，双臂往头部上方伸直。脚趾朝天，尽可能地拉长身体。

拉到的肌群
- 主要肌群：前锯肌、背阔肌。
- 次要肌群：大圆肌。

动作诀窍
1. 把注意力放在延展的双脚上。
2. 脚跟往前推，而不是用脚趾往前推。

- 有助于修复哪些肌肉问题：
  背部肌肉拉伤、背部韧带扭伤。
- 对哪些运动有帮助：
  篮球、篮网球、游泳、排球。

▶ 可以配合练习的其他拉筋操：编号 6.3

6.5 坐姿式俯身拉筋操

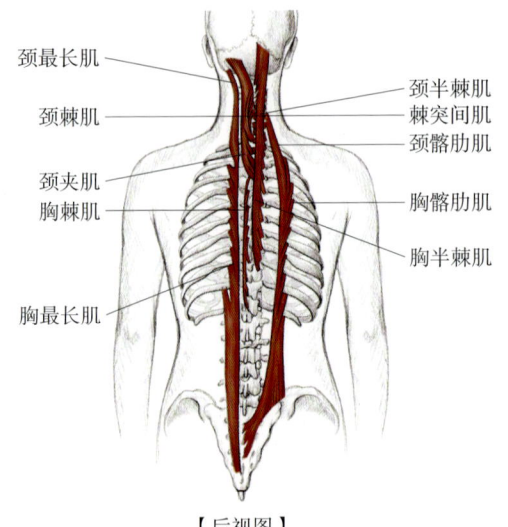

【后视图】

步骤
保持坐姿，双腿并拢或打开四十五度。脚趾朝天，双臂垂放在身体两侧或放在大腿上。放松背部和颈部，让头部和胸部往前垂下。

拉到的肌群
- 主要肌群：颈半棘肌、胸半棘肌、颈棘肌、胸棘肌、颈最长肌、胸最长肌、颈夹肌、颈髂肋肌、胸髂肋肌。
- 次要肌群：棘突间肌、旋转肌。

动作诀窍
每个人身体的紧绷部位不同，做这个拉筋操时拉伸感最明显的部位也会不同。有些人颈部和上背部伸展强度最强，有些人则是下背部和后腿肌肉。要知道自己身体哪个部位的柔软度有待加强，该拉筋操是很好的一个指标。

- 有助于修复哪些肌肉问题：
颈部肌肉拉伤、颈部挥鞭样损伤（颈椎屈曲/伸展损伤）、颈椎神经牵拉症、急性斜颈、背部肌肉拉伤、背部韧带扭伤。

- 对哪些运动有帮助：
板球、棒球、垒球、美式足球、橄榄球、自行车、徒步、远足野营、登山、定向越野、冰球、曲棍球、网球、羽毛球、壁球、划船、皮艇、游泳。

▶ 可以配合练习的其他拉筋操：编号 6.1

6.6 坐姿式侧向拉筋操

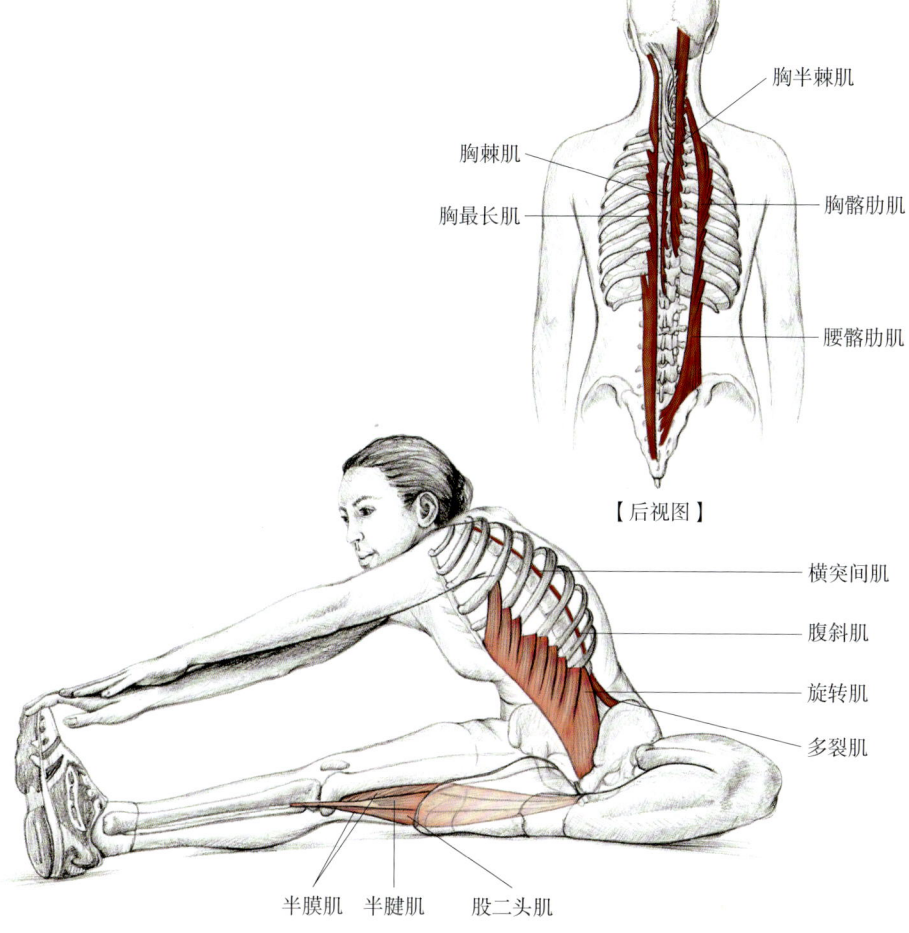

【后视图】

步骤
保持坐姿，一只脚往侧边伸直，脚趾朝天。另一只脚顶住右脚的膝盖处，头部前倾。双手朝向右脚的脚趾外侧尽量伸展。

拉到的肌群
- 主要肌群：胸半棘肌、胸棘肌、胸最长肌、胸髂肋肌、腰髂肋肌、横突间肌、旋转肌、多裂肌。
- 次要肌群：腹斜肌、半膜肌、半腱肌、股二头肌。

动作诀窍
如果手碰不到脚趾也没关系，只要把双手往脚趾外侧的方向尽量伸展即可。

- 有助于修复哪些肌肉问题：
  颈部肌肉拉伤、颈部挥鞭样损伤（颈椎屈曲/伸展损伤）、颈椎神经牵拉症、急性斜颈、上背部肌肉拉伤、上背部韧带扭伤。
- 对哪些运动有帮助：
  板球、棒球、垒球、拳击、美式足球、橄榄球、自行车、高尔夫球、徒步、远足野营、登山、定向越野运动、冰球、曲棍球、网球、羽毛球、壁球、划船、皮艇、游泳、跑步、健走、竞走。

▶ 可以配合练习的其他拉筋操：编号 6.21

6.7 抬单膝至胸部的站姿拉筋操

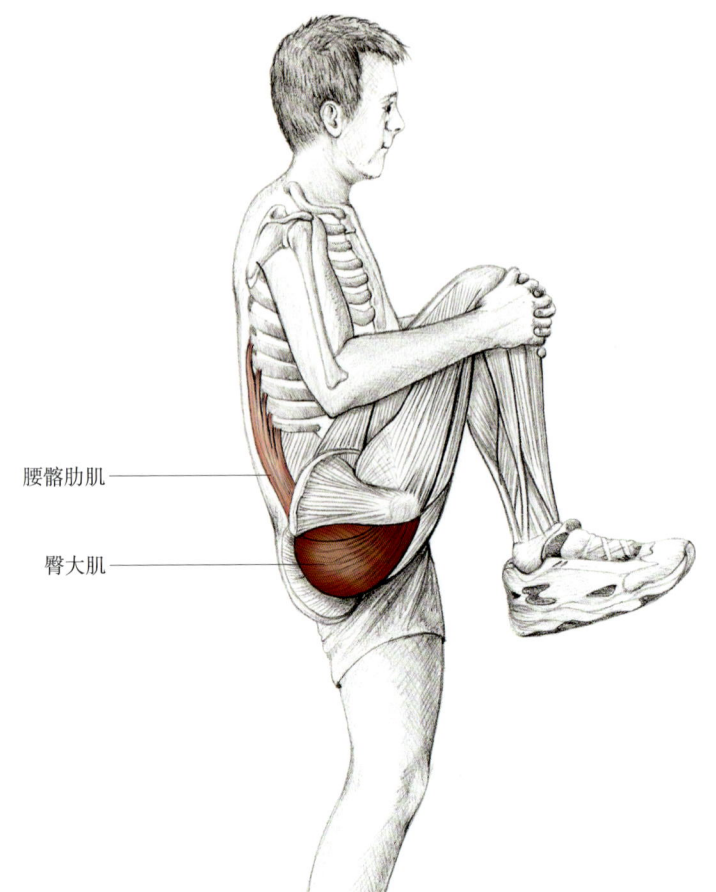

腰髂肋肌

臀大肌

步骤
站姿，双手抱单膝至胸部。

拉到的肌群
- 主要肌群：臀大肌。
- 次要肌群：腰髂肋肌。

动作诀窍
1. 做这个拉筋操时，身体要保持良好的平衡。
2. 若难以平衡，可以将背靠在某个稳固的东西上，防止摔倒。

- 有助于修复哪些肌肉问题：
下背部肌肉拉伤、下背部韧带扭伤、腿后肌拉伤。
- 对哪些运动有帮助：
篮球、篮网球、自行车、徒步、远足野营、登山、定向越野运动、冰球、曲棍球、溜冰、溜滑轮、溜直排轮、武术、跑步、田径、越野赛跑、美式足球、足球、橄榄球、滑雪、滑水、冲浪、竞走。

▶ 可以配合练习的其他拉筋操：编号 6.8

6.8 抬单膝至胸部的仰躺式拉筋操

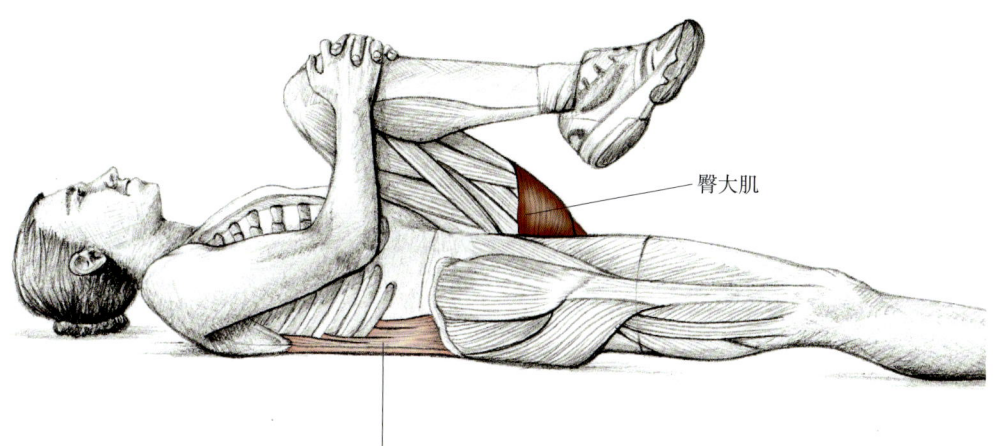

臀大肌

腰髂肋肌

步骤
仰躺,将一只脚平放在地板上,将另一脚的膝盖抱至胸前。

拉到的肌群
- 主要肌群:臀大肌。
- 次要肌群:腰髂肋肌。

动作诀窍
背部、头部和颈部要放松地平贴地面,头不要抬离地面。

- 有助于修复哪些肌肉问题:
下背部肌肉拉伤、下背部韧带扭伤、腿后肌拉伤。
- 对哪些运动有帮助:
篮球、篮网球、自行车、徒步、远足野营、登山、定向越野运动、冰球、曲棍球、溜冰、溜滑轮、溜直排轮、武术、跑步、田径、越野、跑步、美式足球、足球、橄榄球、滑雪、滑水、冲浪、竞走。

▶ 可以配合练习的其他拉筋操:编号6.8

6.9 抬双膝至胸部的仰躺式拉筋操

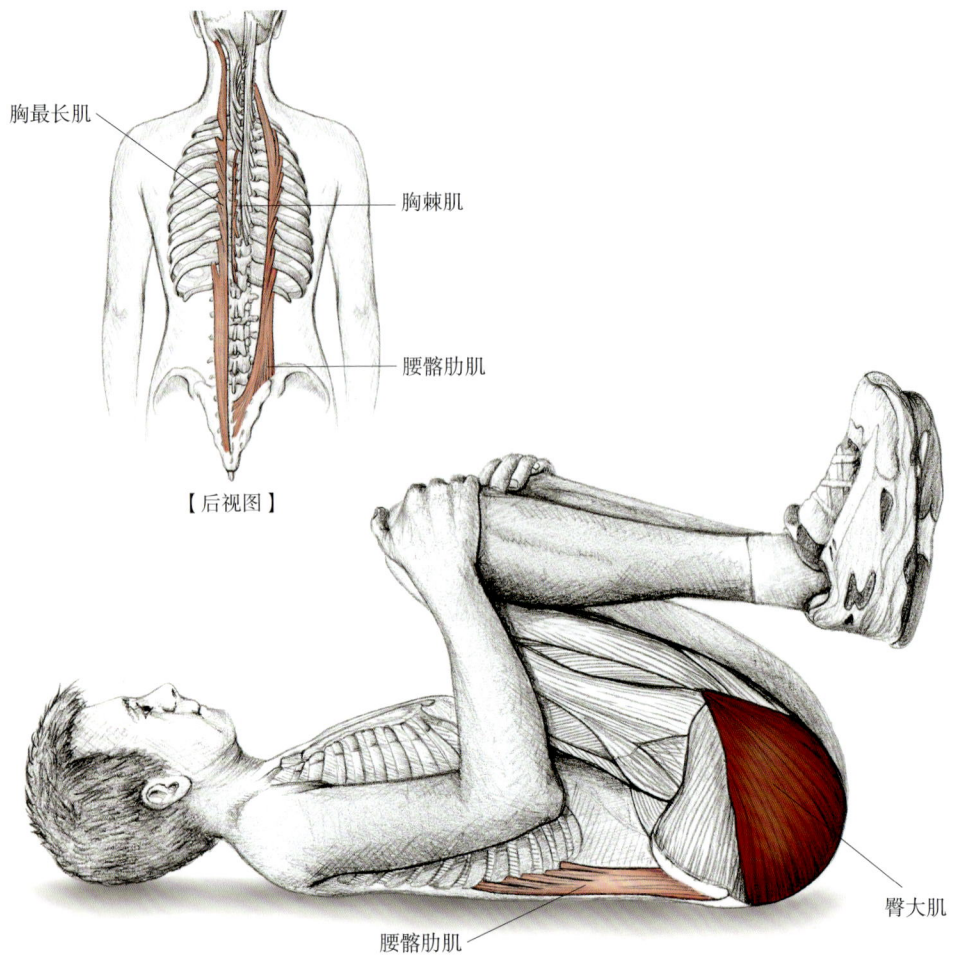

【后视图】

步骤
仰躺,双手把双膝抱至胸前。

拉到的肌群
- 主要肌群:臀大肌。
- 次要肌群:腰髂肋肌、胸棘肌、胸最长肌。

动作诀窍
1. 背部、头部和颈部要放松地平贴地面。
2. 头不要抬离地面。

- 有助于修复哪些肌肉问题:
下背部肌肉拉伤、下背部韧带扭伤、腿后肌拉伤。
- 对哪些运动有帮助:
篮球、篮网球、自行车、徒步、远足野营、登山、定向越野运动、冰球、曲棍球、溜冰、轮滑、溜直排轮、武术、跑步、美式足球、足球、橄榄球、滑雪、滑水、冲浪、竞走。

▶ 可以配合练习的其他拉筋操:编号 6.7

6.10 延伸背部的跪姿拉筋操

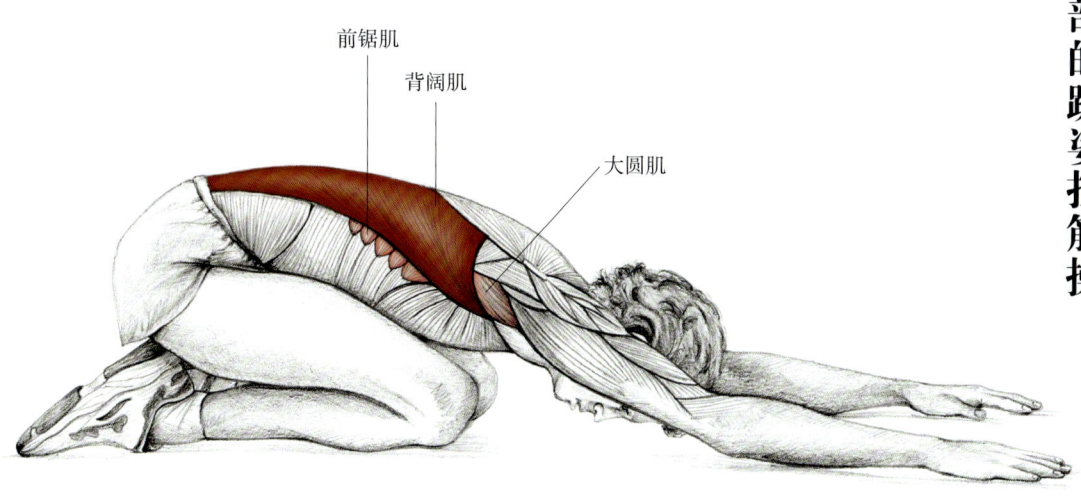

前锯肌
背阔肌
大圆肌

步骤
跪地往前趴，双手向前伸出。头部前倾，同时把臀部往脚的方向下压。

拉到的肌群
- 主要肌群：背阔肌。
- 次要肌群：大圆肌、前锯肌。

动作诀窍
1. 做这个拉筋操时，用手指带动手臂往前伸展。
2. 臀部不要抬起。

- 有助于修复哪些肌肉问题：
下背部肌肉拉伤、下背部韧带扭伤。
- 对哪些运动有帮助：
篮球、篮网球、游泳、排球。

▶ 可以配合练习的其他拉筋操：编号 6.4

6.11 拱背式跪姿拉筋操

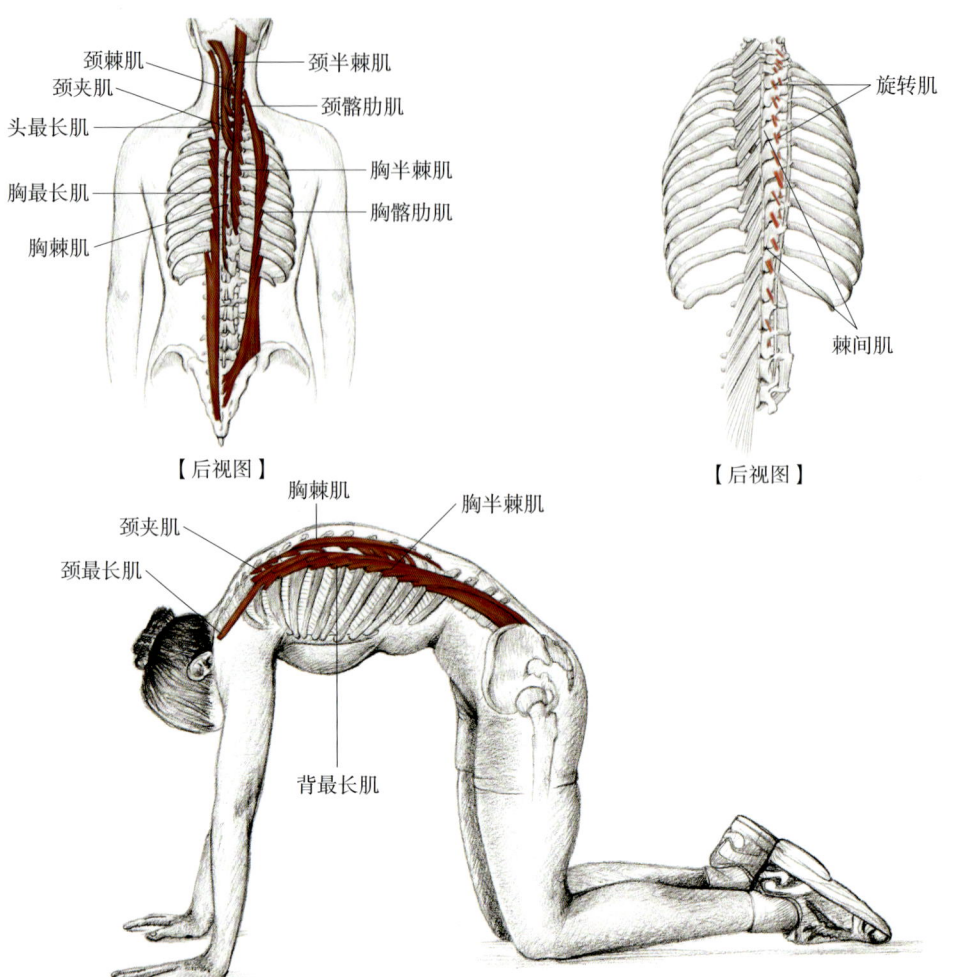

【后视图】 【后视图】

步骤
保持四肢跪地的姿势,头部下垂,拱起背部。

拉到的肌群
- 主要肌群:颈半棘肌、胸半棘肌、颈棘肌、胸棘肌、颈最长肌、胸最长肌、颈夹肌、颈髂肋肌、胸髂肋肌。
- 次要肌群:棘突间肌、旋转肌。

> **动作诀窍**
>
> 做这个拉筋操时,动作要缓慢谨慎,并让重心平均落于双膝和双手。

- 有助于修复哪些肌肉问题:
  颈部肌肉拉伤、颈部挥鞭样损伤(颈椎屈曲/伸展损伤)、颈部神经牵拉症、急性斜颈、背部肌肉拉伤、背部韧带扭伤。
- 对哪些运动有帮助:
  板球、棒球、垒球、自行车、高尔夫球、步行、远足野营、登山、定向越野、冰球、曲棍球、网球、羽毛球、壁球、划船、划艇、游泳、跑步、径赛、足球、美式足球、橄榄球、竞走。

▶ 可以配合练习的其他拉筋操:编号 6.5, 6.9

6.12 塌背跪姿拉筋操

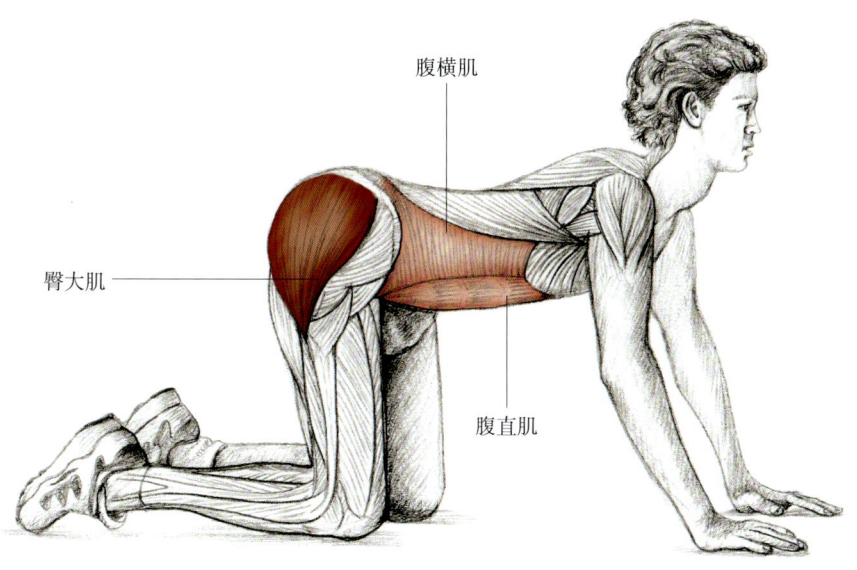

腹横肌

臀大肌

腹直肌

▍步骤
保持四肢跪地的姿势，抬起头部，使背部下塌。

▍拉到的肌群
- 主要肌群：臀大肌。
- 次要肌群：腹横机、腹直肌。

动作诀窍
做这个拉筋操时，动作要缓慢谨慎，并让重心平均落于双膝和双手。

- 有助于修复哪些肌肉问题：
颈部肌肉拉伤、颈部挥鞭样损伤（颈椎屈曲/伸展损伤）、颈部神经牵拉症、急性斜颈、背部肌肉拉伤、背部韧带扭伤。
- 对哪些运动有帮助：
板球、棒球、垒球、自行车、高尔夫球、步行、远足野营、登山、定向越野、冰球、曲棍球、网球、羽毛球、壁球、划船、划艇、游泳、跑步、径赛、足球、美式足球、橄榄球、竞走。

▶ 可以配合练习的其他拉筋操：编号 5.2, 5.3

6.13 转背式跪姿拉筋操

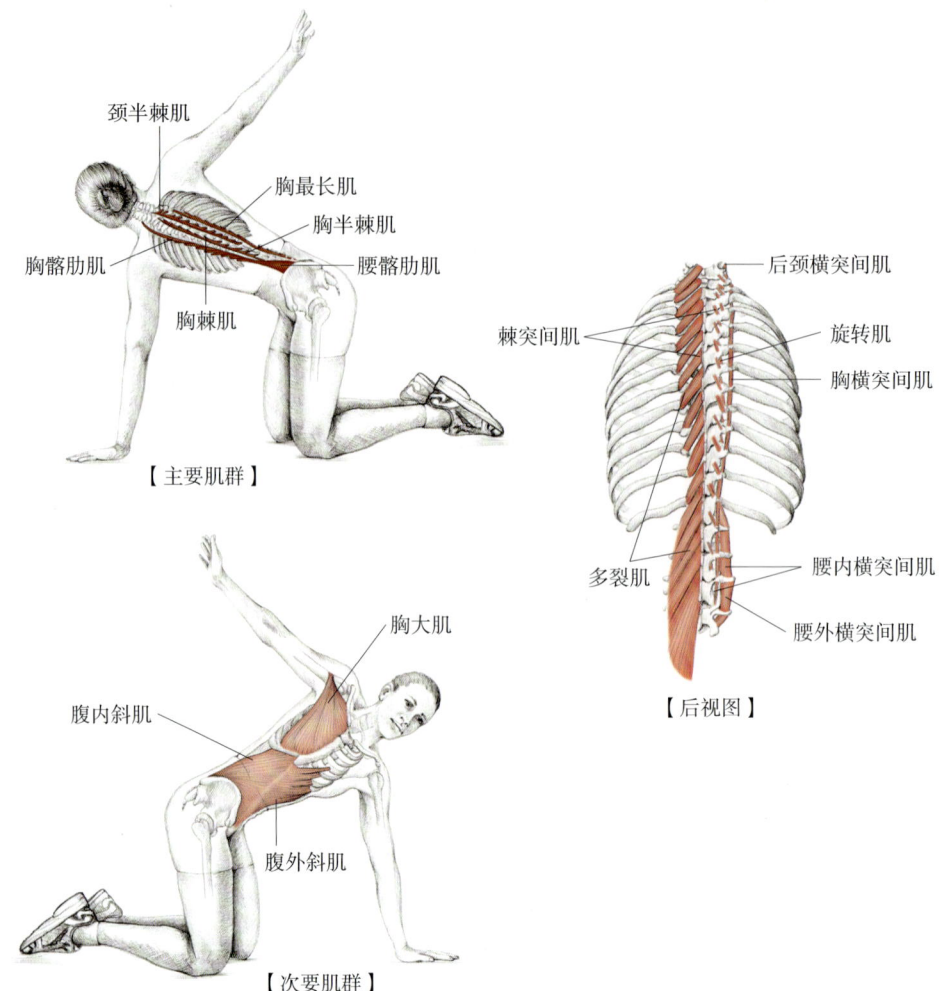

【主要肌群】

【后视图】

【次要肌群】

步骤
保持四肢着地的跪姿，抬起一只手臂。然后旋转肩部和背部中段，同时眼睛往上看。

拉到的肌群
- 主要肌群：胸半棘肌、胸棘肌、胸最长肌、胸髂肋肌、腰髂肋肌、多裂肌、旋转肌、横突间肌、棘突间肌。
- 次要肌群：腹外斜肌、腹内斜肌、胸大肌。

动作诀窍
手臂往上伸直，眼睛要追随抬起的手掌。这样做，有助于将这个拉筋动作延伸到颈部肌肉。

- 有助于修复哪些肌肉问题：
背部肌肉拉伤、背部韧带扭伤、腹斜肌拉伤。
- 对哪些运动有帮助：
射箭、篮球、篮网球、板球、棒球、垒球、拳击、自行车、高尔夫球、步行、远足野营、登山、定向越野运动、冰球、曲棍球、溜冰、溜滑轮、溜直排轮、武术、网球、羽毛球、壁球、划船、皮艇、跑步、美式足球、足球、橄榄球、滑雪、滑水、冲浪、游泳、竞走、摔跤。

▶ 可以配合练习的其他拉筋操：编号 6.14

6.14 转背式站姿拉筋操

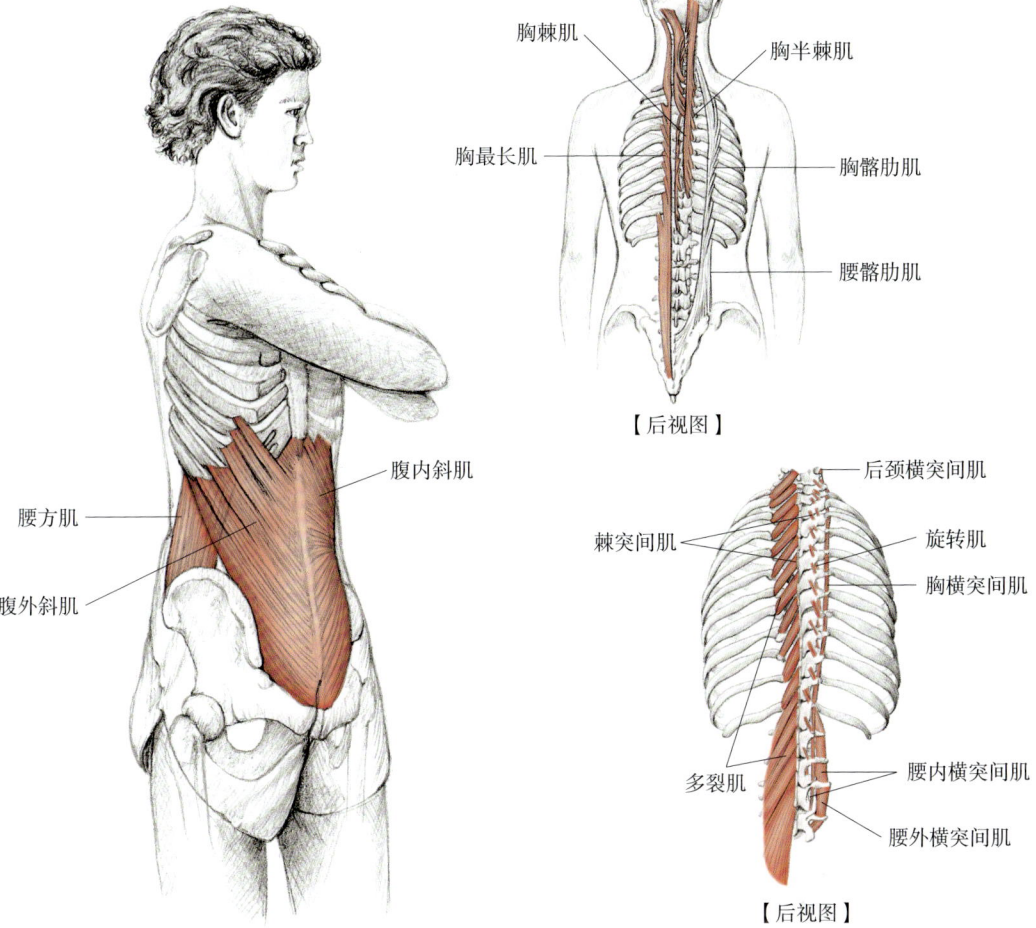

【后视图】

【后视图】

步骤
保持站姿,双脚打开,与肩同宽,双手抱胸,背部和肩膀保持平直。慢慢把肩膀转向侧边。

拉到的肌群
- 主要肌群:胸半棘肌、胸棘肌、胸最长肌、胸髂肋肌、腰髂肋肌、多裂肌、旋转肌、横突间肌、棘突间肌。
- 次要肌群:腰方肌、腹外斜肌、腹内斜肌。

动作诀窍
用手帮助上半身转动,可让这组拉筋操做得更深入。

- 有助于修复哪些肌肉问题:
  背部肌肉拉伤、背部韧带扭伤、腹斜肌拉伤。
- 对哪些运动有帮助:
  射箭、篮球、篮网球、板球、棒球、垒球、拳击、美式足球、橄榄球、自行车、高尔夫球、步行、远足野营、登山、定向越野运动、冰球、曲棍球、溜冰、溜滑轮、溜直排轮、武术、网球、羽毛球、壁球、划船、皮艇、滑水、冲浪、游泳、跑步、足球、滑雪、竞走、摔跤。

▶ 可以配合练习的其他拉筋操:编号 6.16

6.15 手臂上拉的站姿转背拉筋操

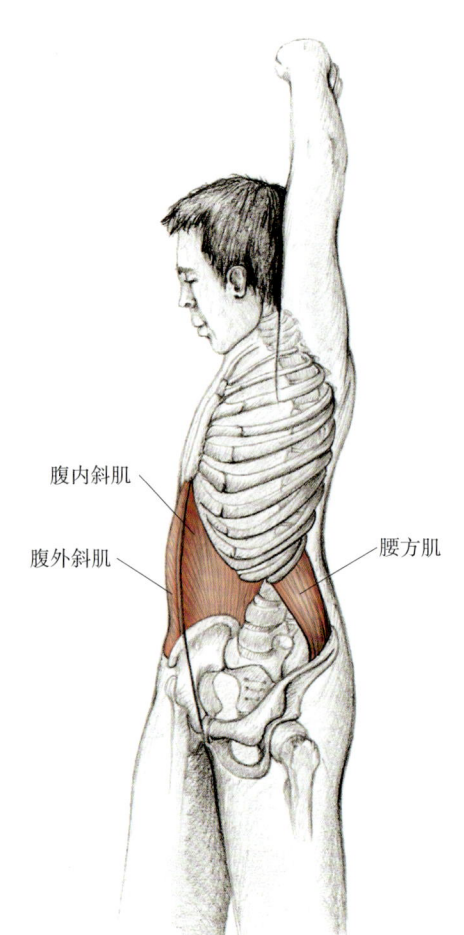
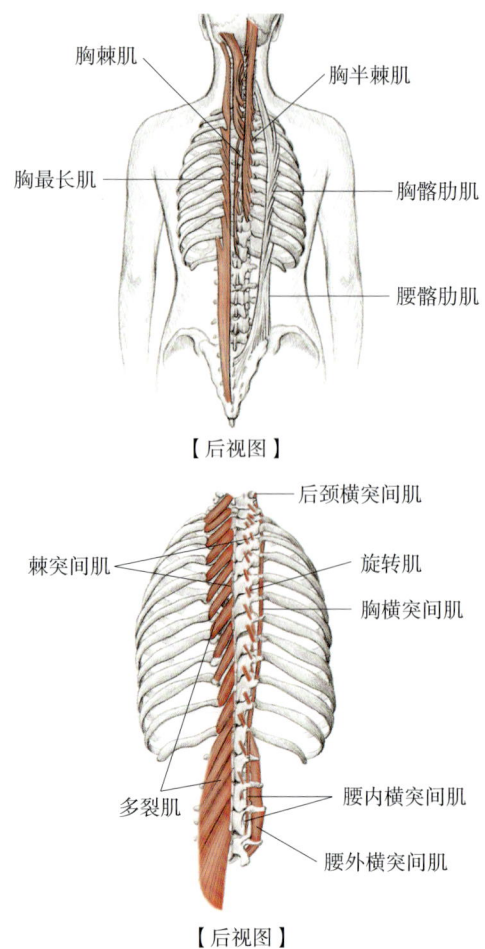

【后视图】

【后视图】

步骤
保持站姿，双脚打开，与肩同宽，双臂抬到头部上方，背部和肩膀要挺直不能弯。慢慢把肩膀转向侧边。

拉到的肌群
- 主要肌群：胸半棘肌、胸棘肌、胸最长肌、胸髂肋肌、腰髂肋肌、多裂肌、旋转肌、横突间肌、棘突间肌。
- 次要肌群：腰方肌、腹外斜肌、腹内斜肌。

动作诀窍
上半身可以略微后倾，以加强锻炼腹斜肌。下背疼痛的人不宜做这组拉筋操。

- 有助于修复哪些肌肉问题：
  背部肌肉拉伤、背部韧带扭伤、腹斜肌拉伤。
- 对哪些运动有帮助：
  射箭、篮球、篮网球、板球、棒球、垒球、拳击、美式足球、橄榄球、自行车、高尔夫球、步行、远足野营、登山、定向越野运动、冰球、曲棍球、溜冰、溜滑轮、溜直排轮、武术、网球、羽毛球、壁球、划船、皮艇、跑步、滑雪、滑水、冲浪、游泳、竞走、摔跤。

▶ 可以配合练习的其他拉筋操：编号 6.13

6.16 仰躺式跨腿拉筋操

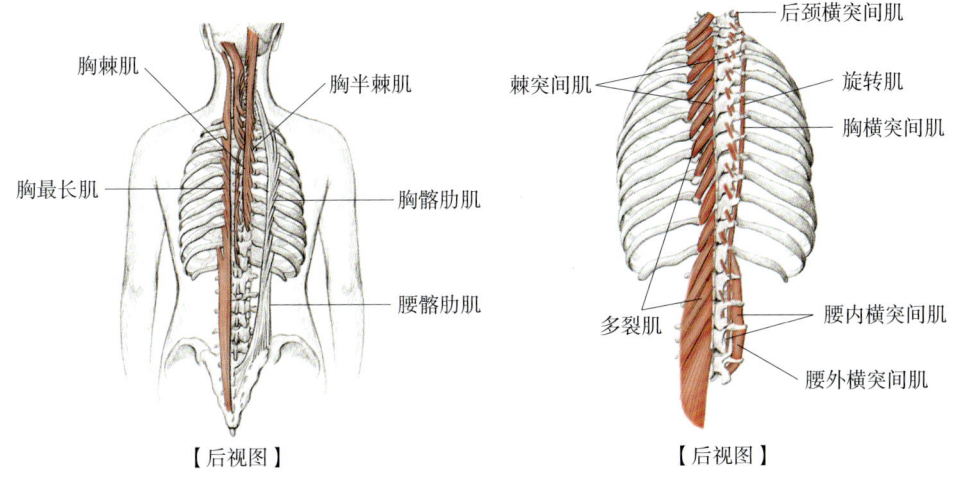

【后视图】　　　　　　　　　　　【后视图】

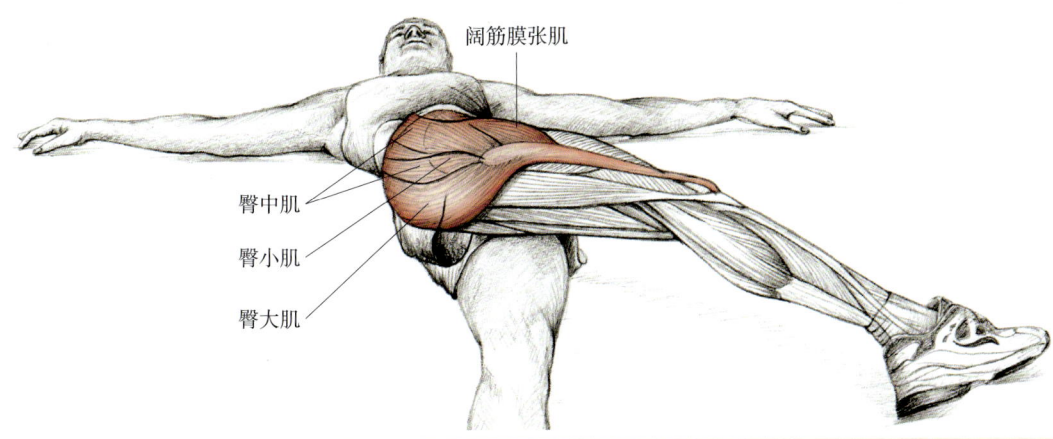

步骤
仰躺，双臂打开，平放在身体两侧。一条腿跨向另一条腿，背部和髋部随着移动的腿旋转。

拉到的肌群
- 主要肌群：胸半棘肌、胸棘肌、胸最长肌、胸髂肋肌、腰髂肋肌、多裂肌、旋转肌、横突间肌、棘突间肌。
- 次要肌群：臀大肌、臀中肌、臀小肌、阔筋膜张肌。

动作诀窍
做这个拉筋操时，双肩要平贴地面，不能抬起。不要用力将腿甩到对侧，而是要靠腿的重量来引导身体伸展。

- 有助于修复哪些肌肉问题：
下背部肌肉拉伤、下背部韧带扭伤、髂胫束摩擦综合征。
- 对哪些运动有帮助：
自行车、徒步、远足野营、登山、定向越野运动、冰球、曲棍球、溜冰、溜滑轮、溜直排轮、武术、跑步、美式足球、足球、橄榄球、滑雪、滑水、冲浪、竞走、摔跤。

▶ 可以配合练习的其他拉筋操：编号 6.17

6.17 仰躺式转膝拉筋操

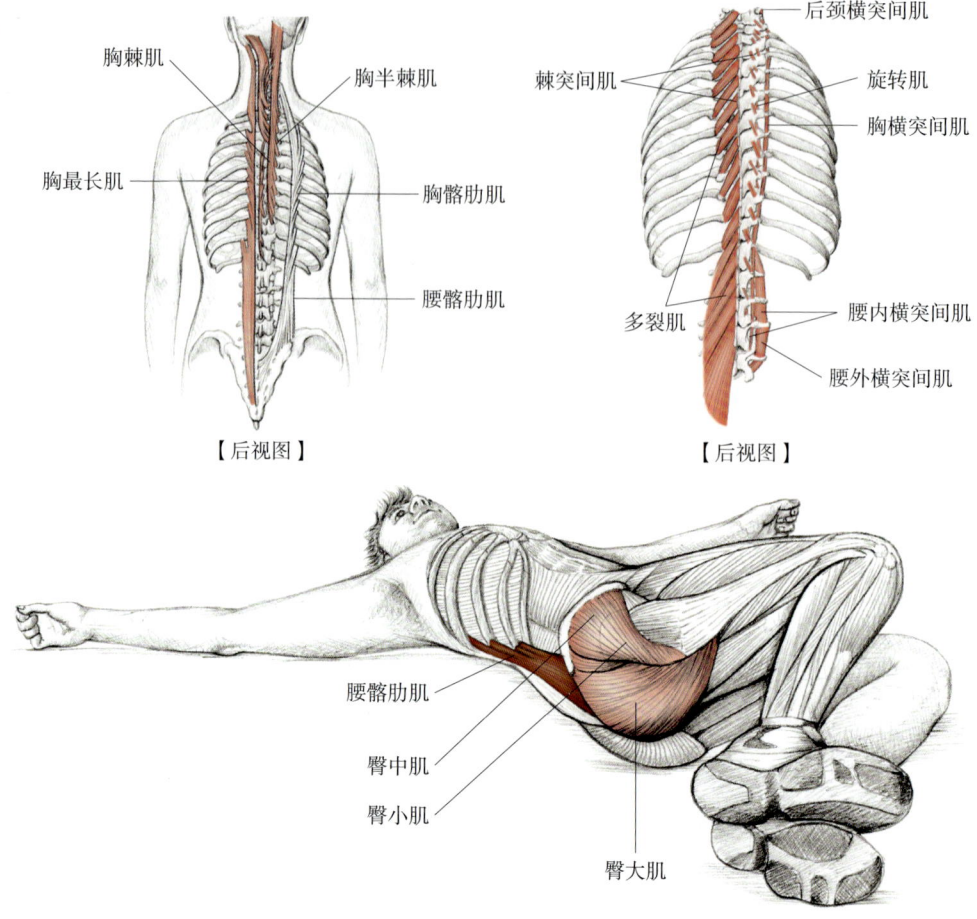

【后视图】 【后视图】

步骤
仰躺，双膝并拢并略微抬离地面。双臂打开，平放在身体两侧，接着让背部和髋部随着移动的膝盖旋转。

拉到的肌群
- 主要肌群：胸半棘肌、胸棘肌、胸最长肌、胸髂肋肌、腰髂肋肌、多裂肌、旋转肌、横突间肌、棘突间肌。
- 次要肌群：臀大肌、臀中肌、臀小肌。

动作诀窍
做这个拉筋操时，双肩要平贴地面，不要抬起。不要用力将腿甩到对侧，而是要靠腿的重量来引导身体伸展。

有助于修复哪些肌肉问题：
下背部肌肉拉伤、下背部韧带扭伤、髂胫束摩擦综合征。

对哪些运动有帮助：
自行车、徒步、远足野营、登山、定向越野运动、冰球、曲棍球、溜冰、溜滑轮、溜直排轮、武术、跑步、美式足球、足球、橄榄球、滑雪、滑水、冲浪、竞走、摔跤。

▶ 可以配合练习的其他拉筋操：编号 6.14

6.18 坐姿抬膝转身拉筋操

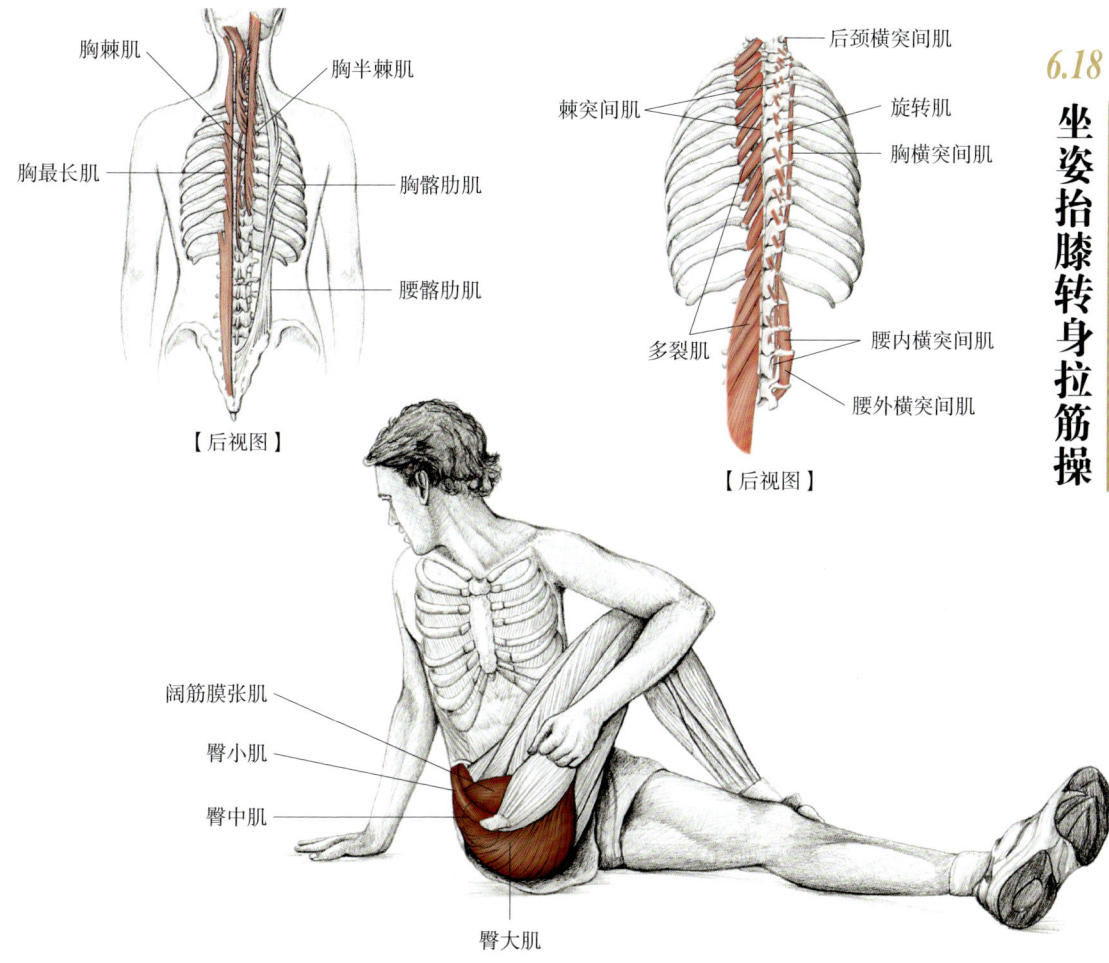

【后视图】

步骤
保持坐姿，一只腿（图示为左腿）平放，另一只腿（右腿）跨过左腿的膝盖。然后左手臂勾住弓起的膝盖，帮助旋转肩膀和背部。

拉到的肌群
- 主要肌群：臀大肌、臀中肌、臀小肌、阔筋膜张肌。
- 次要肌群：胸半棘肌、胸棘肌、胸最长肌、胸髂肋肌、腰髂肋肌、多裂肌、旋转肌、横突间肌、棘突间肌。

动作诀窍
1. 全程中，髋部一直要朝向正前方。
2. 把注意力放在旋转下背部的动作上。

- 有助于修复哪些肌肉问题：
下背部肌肉拉伤、下背部韧带扭伤、腹斜肌拉伤、髂胫束摩擦综合征。

- 对哪些运动有帮助：
自行车、徒步、远足野营、登山、定向越野运动、冰球、曲棍球、溜冰、溜滑轮、溜直排轮、武术、跑步、美式足球、足球、橄榄球、滑雪、滑水、竞走、摔跤。

▶ 可以配合练习的其他拉筋操：编号 6.16

6.19 坐姿抬起膝盖的旋转拉筋操

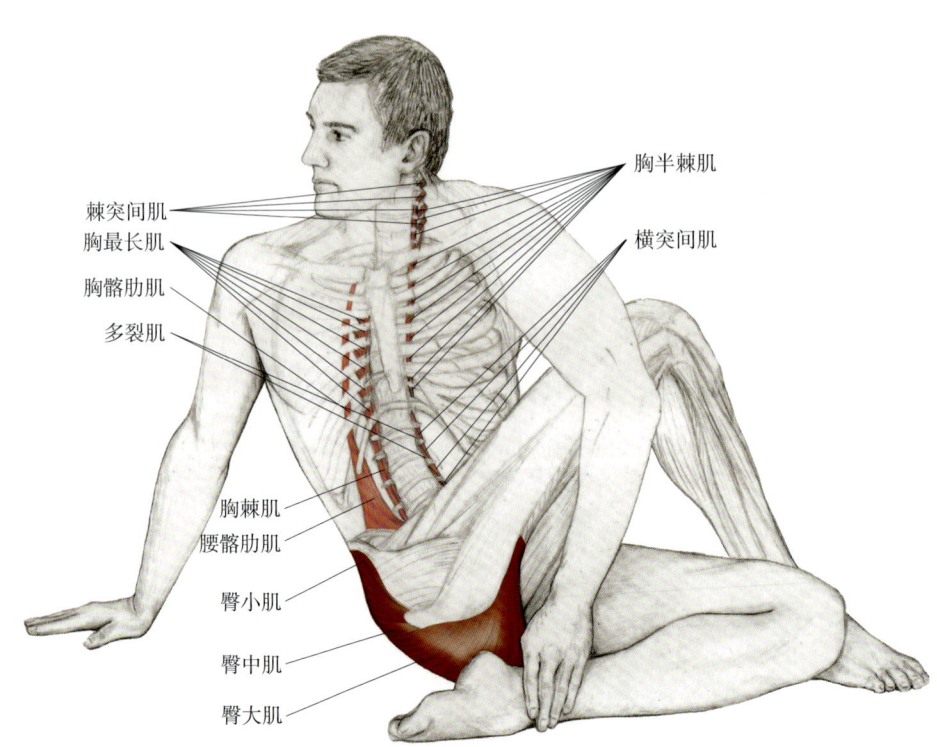

步骤

保持坐姿，一条腿折过来放在另一条腿下面，将上脚放在下方腿的膝盖上。然后转动肩部，将手臂放在抬起的膝盖处以帮助肩背转动。

拉到的肌群

- 主要肌群：臀大肌、臀中肌、臀小肌。
- 次要肌群：棘突间肌、胸半棘肌、胸最长肌、横突间肌、胸髂肋肌、多裂肌、胸棘肌、腰髂肋肌。

动作诀窍

保持髋部平直，注意力放在下背部。这组拉筋操需要髋部灵活性好，如果正髋部疼痛或过于紧绷，请勿做此拉筋操。

- 有助于修复哪些肌肉问题：
下背部肌肉拉伤、下背部韧带扭伤、胸部肌肉拉伤（腹斜肌）、髂胫束摩擦综合征。
- 对哪些运动有帮助：
自行车、步行、远足野营、登山、定向越野、冰球、曲棍球、滑冰、轮滑、纵列式轮滑、武术、跑步、足球、美式足球、橄榄球、滑雪、滑水、竞走、搏击。

▶ 可以配合练习的其他拉筋操：编号 6.17，6.21

6.20 伸手触踝的跪姿拉筋操

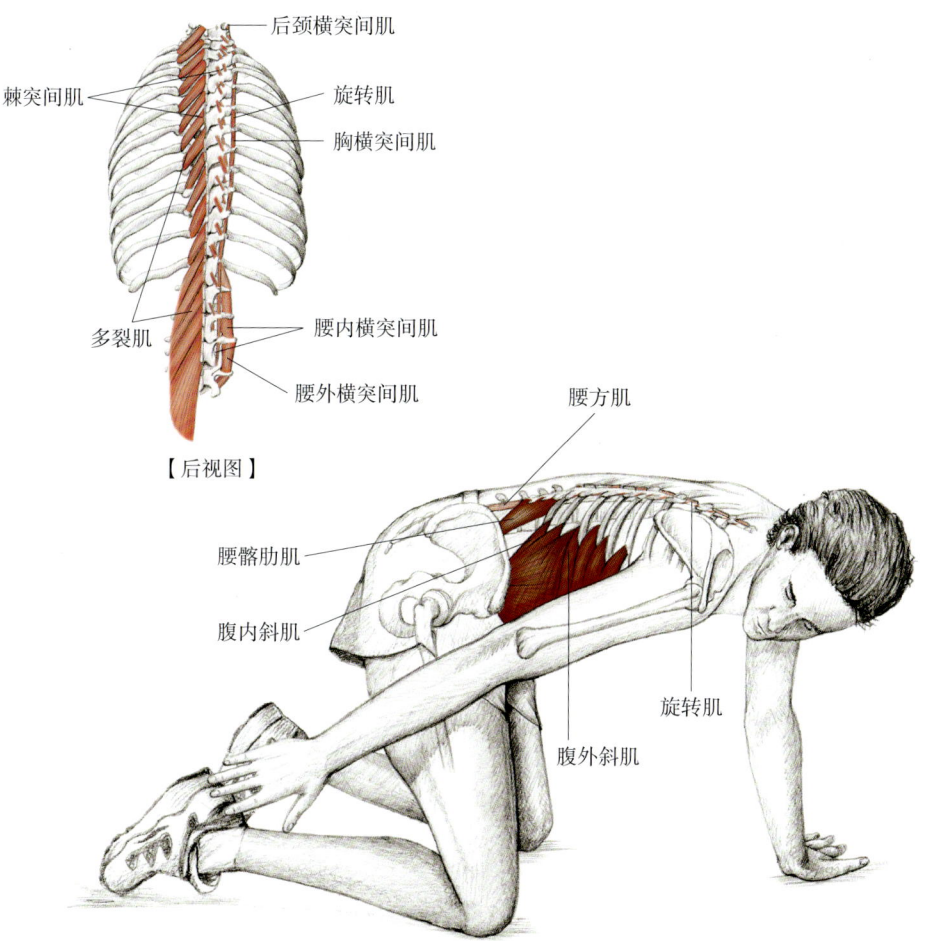

步骤
保持四肢着地跪姿，然后将一只手伸向脚踝的方向。背部要保持与地面平行。

拉到的肌群
- 主要肌群：腰方肌、腹外斜肌、腹内斜肌。
- 次要肌群：腰髂肋肌、横突间肌、旋转肌、多裂肌。

动作诀窍
1. 运动过程中，大腿要与地面保持垂直，背部平直，并与地面平行。
2. 身体重心要平均落于双膝和双手。

- 有助于修复哪些肌肉问题：
下背部肌肉拉伤、下背部韧带扭伤、腹斜肌拉伤。
- 对哪些运动有帮助：
板球、棒球、垒球、拳击、美式足球、橄榄球、步行、远足野营、登山、定向越野运动、冰球、曲棍球、武术、划船、皮艇、冲浪、摔跤。

▶ 可以配合练习的其他拉筋操：编号 6.23

6.21 站姿式侧边拉筋操

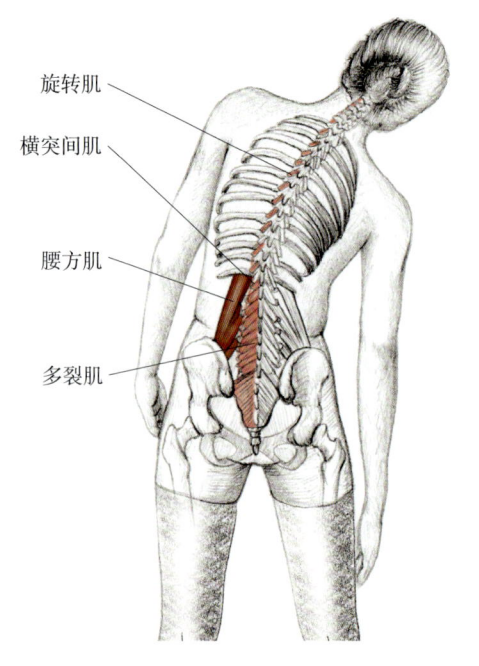
旋转肌
横突间肌
腰方肌
多裂肌

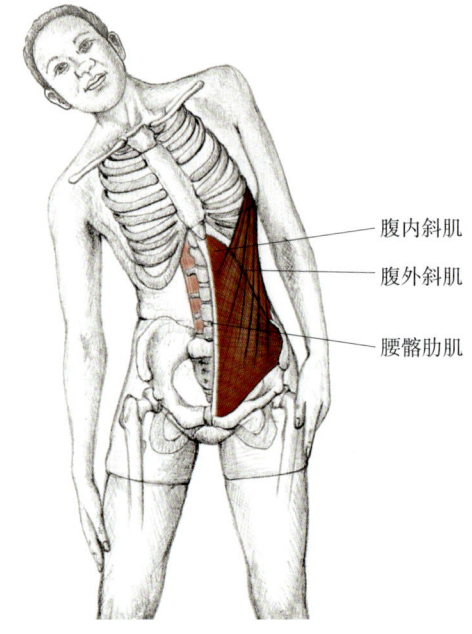
腹内斜肌
腹外斜肌
腰髂肋肌

步骤
保持站姿,双脚打开,与肩同宽。身体要站直,然后慢慢将上半身弯向左边或右边。手紧贴在腿上,随着侧弯的动作往下滑动,但注意身体不要前倾。

拉到的肌群
- 主要肌群:腰方肌、腹外斜肌、腹内斜肌。
- 次要肌群:腰髂肋肌、横突间肌、旋转肌、多裂肌。

动作诀窍
上半身不要前倾或后仰,把注意力放在保持上半身的平直上。

- 有助于修复哪些肌肉问题:
  下背部肌肉拉伤、下背部韧带扭伤、腹斜肌拉伤。
- 对哪些运动有帮助:
  板球、棒球、垒球、拳击、美式足球、橄榄球、徒步、远足野营、登山、定向越野运动、冰球、曲棍球、武术、划船、皮艇、冲浪、摔跤。

▶ 可以配合练习的其他拉筋操:编号 6.23

6.22 伸手侧面拉筋操

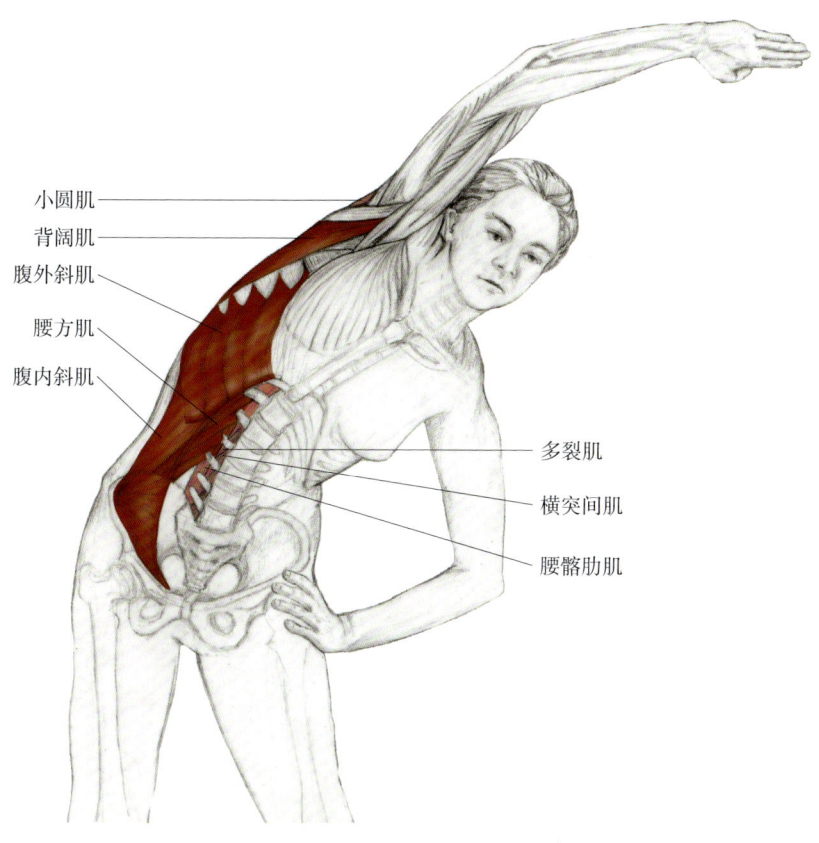

小圆肌
背阔肌
腹外斜肌
腰方肌
腹内斜肌
多裂肌
横突间肌
腰髂肋肌

步骤
保持站姿，双脚打开，与肩同宽，然后慢慢弯向左侧或右侧，将手伸到头顶上方。身体不能前倾。

拉到的肌群
- 主要肌群：腰方肌、腹内斜肌、腹外斜肌、背阔肌。
- 次要肌群：小圆肌、腰髂肋肌、腰横突间肌、多裂肌、回旋肌。

动作诀窍
不要前倾或后仰。注意保持上身呈直线。

- 有助于修复哪些肌肉问题：
下背部肌肉拉伤、下背部韧带扭伤、胸部肌肉拉伤（腹斜肌）。
- 对哪些运动有帮助：
板球、棒球、垒球、拳击、足球、美式足球、橄榄球、徒步、远足野营、登山、定向越野、冰球、曲棍球、武术、划船、划艇、皮艇、冲浪、摔跤。

▶ 可以配合练习的其他拉筋操：编号 6.20，6.23

6.23 坐姿式侧边拉筋操

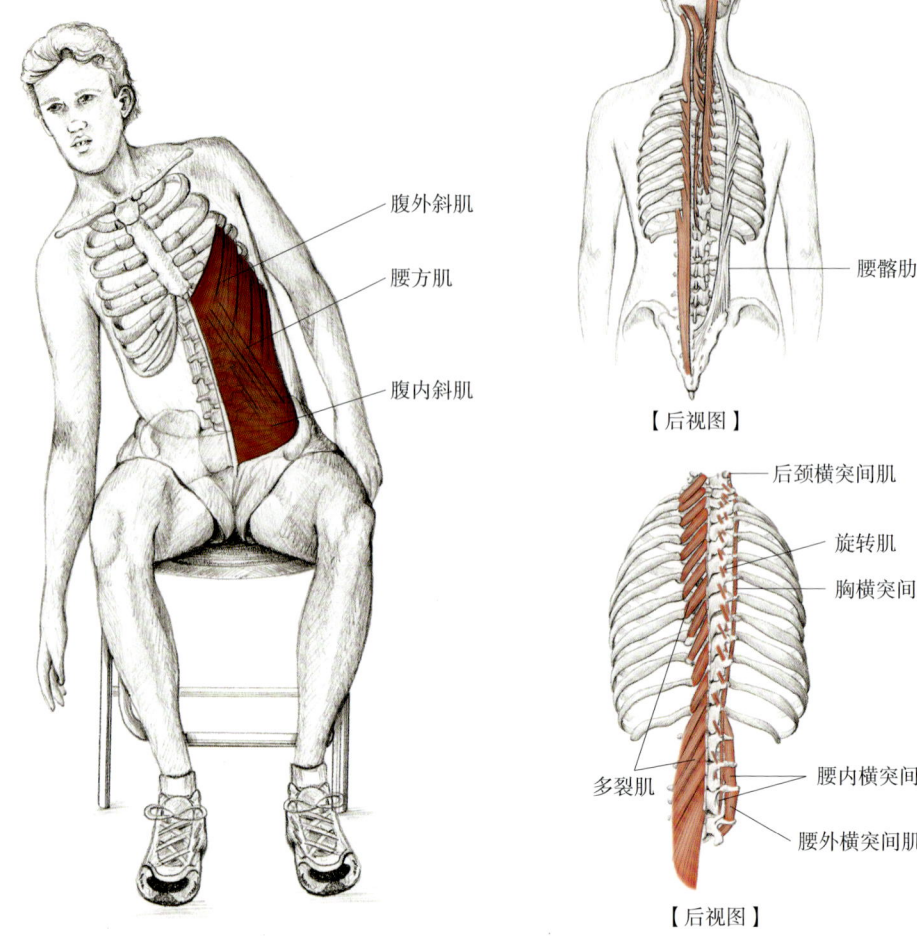

步骤
坐在椅子上，双脚平放于地面。目视前方，上半身坐直。慢慢地把上半身弯向左边或右边，同时将手伸向地面。身体不要前倾。

拉到的肌群
- 主要肌群：腰方肌、腹外斜肌、腹内斜肌。
- 次要肌群：腰髂肋肌、横突间肌、旋转肌、多裂肌。

动作诀窍
做这组拉筋操时，上半身不要前倾或后仰，并把注意力放在保持上半身的平直上。

- 有助于修复哪些肌肉问题：
下背部肌肉拉伤、下背部韧带扭伤、腹斜肌拉伤。
- 对哪些运动有帮助：
板球、棒球、垒球、拳击、美式足球、橄榄球、徒步、远足野营、登山、定向越野运动、冰球、曲棍球、武术、划船、皮艇、冲浪、摔跤。

▶ 可以配合练习的其他拉筋操：编号 6.6

第七章
髋部和臀部的拉筋操

臀部由数块大肌肉（如臀大肌）和小肌肉（如梨状肌）组成。这些肌肉主要负责臀部稳定和小腿运动。臀部周围的肌肉与髋关节使小腿可以做弯曲、伸展、外展、内收及旋转等大范围运动。

腰大肌向下与**髂肌**相接，形成髂腰肌的整体。这些肌肉一起配合可以起到为腹腔内脏内衬托底的作用，这样腹部主要部分就成了髋关节的屈肌和下背部的稳定器。腰大肌的上部纤维可能通过肌腱插入髂耻隆起而形成**腰小肌**，腰小肌没什么功能，约有40%的人没有腰小肌。该肌肉的双侧痉挛会恶化腰椎前凸。

臀部的大部分是**臀大肌**，这是臀部体积最大也是最表层的肌肉，就位于臀中肌和臀小肌的外面。在跑步冲刺等爆发性运动中，臀大肌起到臀部延展的作用。

梨状肌是小块管状肌肉，起始端在骶骨内表面，插入端在股骨大转子上缘，穿过坐骨大孔离开骨盆。它可以向侧面旋转髋关节，当髋部屈曲时能内收大腿，还有固定股骨球状端的作用。

上孖肌和**下孖肌**是穿过髋关节坐骨到股骨大转子区域小而细的肌肉，它们几乎是水平穿过髋关节的。

上孖肌和下孖肌之间是**闭孔内肌**，它宽大的起始端位于骨盆上被叫作闭孔的部分，这里还有部分低髂骨。除了作为外转肌，它还是髋关节一个强大的稳定肌。

闭孔外肌拥有理想的旋转髋关节的位置。它穿过闭孔下缘，在股骨颈后连接到股骨大转子内缘。它的绳拉力允许股骨头在骨盆的鞘中向外转，做出向外旋转的动作。

最低的深层旋转肌是股方肌，这是一块几乎水平从坐骨结节到股骨的小块肌肉。

臀部拉筋操对下面的运动有益：自行车、徒步、远足野营、登山、定向越野、冰球、曲棍球、滑冰、轮滑、纵列式轮滑、拳击、划船、划艇、皮艇、跑步、足球、美式足球、橄榄球、滑雪、滑水、竞走。

7.1 跨腿压膝的仰躺式拉筋操

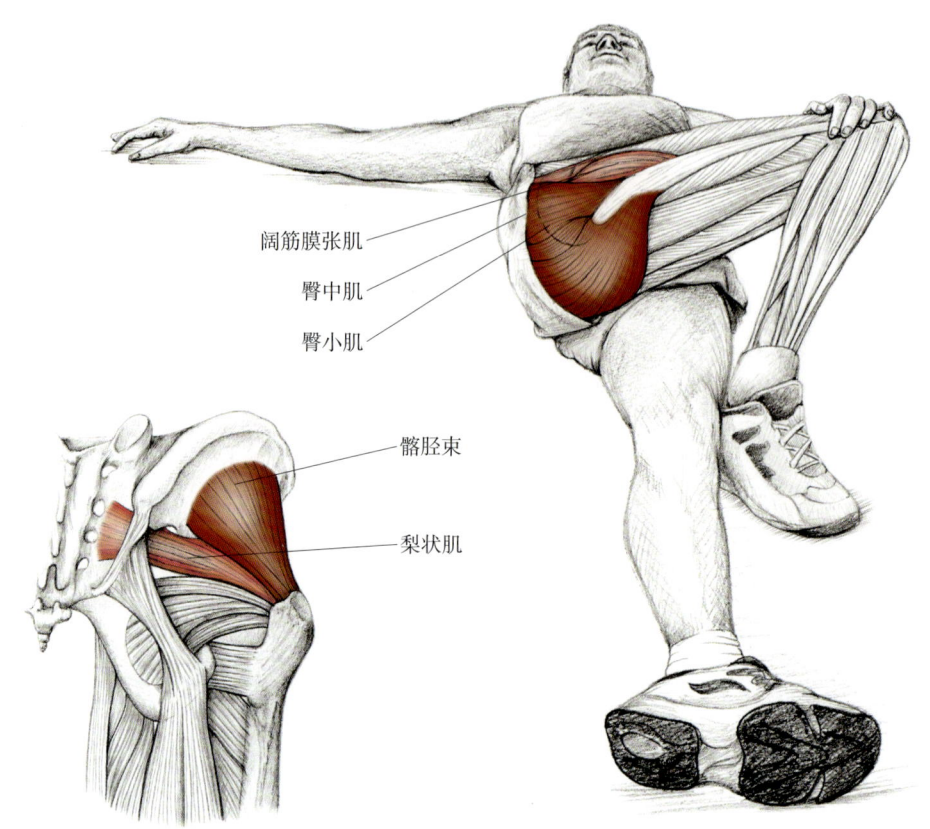

阔筋膜张肌
臀中肌
臀小肌
髂胫束
梨状肌

步骤
仰躺,一只腿跨向另一只腿,将上脚放在另一条腿的膝盖外侧,用对侧的手把弓起的膝盖往地面压。

拉到的肌群
- 主要肌群:臀中肌、臀小肌。
- 次要肌群:阔筋膜张肌。

动作诀窍
双肩要平贴地面,把膝盖压向地面,而非往胸部的方向拉。

- 有助于修复哪些肌肉问题:
下背部肌肉拉伤、下背部韧带扭伤、髂胫束摩擦综合征。
- 对哪些运动有帮助:
自行车、徒步、远足野营、登山、定向越野运动、冰球、曲棍球、溜冰、溜滑轮、溜直排轮、武术、跑步、越野赛跑、美式足球、足球、橄榄球、滑雪、滑水、竞走。

▶ 可以配合练习的其他拉筋操:编号 7.9

7.2 趴卧收单腿的髋部拉筋操

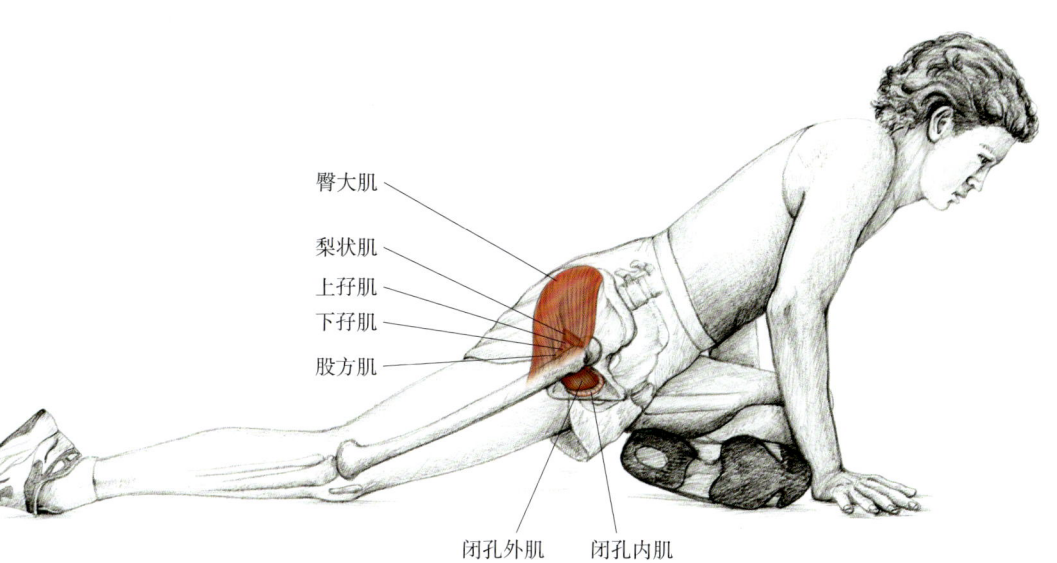

臀大肌
梨状肌
上孖肌
下孖肌
股方肌

闭孔外肌　闭孔内肌

步骤

脸朝下趴卧，将一条腿收到腹部下方，然后把上半身往地面方向压。

拉到的肌群

- 主要肌群：梨状肌。
- 次要肌群：上孖肌、下孖肌、闭孔内肌、闭孔外肌、股方肌。

动作诀窍

这个拉筋动作不容易做，身体重量一定要受到良好的支撑，用双手保持身体平衡。

- 有助于修复哪些肌肉问题：
  梨状肌综合征、弹响髋、大转子滑囊炎。
- 对哪些运动有帮助：
  自行车、徒步、远足野营、登山、定向越野运动、冰球、曲棍球、溜冰、溜滑轮、溜直排轮、武术、美式足球、足球、橄榄球、滑雪、滑水、竞走。

▶ 可以配合练习的其他拉筋操：编号 7.4

7.3 站姿收单腿的髋部拉筋操

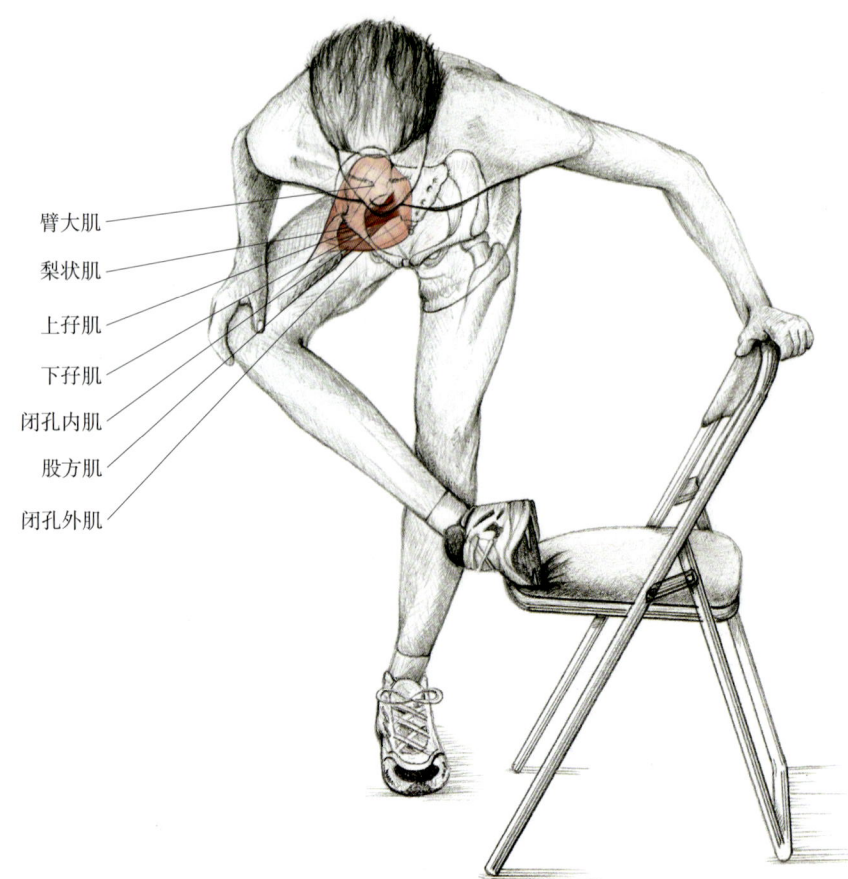

- 臀大肌
- 梨状肌
- 上孖肌
- 下孖肌
- 闭孔内肌
- 股方肌
- 闭孔外肌

▌步骤
站在椅子或桌子旁,把外侧的脚搁在椅子或桌子上。放松腿部,让上身前倾,然后弯曲站立的腿,慢慢放低身体。

▌拉到的肌群
- 主要肌群:梨状肌。
- 次要肌群:上孖肌、下孖肌、闭孔内肌、闭孔外肌、股方肌。

动作诀窍
用站立的腿调整拉筋强度。姿势越低,压力越强。

- 有助于修复哪些肌肉问题:
  梨状肌综合征、弹响髋、大转子滑囊炎。
- 对哪些运动有帮助:
  自行车、徒步、远足野营、登山、定向越野运动、冰球、曲棍球、溜冰、溜滑轮、溜直排轮、武术、跑步、美式足球、足球、橄榄球、滑雪、滑水、竞走。

▶ 可以配合练习的其他拉筋操:编号 7.2

7.4 站姿跨腿的臀部拉筋操

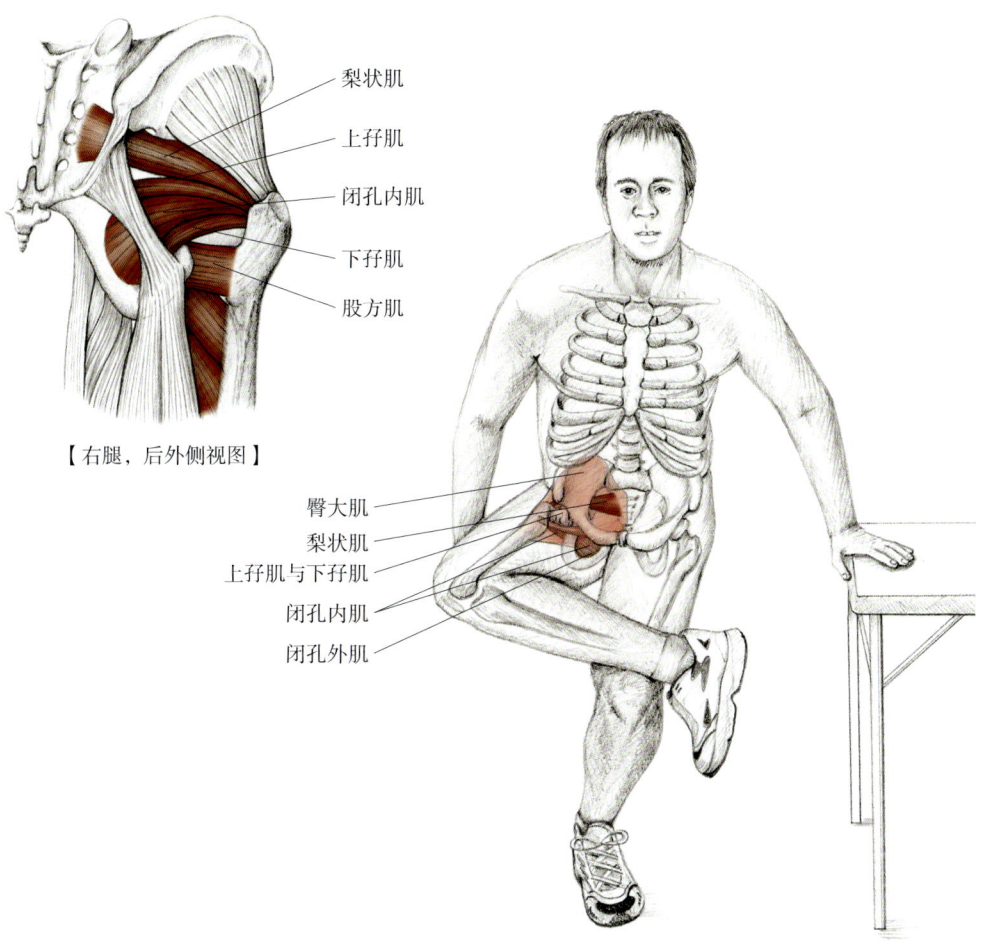

【右腿，后外侧视图】

梨状肌
上孖肌
闭孔内肌
下孖肌
股方肌

臀大肌
梨状肌
上孖肌与下孖肌
闭孔内肌
闭孔外肌

步骤
站在椅子或桌子旁，将一条腿的膝盖向外侧弯曲，慢慢将身体向地面方向压。

拉到的肌群
- 主要肌群：梨状肌。
- 次要肌群：上孖肌、下孖肌、闭孔内肌、闭孔外肌、股方肌。

动作诀窍
用站立的腿调整拉筋强度。姿势越低，压力越强。

- 有助于修复哪些肌肉问题：
  梨状肌综合征、弹响髋、大转子滑囊炎。
- 对哪些运动有帮助：
  自行车、徒步、远足野营、登山、定向越野运动、冰球、曲棍球、溜冰、溜滑轮、溜直排轮、武术、跑步、越野赛跑、美式足球、足球、橄榄球、滑雪、滑水、竞走。

▶ 可以配合练习的其他拉筋操：编号 7.10

7.5 旋转髋部的坐姿拉筋操

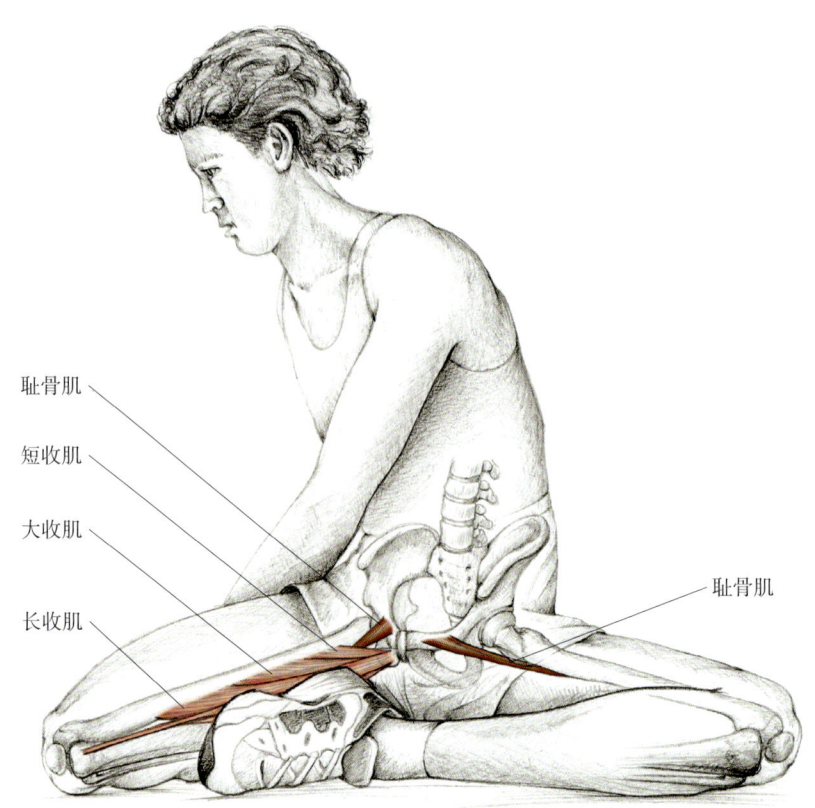

耻骨肌
短收肌
大收肌
长收肌
耻骨肌

步骤
保持坐姿，一只脚屈膝置于身前，另一只脚放在臀部后方。让整个身体倒向后方那只脚。

拉到的肌群
- 主要肌群：耻骨肌。
- 次要肌群：长收肌、短收肌、大收肌、股薄肌。

动作诀窍
身体越贴近后方那只脚，感受到的拉筋强度越强。

- 有助于修复哪些肌肉问题：
  鼠蹊部肌肉拉伤、内收肌肌腱炎、弹响髋、大转子滑囊炎。
- 对哪些运动有帮助：
  自行车、徒步、远足野营、登山、定向越野运动、冰球、曲棍球、溜冰、溜滑轮、溜直排轮、武术、跑步、美式足球、足球、橄榄球、滑雪、滑水、竞走。

▶ 可以配合练习的其他拉筋操：编号 7.6

7.6 旋转髋部的站姿拉筋操

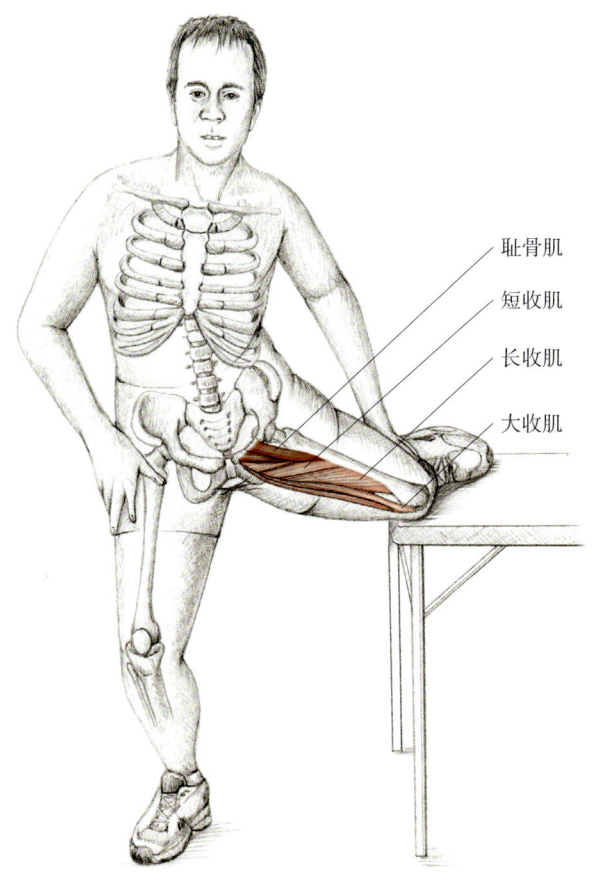

耻骨肌
短收肌
长收肌
大收肌

步骤
站在桌子旁，抬起内侧的脚，把小腿放在桌子上。慢慢放低身体。

拉到的肌群
- 主要肌群：耻骨肌。
- 次要肌群：长收肌、短收肌、大收肌、股薄肌。

动作诀窍
用站立的腿调整拉筋强度。姿势放得越低，感受到的压力越强。

- 有助于修复哪些肌肉问题：
梨状肌综合征、弹响髋、大转子滑囊炎。
- 对哪些运动有帮助：
自行车、徒步、远足野营、登山、定向越野运动、冰球、曲棍球、溜冰、溜滑轮、溜直排轮、武术、跑步、美式足球、足球、橄榄球、滑雪、滑水、竞走。

▶ 可以配合练习的其他拉筋操：编号 7.5

7.7 延展上身的盘坐拉筋操

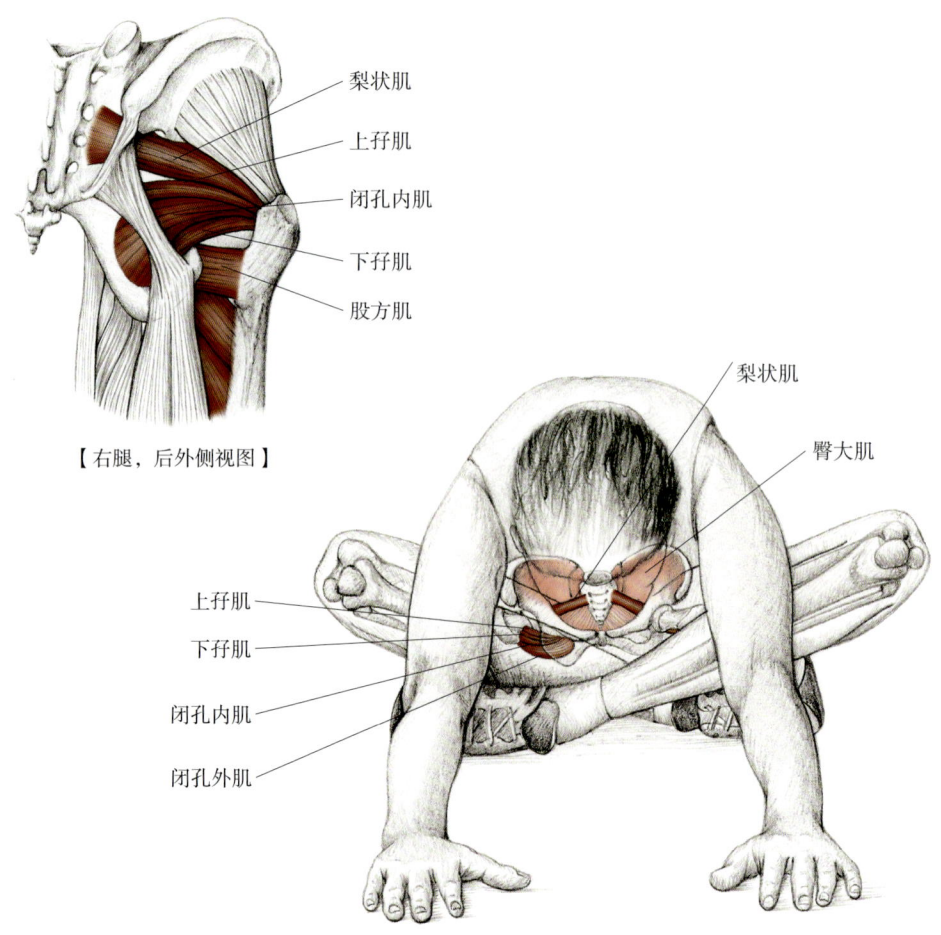

【右腿，后外侧视图】

步骤
双脚交叉盘坐，背部保持平直，然后上半身缓缓往前倾。

拉到的肌群
- 主要肌群：梨状肌、上孖肌、下孖肌、闭孔内肌、闭孔外肌、股方肌。
- 次要肌群：臀大肌。

动作诀窍
重点是保持背部平直，而不是用全力让上半身往前伸展。

- 有助于修复哪些肌肉问题：
  梨状肌综合征、鼠蹊部肌肉拉伤、内收肌肌腱炎、弹响髋、大转子滑囊炎。
- 对哪些运动有帮助：
  自行车、徒步、远足野营、登山、定向越野运动、冰球、曲棍球、溜冰、溜滑轮、溜直排轮、武术、划船、皮艇、跑步、美式足球、足球、橄榄球、滑雪、滑水、竞走。

▶ 可以配合练习的其他拉筋操：编号 7.8

7.8 旋转髋部的坐姿拉筋操

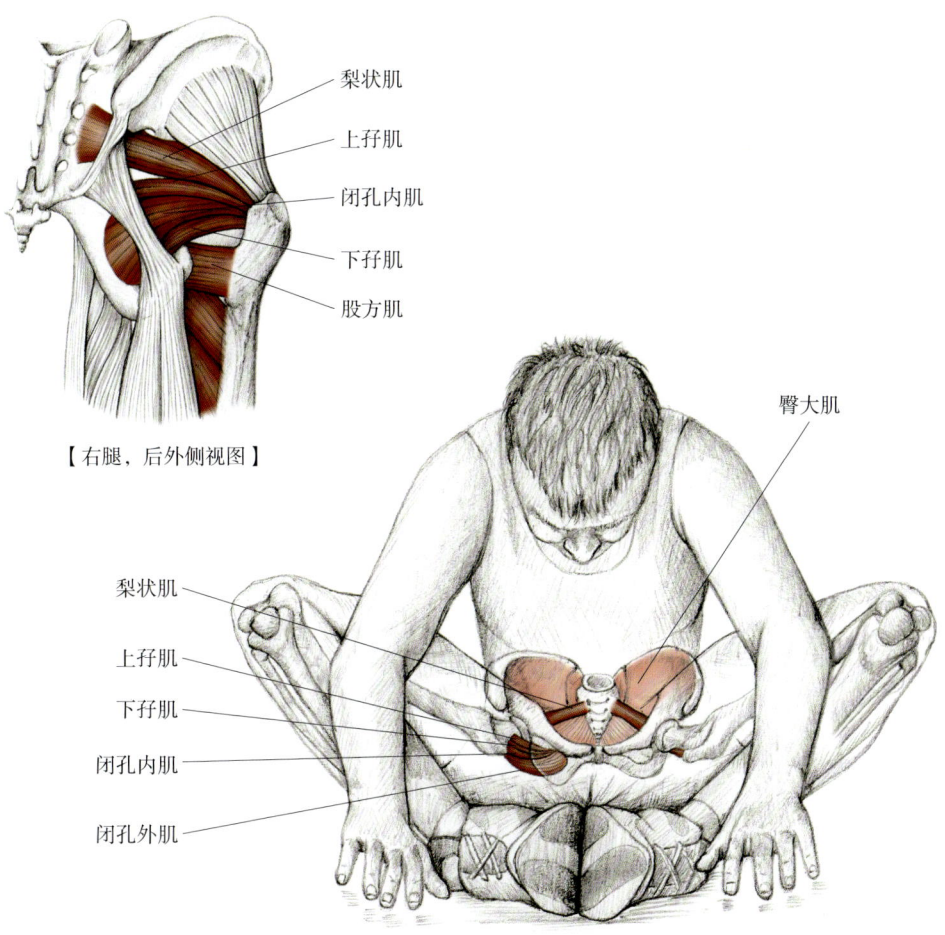

【右腿，后外侧视图】

标注：梨状肌、上孖肌、闭孔内肌、下孖肌、股方肌

标注：臀大肌、梨状肌、上孖肌、下孖肌、闭孔内肌、闭孔外肌

步骤
保持坐姿，屈膝让脚掌对顶，保持背部平直。然后上半身缓缓往前倾。

拉到的肌群
- 主要肌群：梨状肌、上孖肌、下孖肌、闭孔内肌、闭孔外肌、股方肌。
- 次要肌群：臀大肌。

动作诀窍
重点是保持背部平直，而不是用全力让上半身往前伸展。

- 有助于修复哪些肌肉问题：
  梨状肌综合征、鼠蹊部肌肉拉伤、内收肌肌腱炎、弹响髋、大转子滑囊炎。
- 对哪些运动有帮助：
  自行车、徒步、远足野营、登山、定向越野运动、冰球、曲棍球、溜冰、溜滑轮、溜直排轮、武术、划船、皮艇、跑步、美式足球、足球、橄榄球、滑雪、滑水、竞走。

▶ 可以配合练习的其他拉筋操：编号 7.7

7.9 坐姿抱膝的臀部拉筋操

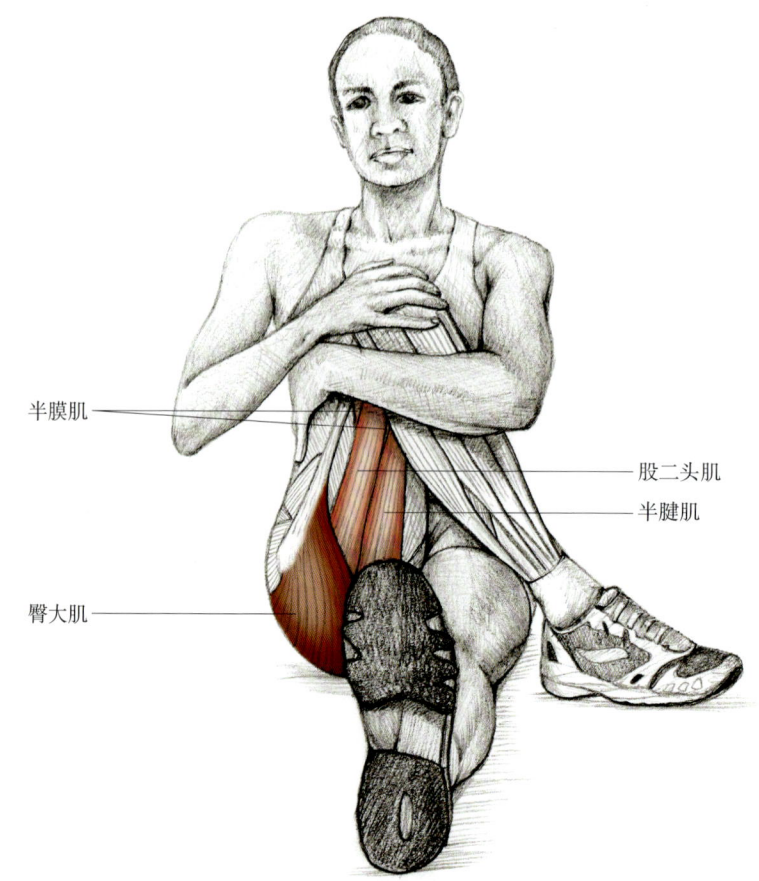

半膜肌
股二头肌
半腱肌
臀大肌

步骤
保持坐姿，一只腿平放，另一只脚跨到平放腿的膝盖外侧。将弓起的膝盖拉向对侧肩膀，同时保持背部平直，肩膀要朝向正前方。

拉到的肌群
- 主要肌群：臀大肌。
- 次要肌群：半膜肌、半腱肌、股二头肌。

动作诀窍
1. 背部保持平直、肩膀要朝向正前方，这个拉筋操就能让臀部得到最大的舒展。
2. 不要让肩膀转向弓起的膝盖。

- 有助于修复哪些肌肉问题：
下背部肌肉拉伤、下背部韧带扭伤、腿后肌拉伤、髂胫束摩擦综合征。
- 对哪些运动有帮助：
自行车、徒步、远足野营、登山、定向越野运动、冰球、曲棍球、溜冰、溜滑轮、溜直排轮、武术、跑步、美式足球、足球、橄榄球、滑雪、滑水、竞走。

▶ 可以配合练习的其他拉筋操：编号 7.1

7.10 坐姿抱脚的臀部拉筋操

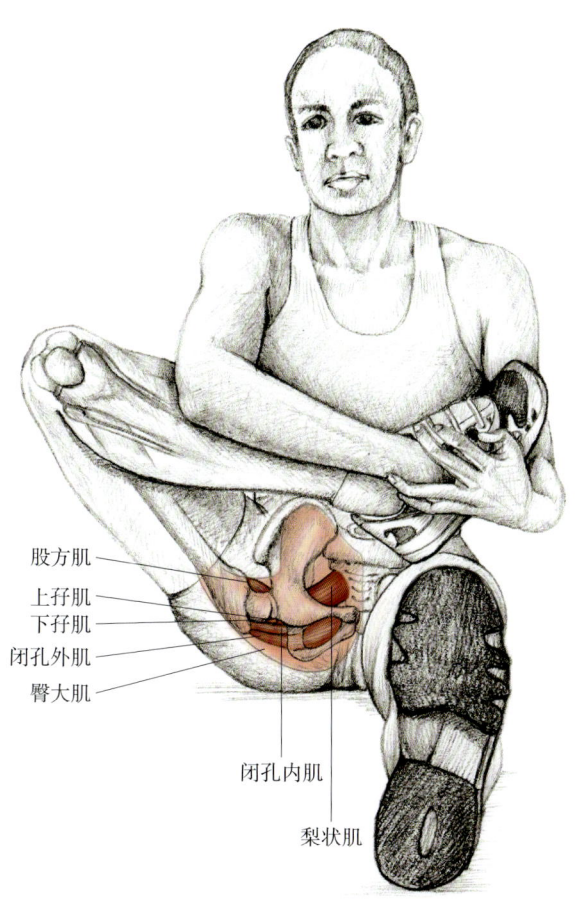

股方肌
上孖肌
下孖肌
闭孔外肌
臀大肌

闭孔内肌

梨状肌

步骤
保持坐姿，一只腿平放，用双手抱住另一只脚的脚踝，并把脚踝往胸部压。

拉到的肌群
- 主要肌群：梨状肌。
- 次要肌群：上孖肌、下孖肌、闭孔内肌、闭孔外肌、股方肌。

动作诀窍
用双手和双臂调整这个拉筋动作的强度。脚踝越贴近胸部，拉筋的强度越大。

- 有助于修复哪些肌肉问题：
  梨状肌综合征、弹响髋、大转子滑囊炎。
- 对哪些运动有帮助：
  自行车、徒步、远足野营、登山、定向越野运动、冰球、曲棍球、溜冰、溜滑轮、溜直排轮、武术、跑步、美式足球、足球、橄榄球、滑雪、滑水、竞走。

▶ 可以配合练习的其他拉筋操：编号 7.4

7.11 跨腿抱膝的仰躺式拉筋操

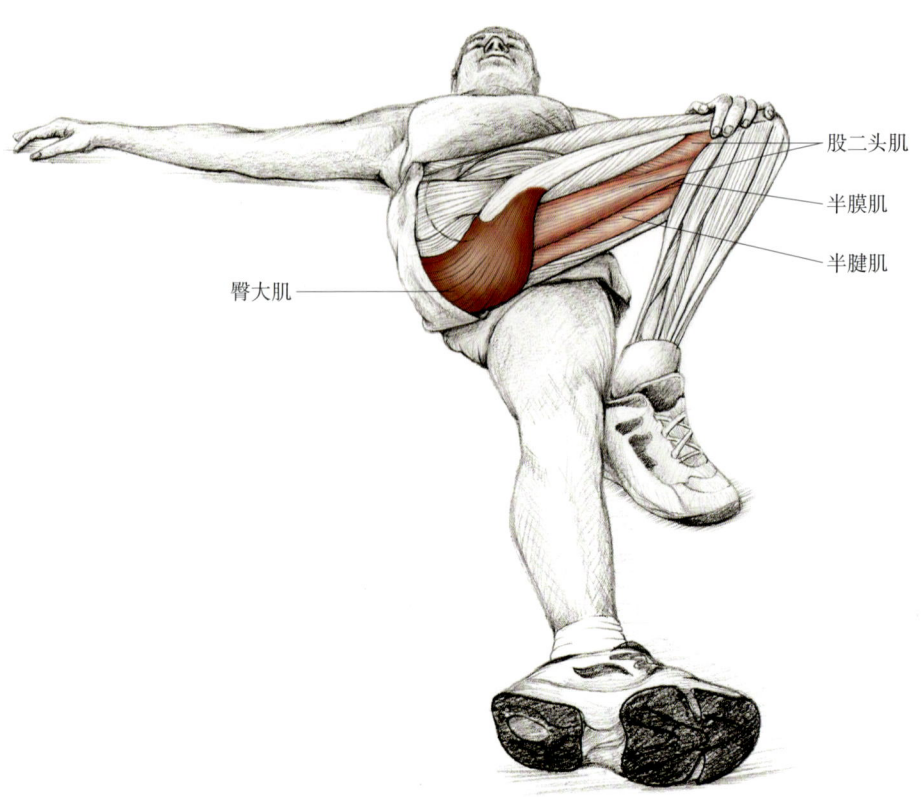

股二头肌
半膜肌
半腱肌
臀大肌

步骤
身体仰躺，一只脚（图示为右脚）跨到另一只脚（左脚）的外侧，把右脚的脚后跟拉到左腿的膝盖旁，然后用左手把弓起的膝盖往胸部方向扳。

拉到的肌群
- 主要肌群：臀大肌。
- 次要肌群：半膜肌、半腱肌、股二头肌。

动作诀窍
双肩要平贴地面，重点是把弓起的膝盖往胸部扳，而不是往地面压。

- 有助于修复哪些肌肉问题：
下背部肌肉拉伤、下背部韧带扭伤、腿后肌拉伤、髂胫束摩擦综合征。
- 对哪些运动有帮助：
自行车、徒步、远足野营、登山、定向越野运动、冰球、曲棍球、溜冰、溜滑轮、溜直排轮、武术、跑步、美式足球、足球、橄榄球、滑雪、滑水、竞走。

▶ 可以配合练习的其他拉筋操：编号 7.9

7.12 坐姿跨腿的臀部拉筋操

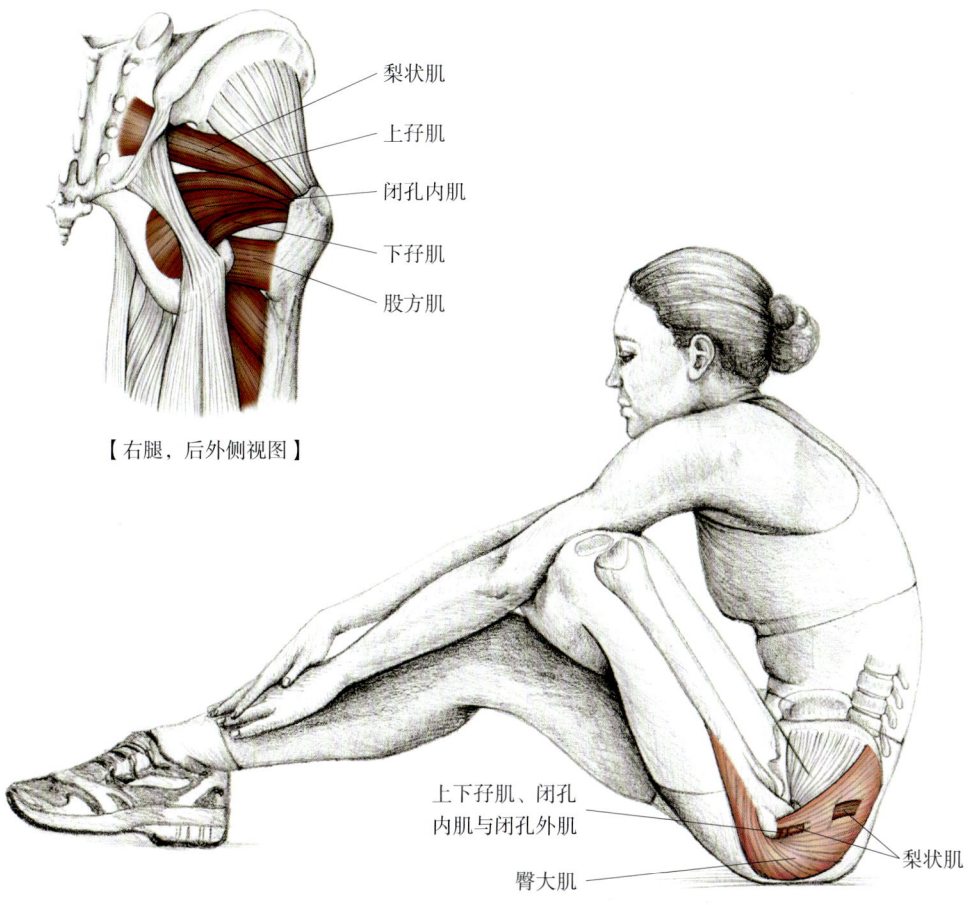

【右腿，后外侧视图】

- 梨状肌
- 上孖肌
- 闭孔内肌
- 下孖肌
- 股方肌

- 上下孖肌、闭孔内肌与闭孔外肌
- 臀大肌
- 梨状肌

步骤
保持坐姿，一条腿略屈膝，另一脚跨放在屈膝的大腿上，然后上半身慢慢往前倾。

拉到的肌群
- 主要肌群：梨状肌、上孖肌、下孖肌、闭孔内肌、闭孔外肌、股方肌。
- 次要肌群：臀大肌。

动作诀窍
1. 这个拉筋动作有些难度，身体重量一定要受到良好的支撑，如有必要，可用双手保持平衡。
2. 若要提高拉筋强度，背部要保持平直，再将上半身往前倾。

- 有助于修复哪些肌肉问题：
  梨状肌综合征、弹响髋、大转子滑囊炎。
- 对哪些运动有帮助：
  自行车、徒步、远足野营、登山、定向越野运动、冰球、曲棍球、溜冰、溜滑轮、溜直排轮、武术、跑步、美式足球、足球、橄榄球、滑雪、滑水、竞走。

▶ 可以配合练习的其他拉筋操：编号 7.10

7.13 仰躺跨腿的臀部拉筋操

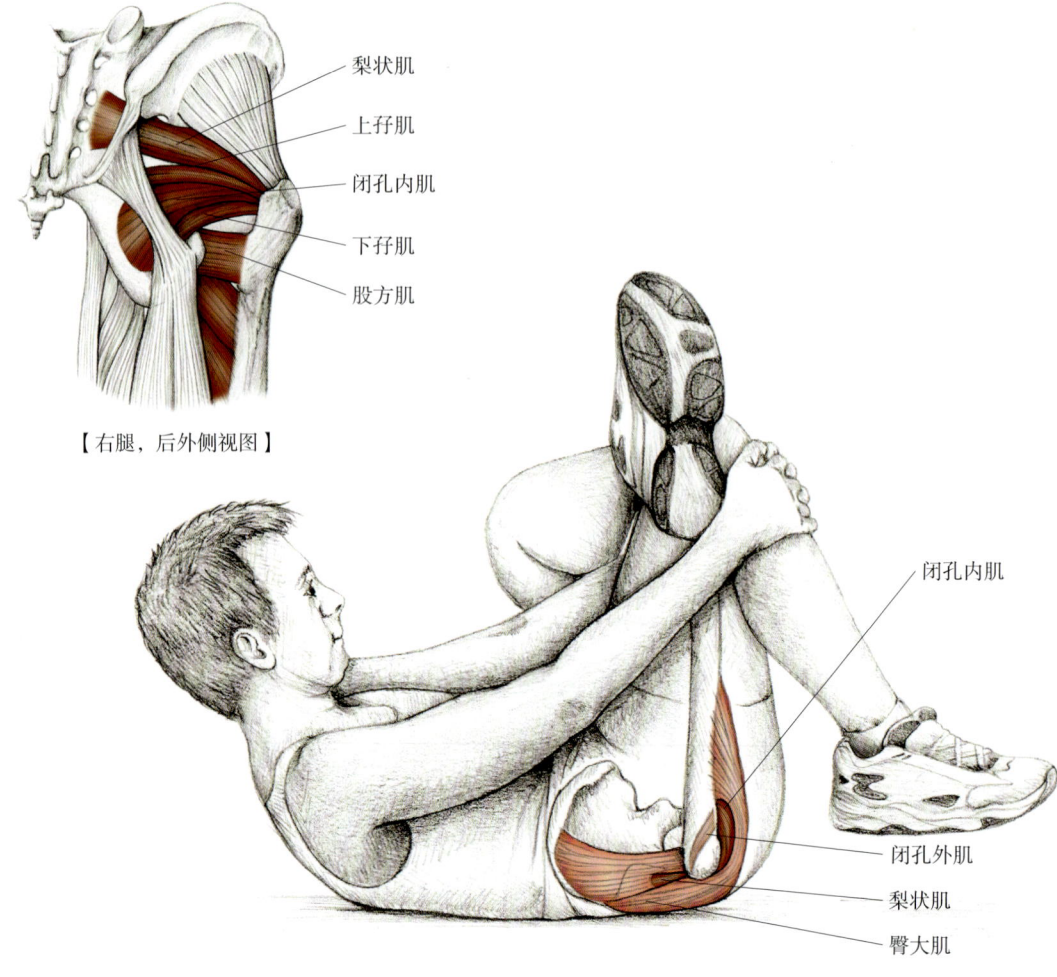

【右腿，后外侧视图】

标注：梨状肌、上孖肌、闭孔内肌、下孖肌、股方肌

标注：闭孔内肌、闭孔外肌、梨状肌、臀大肌

▎**步骤**

身体仰躺，一条腿略屈膝，将另一只脚横放在屈膝的大腿上。然后抬起上半身，用双手把膝盖拉近身体。

▎**拉到的肌群**

- 主要肌群：梨状肌、上孖肌、下孖肌、闭孔内肌、闭孔外肌、股方肌。
- 次要肌群：臀大肌。

▎**动作诀窍**

通过把膝盖拉近身体的程度来调整拉筋的强度。

- 有助于修复哪些肌肉问题：
  梨状肌综合征、弹响髋、大转子滑囊炎。
- 对哪些运动有帮助：
  自行车、徒步、远足野营、登山、定向越野运动、冰球、曲棍球、溜冰、溜滑轮、溜直排轮、武术、跑步、美式足球、足球、橄榄球、滑雪、滑水、竞走。

▶ 可以配合练习的其他拉筋操：编号 7.12

第八章
股四头肌的拉筋操

股四头肌是一组较大的肌肉，也是腿部最重的一块肌肉。股四头肌位于大腿骨前方，上段开始于髋关节上方，向下延伸至膝盖。股四头肌主要负责伸展膝关节，但是要与髋骨前的其他肌肉相配合，这些肌肉同时也与髋部屈曲有关。

股直肌是股四头肌的一部分，股四头肌还包括：**股外侧肌**、**股内侧肌**和**股中间肌**。股直肌有两个起端，反折端类似于四足动物拉伸肌肉的结果，竖直端则或许是人体直立姿势所造成的，这是一块纺锤形带双翼的肌肉。

由坐姿站起、行走或攀登时，股四头肌会将膝盖拉直。肌四头肌只覆盖膝盖，因此只负责膝盖伸展和抵抗膝盖弯曲。它们伸展时，能控制坐下的动作。股内侧肌比股外侧肌更大更重。股中间肌是股四头肌最深的部分，其前表面有膜腱，便于覆盖于其上的股直肌滑动。股四头肌肌腱连接并覆盖于膝盖骨，延伸为髌韧带，一直连接到胫骨。

缝匠肌不属于股四头肌，它是前股部位最浅层的肌肉，也是全身最长的带状肌肉。其三分之一的内侧缘为股三角的侧边界（长收肌为内边界，腹股沟韧带为上界）。缝匠肌的作用是使下肢完成裁缝般盘腿的坐姿。（缝匠肌这个名字来自于拉丁语）

股四头肌拉筋操有益于以下运动：自行车、徒步、远足野营、登山、定向越野、冰球、轮滑、纵列式轮滑、武术、跑动性运动、足球、美式足球、橄榄球、滑雪、滑水、冲浪、竞走。

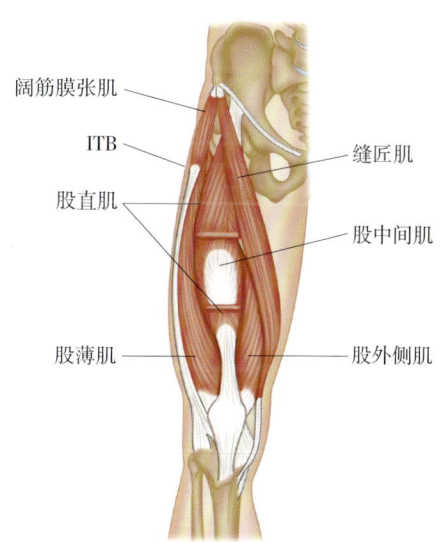

8.1 跪姿式股四头肌拉筋操

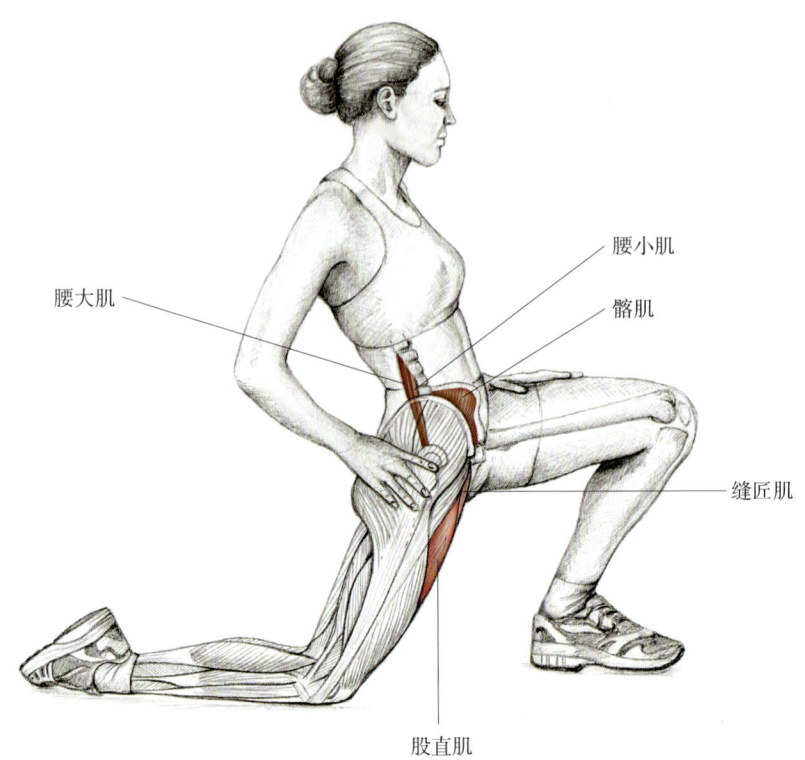

腰小肌
腰大肌
髂肌
缝匠肌
股直肌

▎步骤
单膝跪地。如有必要，手可以扶靠东西以保持平衡。然后把臀部往前推。

▎拉到的肌群
- 主要肌群：髂肌、腰大肌、股直肌。
- 次要肌群：腰小肌。

动作诀窍
1. 通过臀部往前推出的远近调整拉筋强度。
2. 如有必要，可以拿毛巾或垫子垫在跪地的膝盖下方，这样会比较舒服。

- 有助于修复哪些肌肉问题：
髋屈肌拉伤、骨盆带的撕裂性骨折、耻骨炎、髂腰肌肌腱炎、大转子滑囊炎、股四头肌拉伤、股四头肌肌腱炎。

- 对哪些运动有帮助：
自行车、徒步、远足野营、登山、定向越野运动、冰球、曲棍球、溜冰、溜滑轮、溜直排轮、武术、跑步、美式足球、足球、橄榄球、滑雪、滑水、冲浪、竞走。

▶ 可以配合练习的其他拉筋操：编号 8.5

8.2 站姿式股四头肌拉筋操

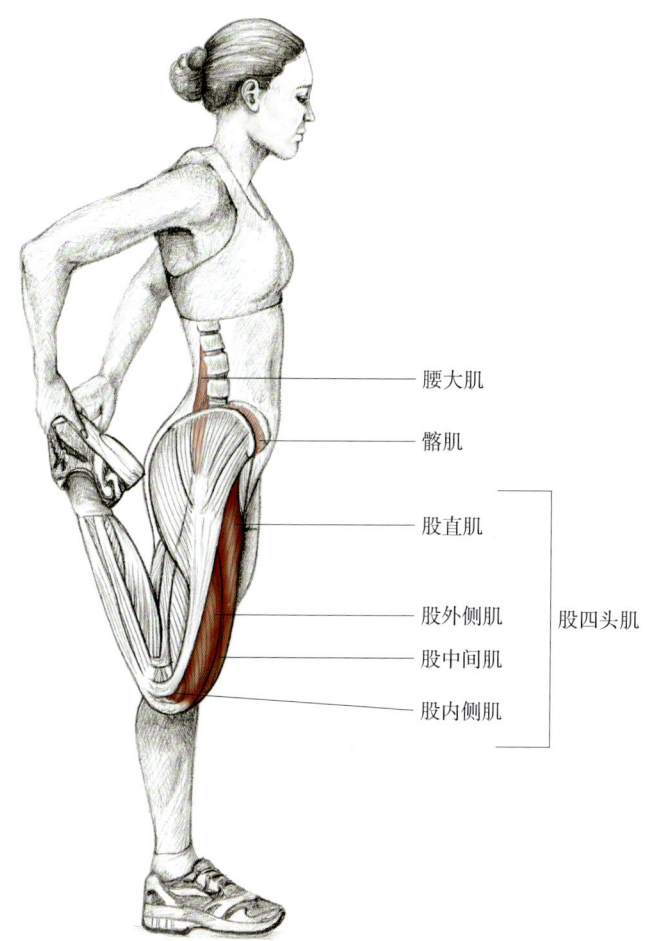

- 腰大肌
- 髂肌
- 股直肌
- 股外侧肌
- 股中间肌
- 股内侧肌
- 股四头肌

▌步骤
单脚站立,一只脚向后折,贴在臀部上,双膝并拢,同时把髋部往前推。手可以扶靠东西以保持平衡。

▌拉到的肌群
- 主要肌群:股直肌、股内侧肌、股外侧肌、股中间肌。
- 次要肌群:髂肌、腰大肌。

动作诀窍
这个拉筋动作可能让膝关节与韧带承受过度的压力,不适用于膝关节疼痛及膝盖受过伤的人。

· 有助于修复哪些肌肉问题:
髋屈肌拉伤、骨盆带的撕裂性骨折、耻骨炎、髂腰肌肌腱炎、大转子滑囊炎、股四头肌拉伤、股四头肌肌腱炎、髌骨关节痛综合征、髌骨肌腱炎、髌骨外翻。

· 对哪些运动有帮助:
自行车、徒步、远足野营、登山、定向越野运动、冰球、曲棍球、溜冰、溜滑轮、溜直排轮、武术、跑步、美式足球、足球、橄榄球、滑雪、滑水、冲浪、竞走。

▶ 可以配合练习的其他拉筋操:编号 8.4

8.3 站姿上举的股四头肌拉筋操

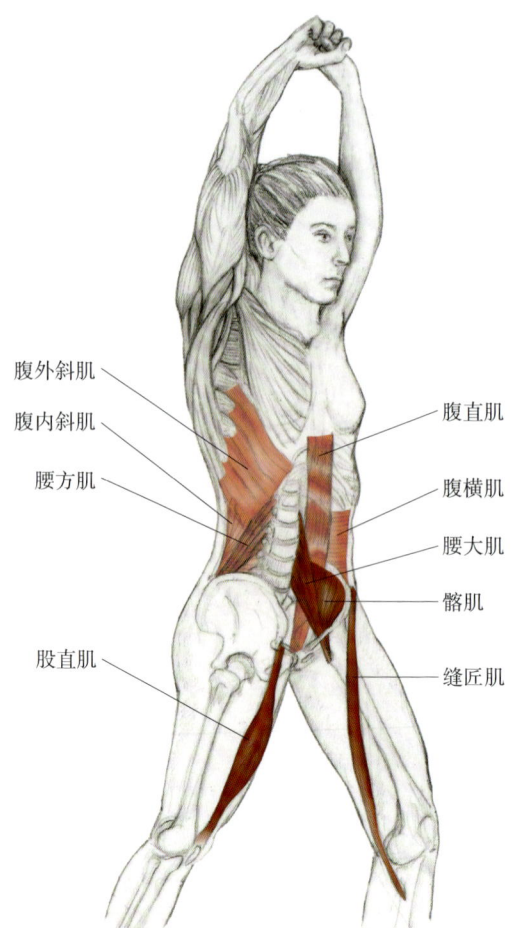

腹外斜肌
腹内斜肌
腰方肌
股直肌
腹直肌
腹横肌
腰大肌
髂肌
缝匠肌

▌步骤
正直站立,前踏一小步,双手上举,髋部前推,弯曲背部,使后腿尽量倾斜。

▌拉到的肌群
- 主要肌群:股直肌、腰大肌、髂肌、缝匠肌。
- 次要肌群:腹内斜肌、腹外斜肌、腰方肌。

动作诀窍
通过髋部前推的幅度调整该拉筋操的强度。

- 有助于修复哪些肌肉问题:
  髋屈肌紧张、骨盆撕脱骨折、耻骨硬化、髂肌肌腱炎、大转子滑囊炎、股四头肌拉伤、股四头肌肌腱炎。
- 对哪些运动有帮助:
  自行车、徒步、远足野营、定向越野、登山、冰球、曲棍球、滑冰、轮滑、纵列式轮、跑步、足球、美式足球、橄榄球、滑雪、滑水、冲浪、竞走。

▶ 可以配合练习的其他拉筋操:编号 8.1,3.3

8.4 卧姿式股四头肌拉筋操

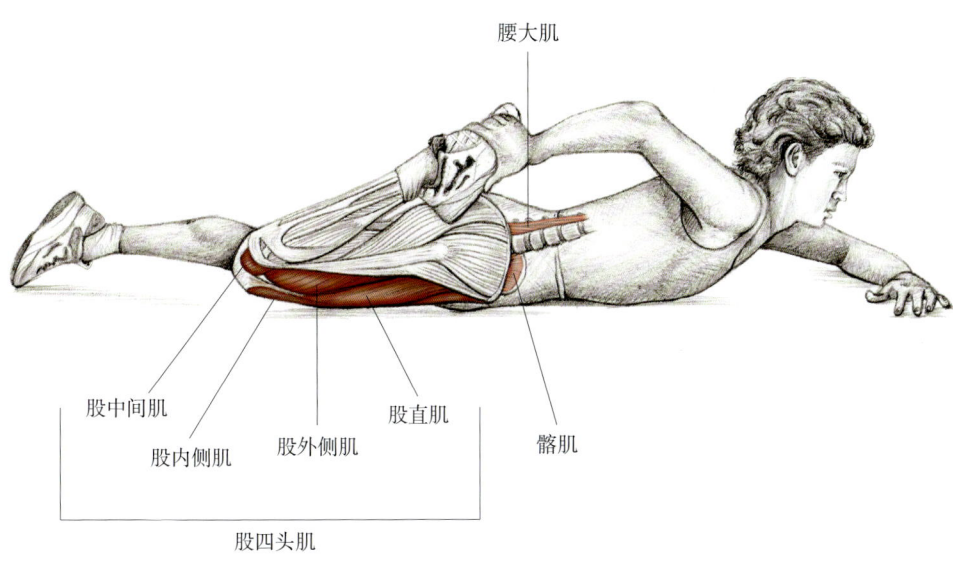

腰大肌
股中间肌
股内侧肌
股外侧肌
股直肌
髂肌
股四头肌

步骤
脸朝下趴卧，将一只脚反折到臀部。

拉到的肌群
- 主要肌群：股直肌、股内侧肌、股外侧肌、股中间肌。
- 次要肌群：髂肌、腰大肌。

动作诀窍
这个拉筋动作可能会让膝关节与韧带承受过度的压力，不适用于膝关节疼痛及膝盖受过伤的人。

- 有助于修复哪些肌肉问题：
髋屈肌拉伤、骨盆带的撕裂性骨折、耻骨炎、髂腰肌肌腱炎、大转子滑囊炎、股四头肌拉伤、股四头肌肌腱炎、髌骨关节痛综合征、髌骨肌腱炎、髌骨外翻。

- 对哪些运动有帮助：
自行车、徒步、远足野营、登山、定向越野运动、冰球、曲棍球、溜冰、溜滑轮、溜直排轮、武术、跑步、美式足球、足球、橄榄球、滑雪、滑水、冲浪、竞走。

▶ 可以配合练习的其他拉筋操：编号 8.2

8.5 侧卧式股四头肌拉筋操

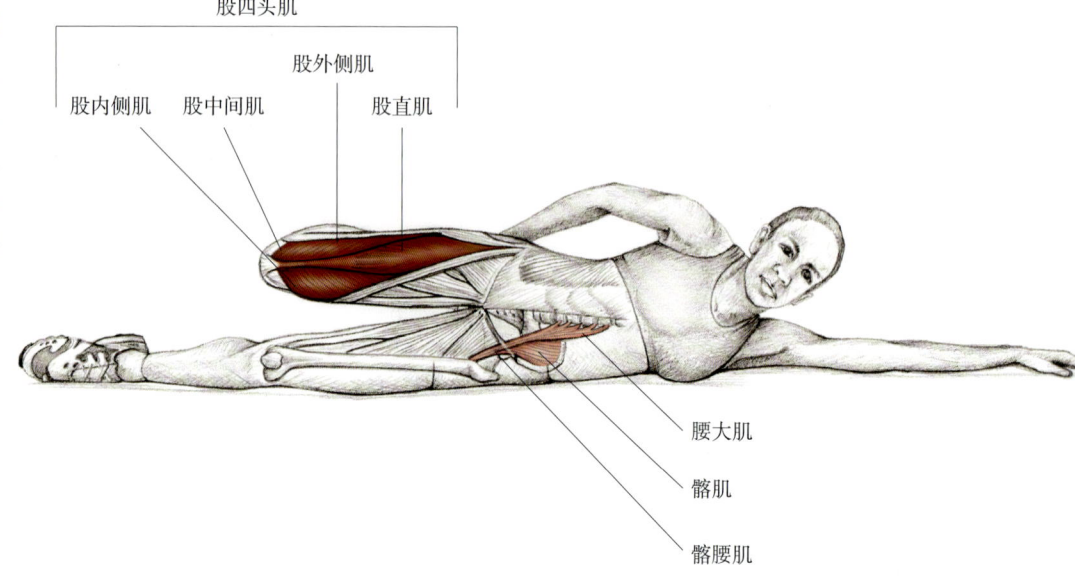

步骤
侧卧，将一只脚向后反折到臀部。并拢双膝，再把髋部往前推。

拉到的肌群
- 主要肌群：股直肌、股内侧肌、股外侧肌、股中间肌。
- 次要肌群：髂肌、腰大肌。

动作诀窍
这个拉筋动作可能会让膝关节与韧带承受过度的压力，不适用于膝关节疼痛及膝盖受过伤的人。

- 有助于修复哪些肌肉问题：
髋屈肌拉伤、骨盆带的撕裂性骨折、耻骨炎、髂腰肌肌腱炎、大转子滑囊炎、股四头肌拉伤、股四头肌肌腱炎、髌骨关节痛综合征、髌骨肌腱炎、髌骨外翻。

- 对哪些运动有帮助：
自行车、徒步、远足野营、登山、定向越野运动、冰球、曲棍球、溜冰、溜滑轮、溜直排轮、武术、跑步、美式足球、足球、橄榄球、滑雪、滑水、冲浪、竞走。

▶ 可以配合练习的其他拉筋操：编号 8.1

8.6 折单腿后靠的股四头肌拉筋操

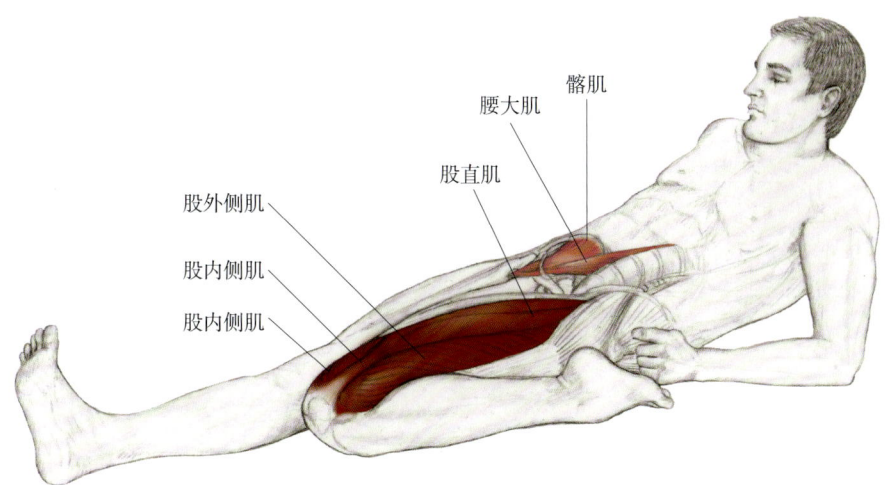

步骤
坐于地面，一条腿弯曲，脚靠近臀部，然后慢慢后仰。

拉到的肌群
- 主要肌群：股直肌、股内侧肌、股中间肌、股外侧肌。
- 次要肌群：髂肌、腰大肌。

动作诀窍
这个动作会对膝关节和韧带施加过度的压力。膝部伤痛者应避免做此拉筋操。

- **有助于修复哪些肌肉问题：**
  髋屈肌紧张、骨盆撕脱骨折、耻骨硬化、髂肌肌腱炎、大转子滑囊炎、股四头肌拉伤、股四头肌肌腱炎、髌股关节疼痛综合征、髌骨肌腱炎、膝盖骨错位。

- **对哪些运动有帮助：**
  自行车、徒步、远足野营、定向越野、登山、冰球、曲棍球、滑冰、轮滑、跑步、足球、美式足球、橄榄球、滑雪、滑水、冲浪、竞走。

▶ 可以配合练习的其他拉筋操：编号 8.5，3.3

8.7 折腿后仰式股四头肌拉筋操

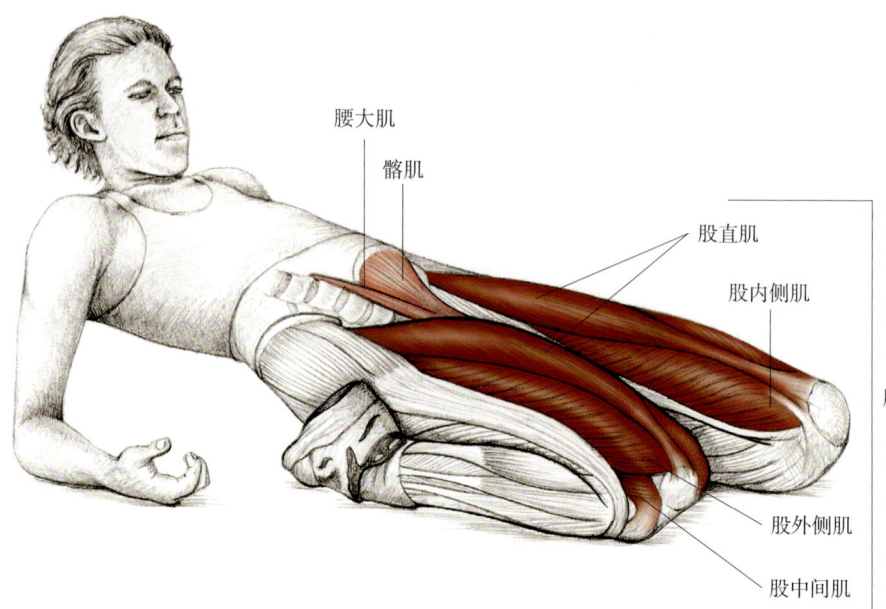

▍步骤
保持坐姿，双腿向后反折，让臀部坐在双脚上。然后上半身慢慢往后仰。

▍拉到的肌群
- 主要肌群：股直肌、股内侧肌、股外侧肌、股中间肌。
- 次要肌群：髂肌、腰大肌。

动作诀窍
这个动作可能会让膝关节与韧带承受过度的压力，不适用于膝关节疼痛及膝盖受过伤的人。

- 有助于修复哪些肌肉问题：
  髋屈肌拉伤、骨盆带的撕裂性骨折、耻骨炎、髂腰肌肌腱炎、大转子滑囊炎、股四头肌拉伤、股四头肌肌腱炎、髌骨关节痛综合征、髌骨肌腱炎、髌骨外翻。
- 对哪些运动有帮助：
  自行车、徒步、远足野营、登山、定向越野运动、冰球、曲棍球、溜冰、武术、跑步、美式足球、足球、橄榄球、滑雪、滑水、冲浪、竞走。

▶ 可以配合练习的其他拉筋操：编号 8.2

| 第九章 |

腿后肌的拉筋操

腿后肌是一组比较大的肌肉，由大腿后的三块独立肌肉组成。它们始于髋骨底部，向下延伸至膝盖。这三块肌肉相互协作以伸展臀部及帮助屈膝，它们相当于上肢肘部的屈肌。跑动时，腿后肌在腿部向前摆动后减慢速度，并防止躯干在髋关节部位前弯。这三块肌肉由中间到两侧为半膜肌、半腱肌和股二头肌。股二头肌一般是最大的腿后肌，有一长一短两个起始端，长起始端跨过髋关节。半膜肌与半腱肌是完全协同的，即两者共同作用于同一个动作。

腿后肌拉筋操有益于以下运动：篮球、无网篮球、自行车、徒步、远足野营、登山、定向越野、冰球、曲棍球、滑冰、轮滑、武术、跑步、足球、美式足球、橄榄球、滑雪、滑水、冲浪、竞走、摔跤。

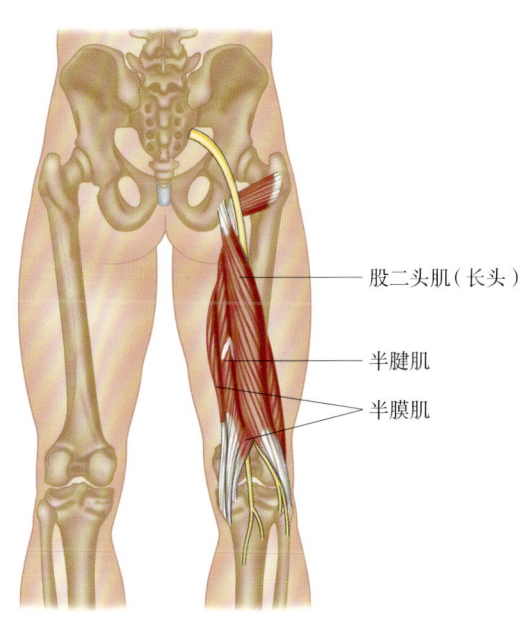

股二头肌（长头）

半腱肌
半膜肌

9.1 坐姿手前伸的腿后肌拉筋操

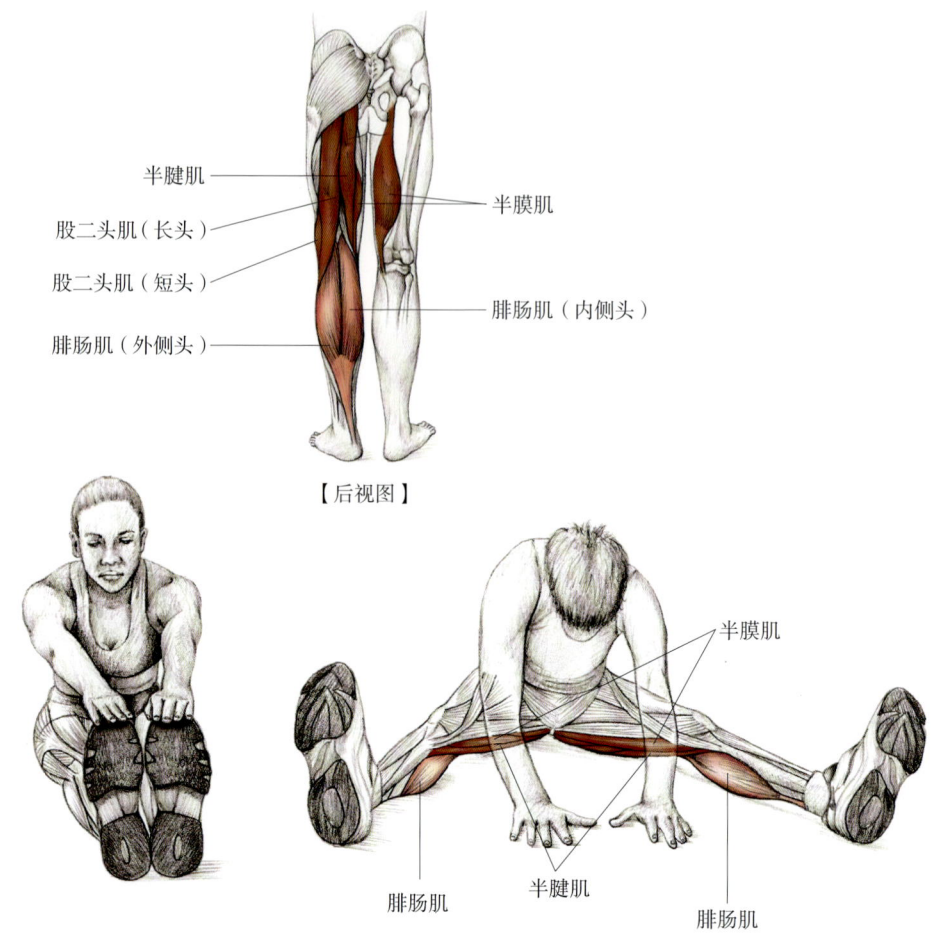

【后视图】

半腱肌
股二头肌（长头）
股二头肌（短头）
腓肠肌（外侧头）
半膜肌
腓肠肌（内侧头）

半膜肌
腓肠肌
半腱肌
腓肠肌

▌步骤
保持坐姿，双腿往前直直地伸出，脚趾朝天。背部保持平直，然后双手往脚趾方向尽量伸展。

▌拉到的肌群
- 主要肌群：半膜肌、半腱肌、股二头肌。
- 次要肌群：腓肠肌。

动作诀窍
脚趾朝天是这个拉筋动作的重点，脚趾若朝向侧边会让腿后肌受力不均，长久下来会造成肌肉失衡。

- 有助于修复哪些肌肉问题：
  下背部肌肉拉伤、下背部韧带扭伤、腿后肌拉伤。
- 对哪些运动有帮助：
  篮球、篮网球、自行车、徒步、远足野营、登山、定向越野运动、冰球、曲棍球、溜冰、溜滑轮、溜直排轮、武术、跑步、美式足球、足球、橄榄球、滑雪、滑水、冲浪、竞走、摔跤。

▶ 可以配合练习的其他拉筋操：编号9.6

9.2 站姿脚趾朝前的腿后肌拉筋操

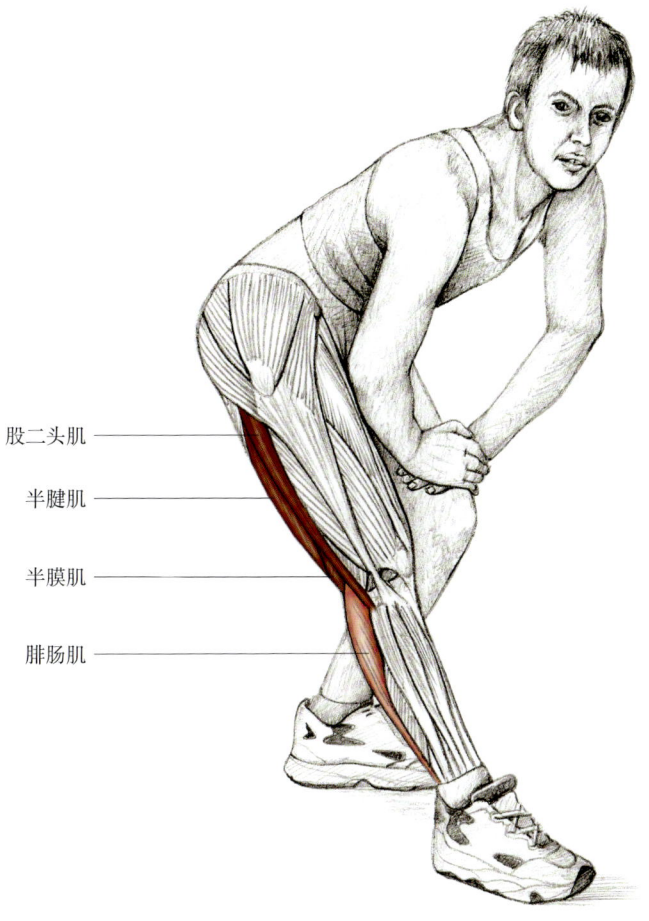

股二头肌
半腱肌
半膜肌
腓肠肌

步骤
保持站姿,一只脚在前,屈膝的脚在后。脚趾平贴地面,让上半身往前倾。背部保持平直,双手搭在弯曲的膝盖上。

拉到的肌群
- 主要肌群:半膜肌、半腱肌、股二头肌。
- 次要肌群:腓肠肌。

动作诀窍
通过保持背部平直及身体前倾的程度,来调整拉筋的强度。

- 有助于修复哪些肌肉问题:
下背部肌肉拉伤、下背部韧带扭伤、腿后肌拉伤。
- 对哪些运动有帮助:
篮球、篮网球、自行车、徒步、远足野营、登山、定向越野运动、冰球、曲棍球、溜冰、溜滑轮、溜直排轮、武术、跑步、美式足球、足球、橄榄球、滑雪、滑水、冲浪、竞走、摔跤。

▶ 可以配合练习的其他拉筋操:编号 8.3

9.3 站姿脚趾朝上的腿后肌拉筋操

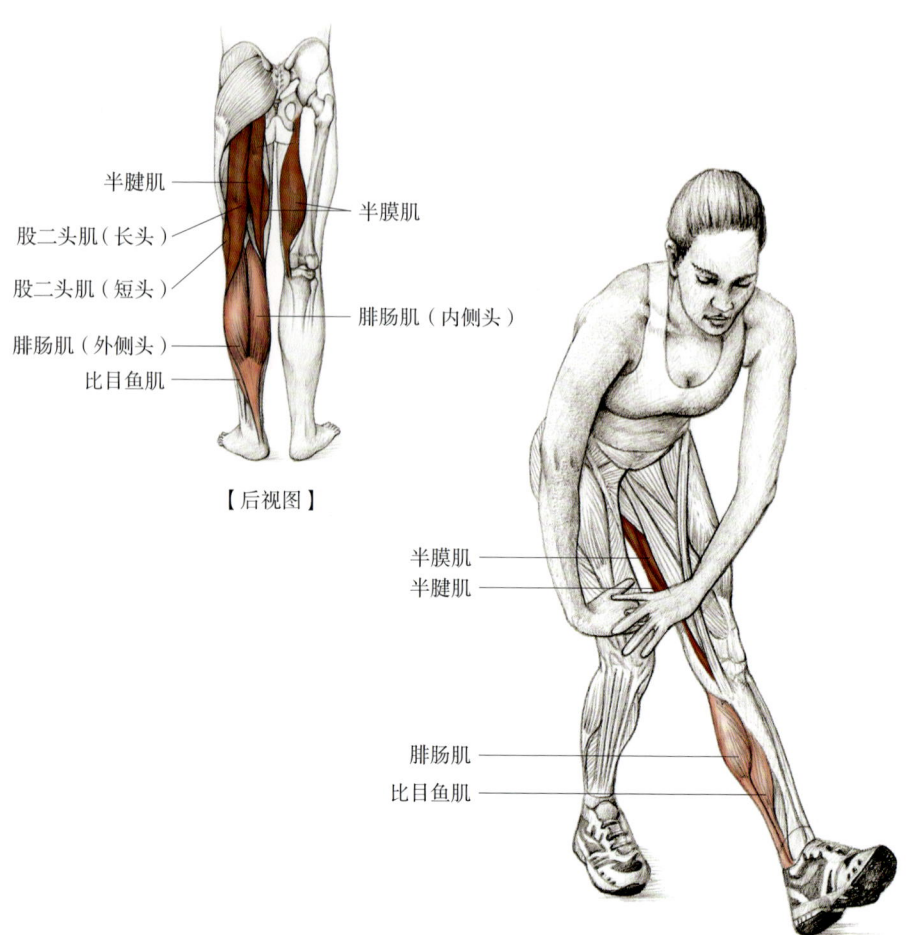

【后视图】

步骤
保持站姿，一只脚（图示为左脚）在前，屈膝的脚（右脚）在后。左脚的脚趾朝上，让上半身往前倾。保持背部平直，双手搭在弯曲的膝盖上。

拉到的肌群
- 主要肌群：半膜肌、半腱肌、股二头肌。
- 次要肌群：腓肠肌、比目鱼肌。

动作诀窍

通过保持背部平直，以及伸屈脚踝来保持脚趾朝上，同时可以调整拉筋的强度。

- 有助于修复哪些肌肉问题：
  下背部肌肉拉伤、下背部韧带扭伤、腿后肌拉伤、小腿肌拉伤。
- 对哪些运动有帮助：
  篮球、篮网球、自行车、徒步、远足野营、登山、定向越野运动、冰球、曲棍球、溜冰、溜滑轮、溜直排轮、武术、跑步、美式足球、足球、橄榄球、滑雪、滑水、冲浪、竞走、摔跤。

▶ 可以配合练习的其他拉筋操：编号 9.4

9.4 站姿抬腿的腿后肌拉筋操

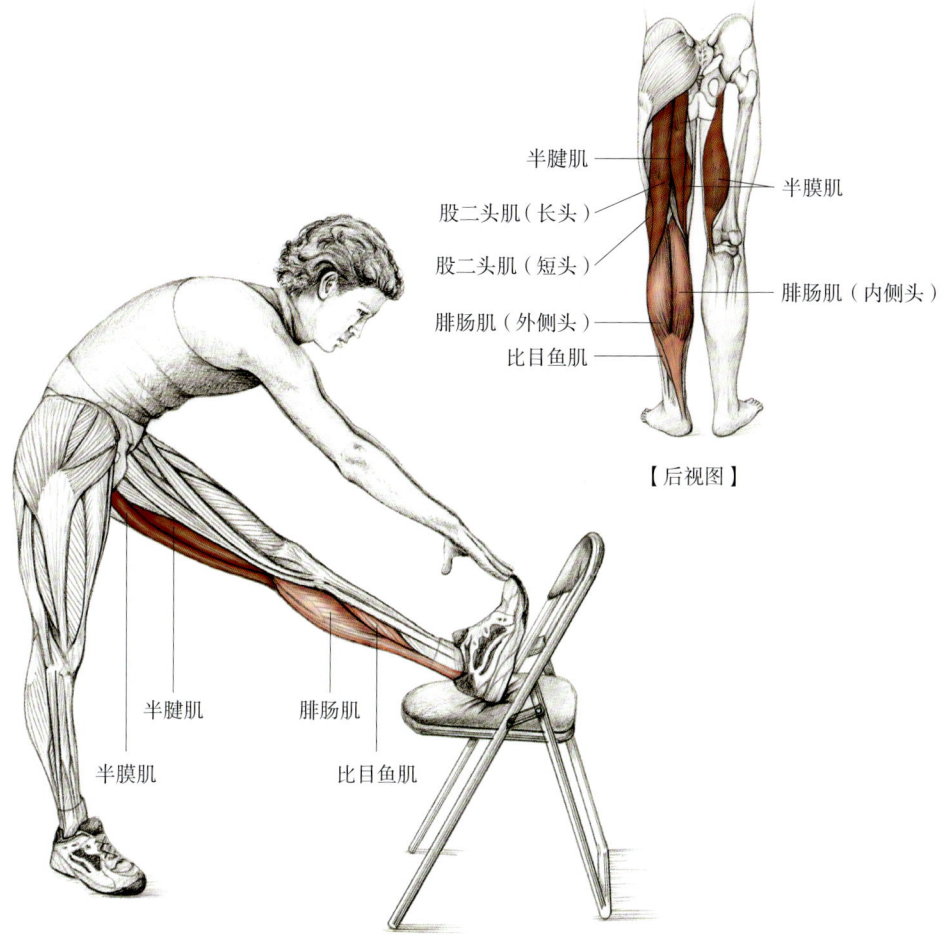

【后视图】

步骤
保持站姿,一只脚搁在稳固的东西上。伸直抬高的腿,脚趾朝天。接着身体前倾,同时保持背部平直。

拉到的肌群
- 主要肌群:半膜肌、半腱肌、股二头肌。
- 次要肌群:腓肠肌、比目鱼肌。

动作诀窍
通过保持背部平直及身体前倾的程度,可调整拉筋的强度。

- 有助于修复哪些肌肉问题:
下背部肌肉拉伤、下背部韧带扭伤、腿后肌拉伤、小腿肌拉伤。
- 对哪些运动有帮助:
篮球、篮网球、自行车、徒步、远足野营、登山、定向越野运动、冰球、曲棍球、溜冰、溜滑轮、溜直排轮、武术、跑步、美式足球、足球、橄榄球、滑雪、滑水、冲浪、竞走、摔跤。

▶ 可以配合练习的其他拉筋操:编号 9.1

9.5 站立抬腿脚尖朝上的腿后肌拉筋操

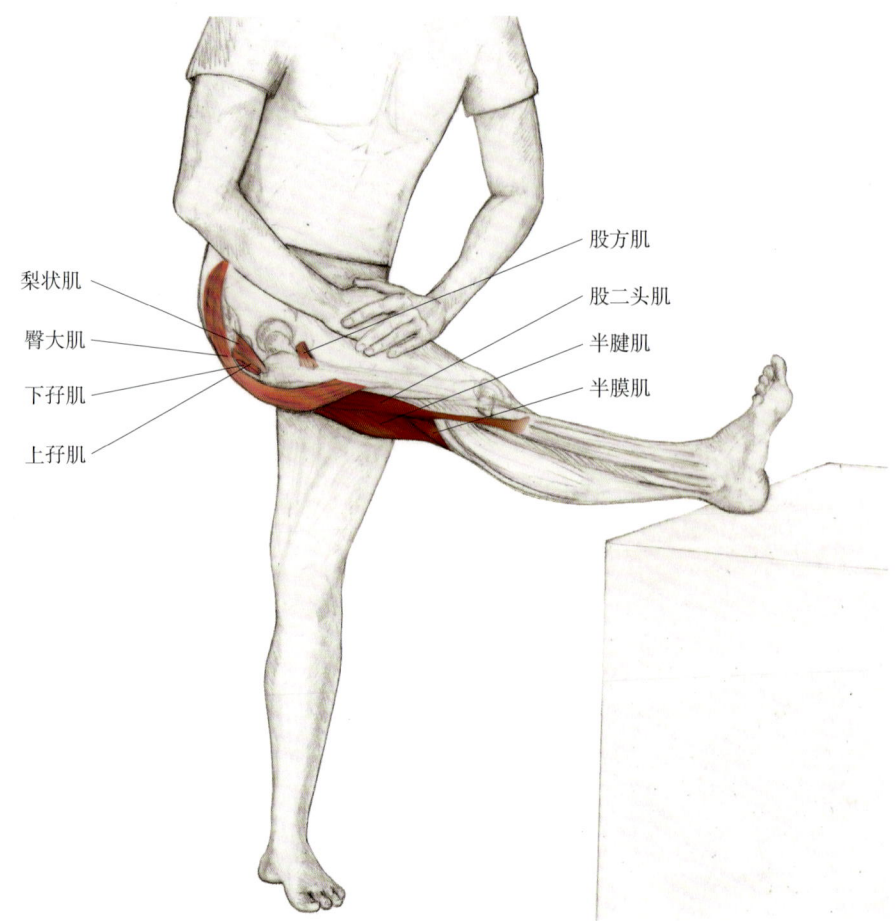

梨状肌
臀大肌
下孖肌
上孖肌
股方肌
股二头肌
半腱肌
半膜肌

步骤
正直站立，抬起一条腿，放在某固定物上，保持该腿伸直，脚趾朝上。然后将另一只脚向内转，保持背部挺直，向前靠。

拉到的肌群
- 主要肌群：半膜肌、半腱肌、股二头肌。
- 次要肌群：股方肌、梨状肌、臀大肌、下孖肌、上孖肌。

动作诀窍
该拉筋操可以给深侧髋肩施加很大的力。通过保持背部平直和缓慢前倾来调整该拉筋操的强度。

- 有助于修复哪些肌肉问题：
下背部肌肉拉伤、下背部韧带扭伤、腿后肌拉伤、小腿肌肉拉伤。
- 对哪些运动有帮助：
篮球、无网篮球、自行车、徒步、定向越野、冰球、曲棍球、滑冰、轮滑、纵列式轮滑、武术、跑步、足球、美式足球、橄榄球、滑雪、划水、冲浪、竞走、搏击。

▶ 可以配合练习的其他拉筋操：编号 9.11, 5.1

9.6 坐姿单腿的腿部拉筋操

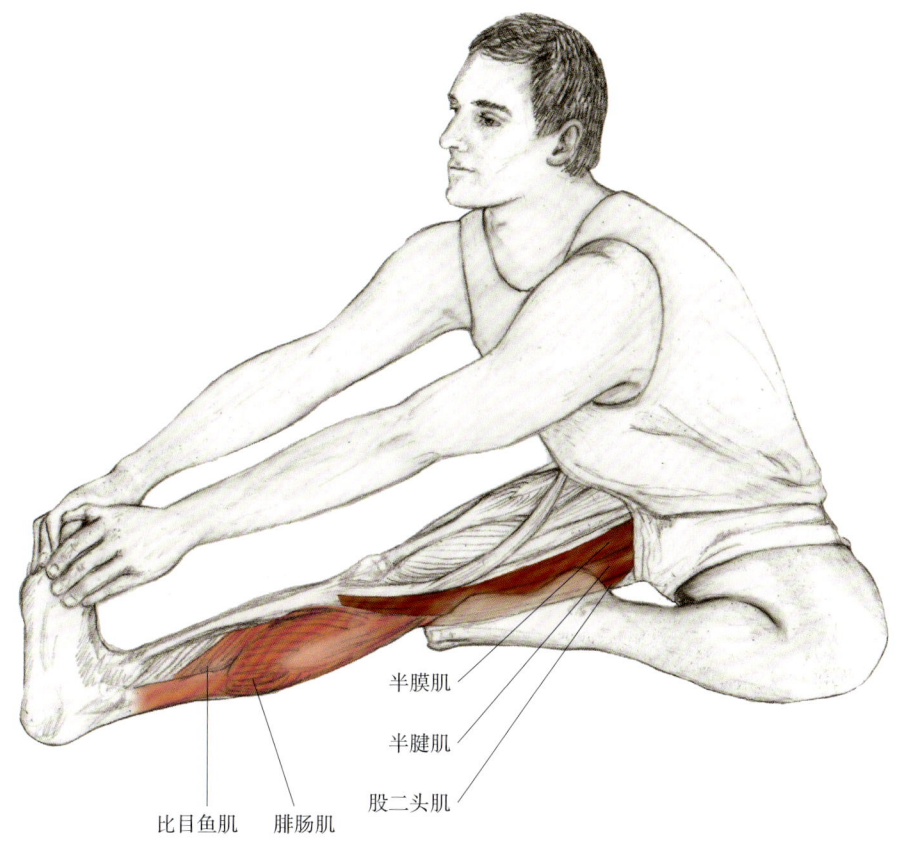

半膜肌
半腱肌
股二头肌
比目鱼肌　腓肠肌

步骤
保持坐姿，一条腿笔直向前伸，脚尖朝上。另一只脚靠到伸直腿的膝盖上。两只手一起伸向伸直腿的脚趾。

拉到的肌群
- 主要肌群：半膜肌、半腱肌、股二头肌。
- 次要肌群：腓肠肌、比目鱼肌。

动作诀窍
脚尖朝正上方很重要，若脚尖歪向一侧的话，施加到腿部肌肉上的力就会不均匀。时间长了会造成肌肉发展的不平衡。

- 有助于修复哪些肌肉问题：
  下背部肌肉拉伤、下背部韧带扭伤、腿后肌拉伤、小腿肌肉拉伤。
- 对哪些运动有帮助：
  篮球、无网篮球、自行车、徒步、定向越野、冰球、曲棍球、滑冰、轮滑、纵列式轮滑、武术、跑步、足球、美式足球、橄榄球、滑雪、划水、冲浪、竞走、搏击。

▶ 可以配合练习的其他拉筋操：编号 9.9

9.7 有同伴帮忙的仰躺式腿后肌拉筋操

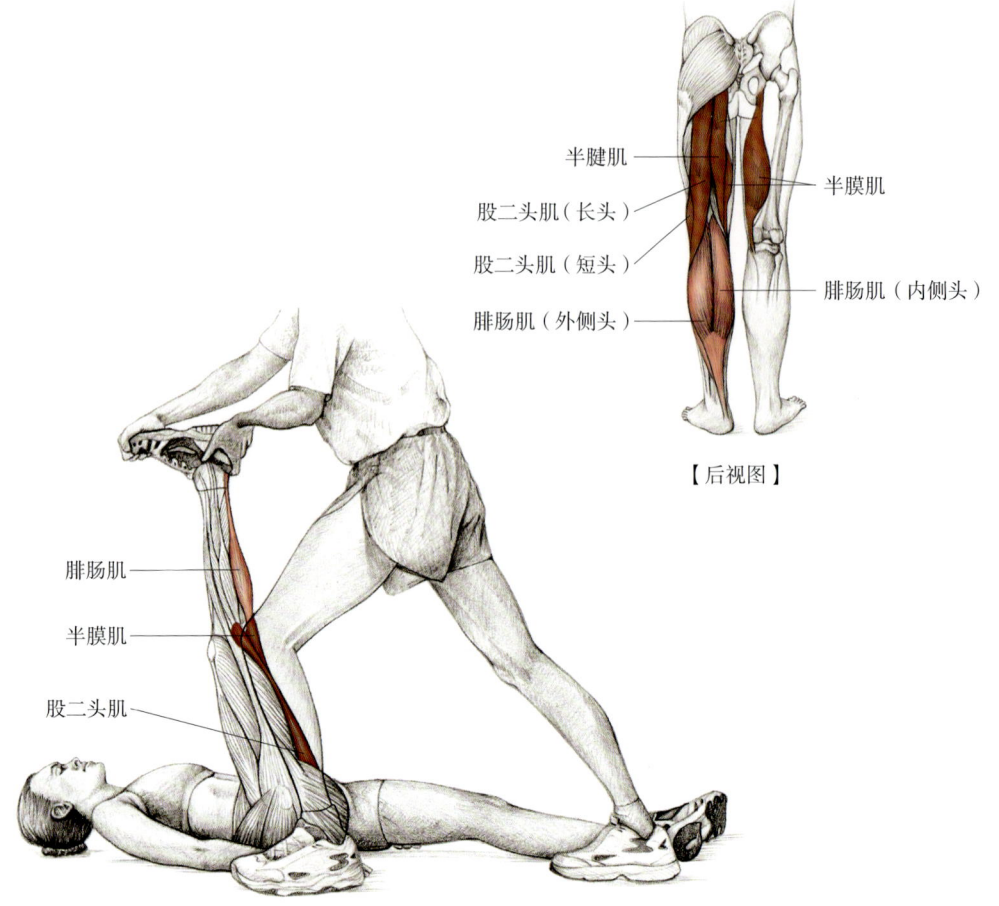

【后视图】

步骤
身体仰躺,双腿平放在地上。请同伴帮你抬高一只脚,在背部感觉舒服的情况下,尽量抬高脚。抬高脚的脚趾一定要朝向正后方。

拉到的肌群
- 主要肌群:半膜肌、半腱肌、股二头肌。
- 次要肌群:腓肠肌。

动作诀窍
慎选同伴,要安全正确地做这组拉筋操。这组动作有赖于同伴的协助,因此两人要全程保持良好的沟通。

- 有助于修复哪些肌肉问题:
下背部肌肉拉伤、下背部韧带扭伤、腿后肌拉伤、小腿肌拉伤。
- 对哪些运动有帮助:
篮球、篮网球、自行车、徒步、远足野营、登山、定向越野运动、冰球、曲棍球、溜冰、溜滑轮、溜直排轮、武术、跑步、美式足球、足球、橄榄球、滑雪、滑水、冲浪、竞走、摔跤。

▶ 可以配合练习的其他拉筋操:编号 9.4

9.8 仰躺式单腿屈膝的腿后肌拉筋操

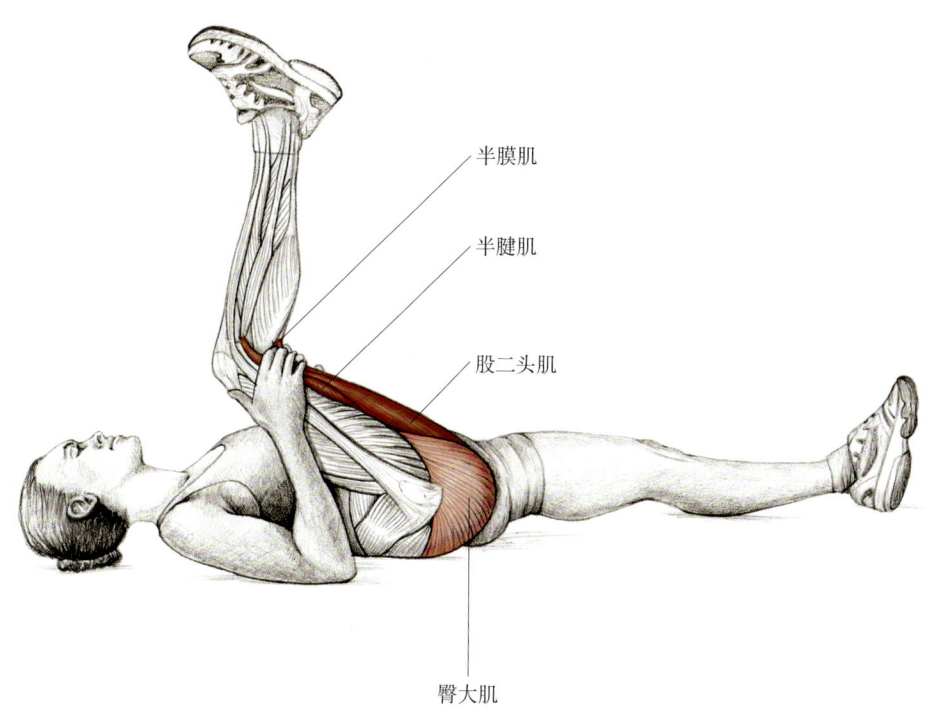

- 半膜肌
- 半腱肌
- 股二头肌
- 臀大肌

步骤
身体仰躺,一只腿略微屈膝,将另一只腿的膝盖拉向胸部,然后谨慎缓慢地伸直抬高的脚。

拉到的肌群
- 主要肌群:半膜肌、半腱肌、股二头肌。
- 次要肌群:臀大肌。

动作诀窍
这个拉筋动作的重点是脚趾朝上。如果脚趾朝向侧边,会让腿后肌受力不均,长久下来会造成肌肉失衡。

- 有助于修复哪些肌肉问题:
下背部肌肉拉伤、下背部韧带扭伤、腿后肌拉伤。
- 对哪些运动有帮助:
篮球、篮网球、自行车、徒步、远足野营、登山、定向越野运动、冰球、曲棍球、溜冰、溜滑轮、溜直排轮、武术、跑步、美式足球、足球、橄榄球、滑雪、滑水、冲浪、竞走、摔跤。

▶ 可以配合练习的其他拉筋操:编号 9.12

9.9 仰躺式伸直腿的腿后肌拉筋操

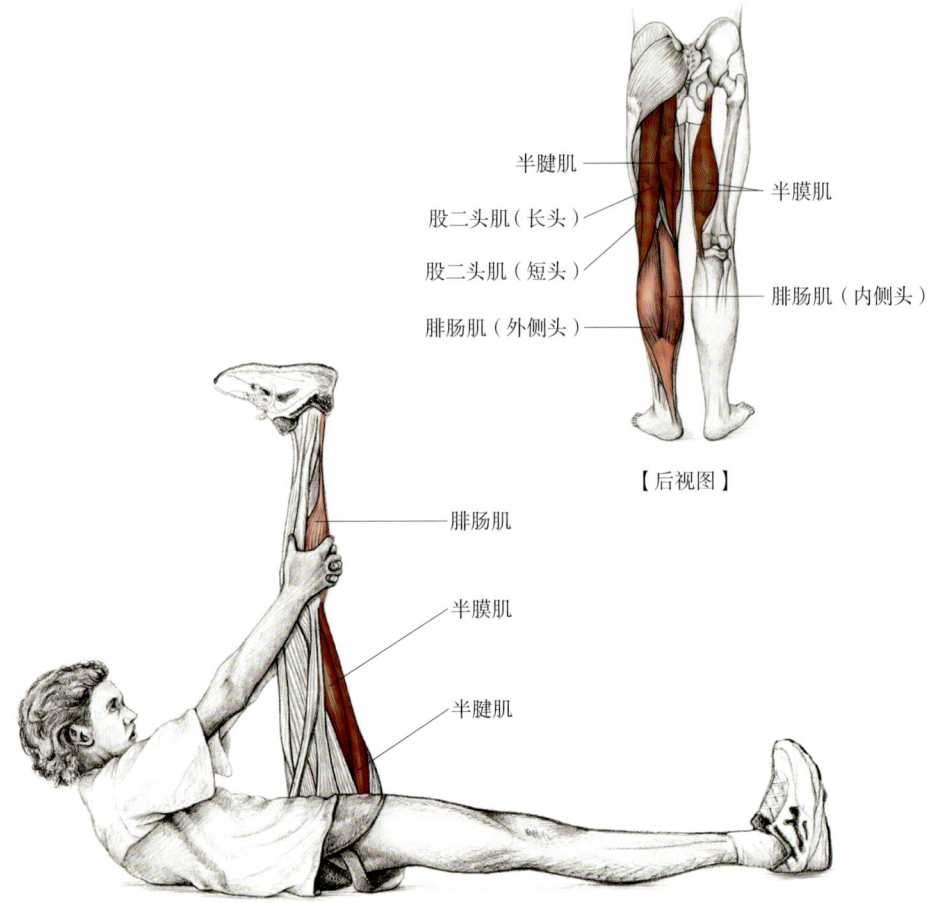

【后视图】

半腱肌
半膜肌
股二头肌（长头）
股二头肌（短头）
腓肠肌（内侧头）
腓肠肌（外侧头）

腓肠肌
半膜肌
半腱肌

步骤
身体仰躺，一条腿略屈膝，另一条脚伸直。双手抬高伸直的腿，并将腿拉近胸膛。

拉到的肌群
- 主要肌群：半膜肌、半腱肌、股二头肌。
- 次要肌群：腓肠肌。

动作诀窍
这个拉筋动作的重点是脚趾朝上。如果脚趾朝向侧边，会让腿后肌受力不均，长久下来会造成肌肉失衡。

- 有助于修复哪些肌肉问题：
下背部肌肉拉伤、下背部韧带扭伤、腿后肌拉伤、小腿肌拉伤。
- 对哪些运动有帮助：
篮球、篮网球、自行车、徒步、远足野营、登山、定向越野运动、冰球、曲棍球、溜冰、溜滑轮、溜直排轮、武术、跑步、美式足球、足球、橄榄球、滑雪、滑水、冲浪、竞走、摔跤。

▶ 可以配合练习的其他拉筋操：编号 9.10

9.10 跪姿脚趾朝上的腿后肌拉筋操

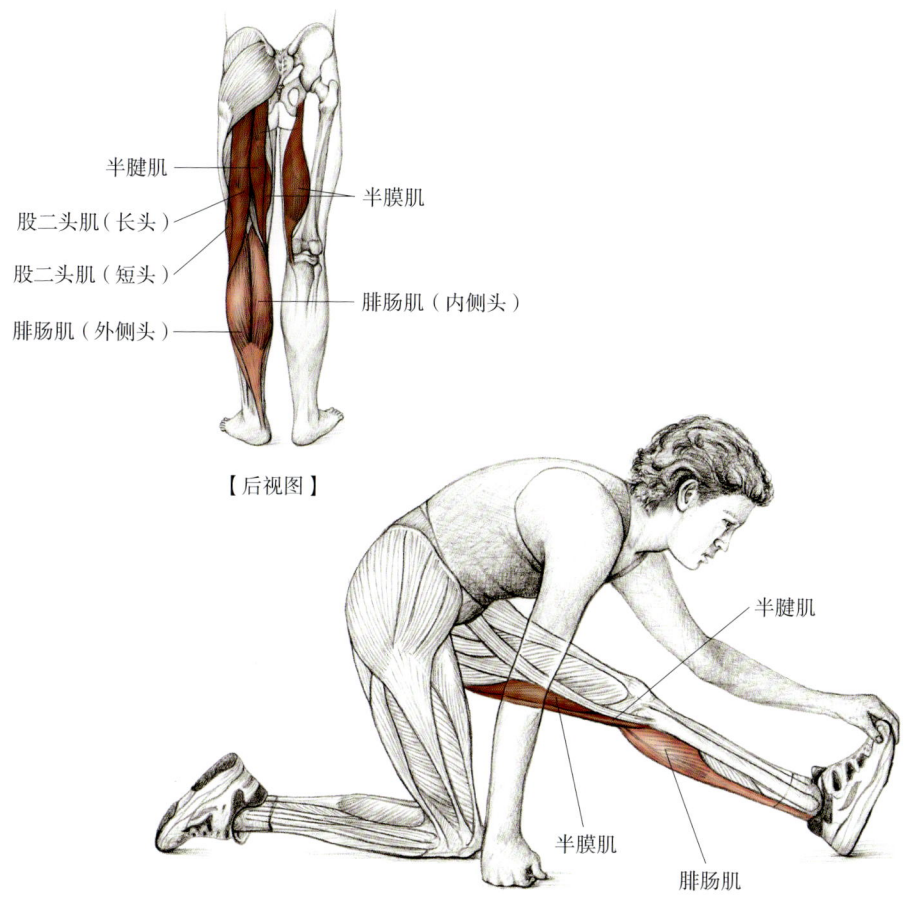

【后视图】

步骤
单膝跪地，另一只脚伸到前方，脚跟着地。保持背部平直，脚趾朝向自己。然后将与伸直腿同侧的手伸向脚趾。

拉到的肌群
- 主要肌群：半膜肌、半腱肌、股二头肌。
- 次要肌群：腓肠肌。

动作诀窍
如果手碰不到脚趾，不用在意。重要的是背部要保持平直，脚趾要朝上。

- 有助于修复哪些肌肉问题：
  下背部肌肉拉伤、下背部韧带扭伤、腿后肌拉伤、小腿肌拉伤。
- 对哪些运动有帮助：
  篮球、篮网球、自行车、徒步、登山、远足野营、定向越野运动、冰球、曲棍球、溜冰、溜滑轮、溜直排轮、武术、跑步、美式足球、足球、橄榄球、滑雪、滑水、冲浪、竞走、摔跤。

▶ 可以配合练习的其他拉筋操：编号 9.3

9.11 坐姿跨脚的腿后肌拉筋操

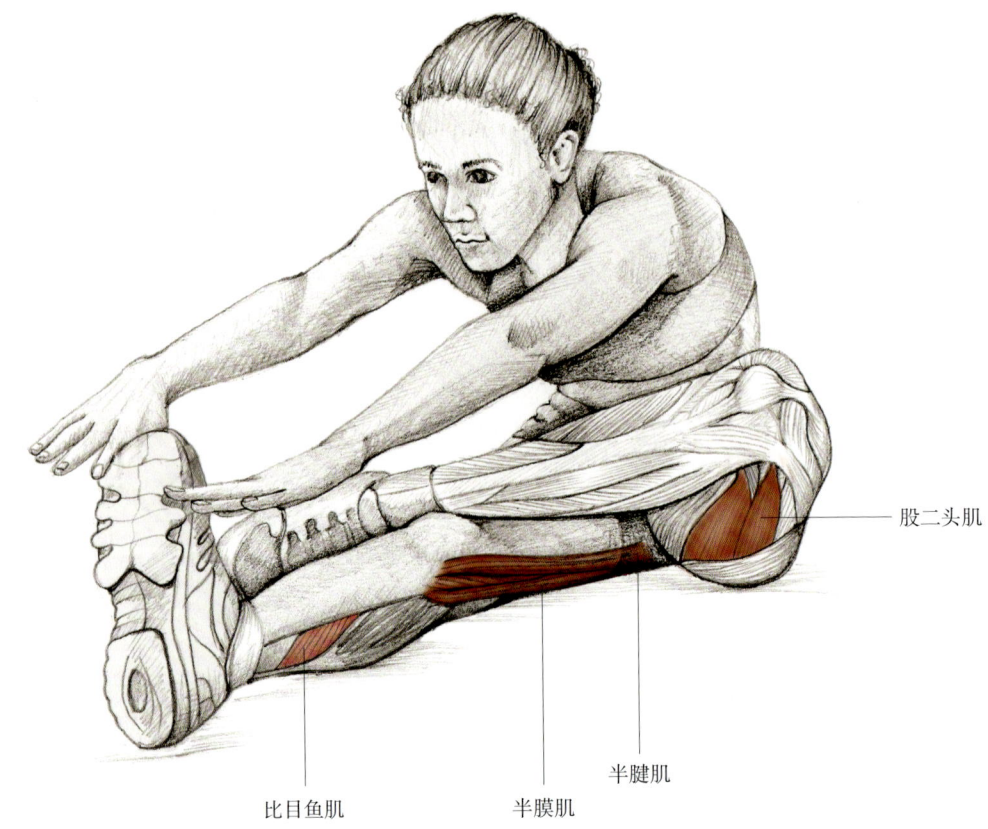

股二头肌
半腱肌
半膜肌
比目鱼肌

步骤
保持坐姿，一只腿平放于身前，脚趾朝上。另一只腿跨放在平放脚的大腿上。然后身体往前倾，保持背部平直，同时将双手伸向脚趾。

拉到的肌群
- 主要肌群：半膜肌、半腱肌、股二头肌。
- 次要肌群：腓肠肌、臀大肌。

动作诀窍
如果手碰不到脚趾，不用在意，只要尽量将手往脚趾方向伸展就可以了。

- 有助于修复哪些肌肉问题：下背部肌肉拉伤、下背部韧带扭伤、腿后肌拉伤、小腿肌拉伤。
- 对哪些运动有帮助：篮球、篮网球、自行车、徒步、远足野营、登山、定向越野运动、冰球、曲棍球、溜冰、溜滑轮、溜直排轮、武术、跑步、美式足球、足球、橄榄球、滑雪、滑水、冲浪、竞走、摔跤。

▶ 可以配合练习的其他拉筋操：编号 9.7

9.12 站姿抬腿屈膝的腿后肌拉筋操

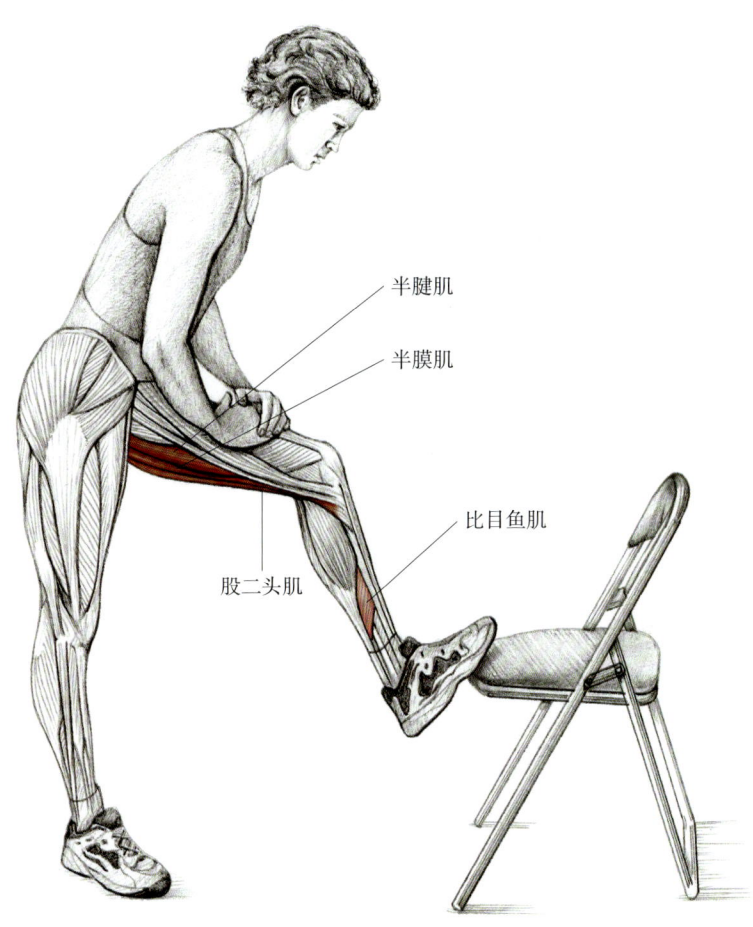

半腱肌
半膜肌
比目鱼肌
股二头肌

步骤
保持站姿，一只脚（图示为左脚）踏在椅子或其他倚靠物上。左脚膝盖略弯，让脚跟垂落在椅子外面。背部保持平直，然后胸部往大腿方向推进。

拉到的肌群
- 主要肌群：半膜肌、半腱肌、股二头肌。
- 次要肌群：比目鱼肌。

动作诀窍
脚跟往下踩可以提高拉筋的强度。

- 有助于修复哪些肌肉问题：
  腿后肌拉伤、阿基里斯腱（跟腱）拉伤、阿基里斯腱（跟腱）炎、胫骨内侧疼痛综合征（胫骨疼痛、小腿疼痛）。
- 对哪些运动有帮助：
  篮球、篮网球、自行车、徒步、远足野营、登山、定向越野运动、冰球、曲棍球、溜冰、溜滑轮、溜直排轮、武术、跑步、美式足球、足球、橄榄球、滑雪、滑水、冲浪、竞走、摔跤。

▶ 可以配合练习的其他拉筋操：编号 9.14

9.13 站姿高抬腿屈膝的腿部拉筋操

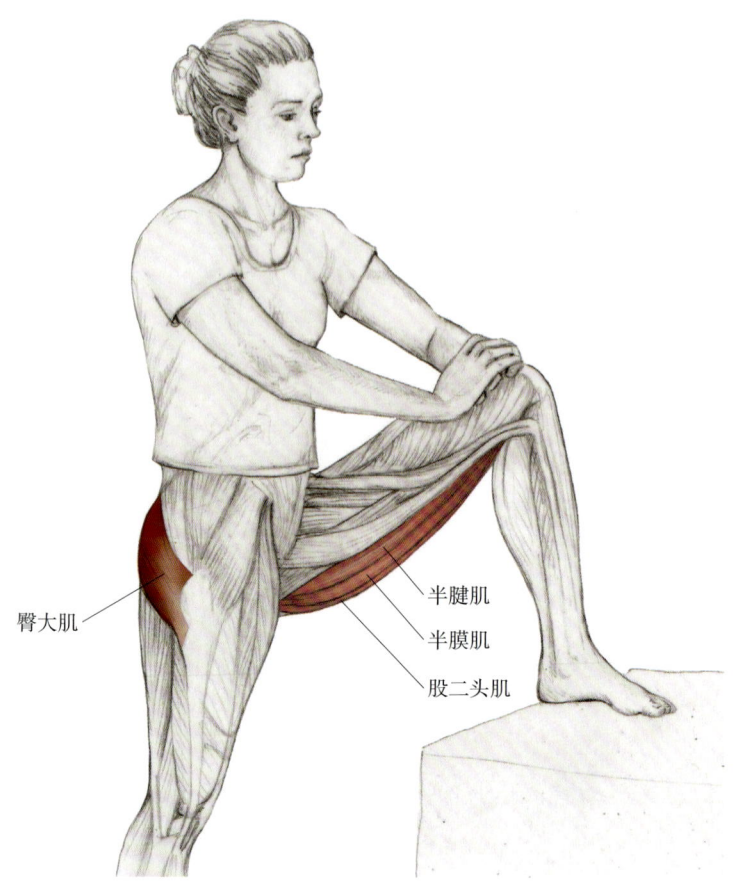

臀大肌　半腱肌　半膜肌　股二头肌

▍步骤
保持站姿,一只脚踩到桌面上。保持腿部弯曲,前倾,将胸口压向弯曲的膝盖。

▍拉到的肌群
- 主要肌群:臀大肌。
- 次要肌群:半腱肌、半膜肌、股二头肌。

动作诀窍
通过保持背部笔直和身体前倾来调整拉筋的强度。

- 有助于修复哪些肌肉问题:
  下背部肌肉拉伤、下背部韧带扭伤、腿后肌拉伤。
- 对哪些运动有帮助:
  篮球、无网篮球、自行车、徒步、远足野营、登山、定向越野、冰球、曲棍球、滑冰、轮滑、纵列式轮滑、武术、跑步、足球、美式足球、橄榄球、滑雪、滑水、冲浪、步行、摔跤。

▶ 可以配合练习的其他拉筋操:编号 9.4,4.8

9.14 坐姿屈膝扳脚趾的腿后肌拉筋操

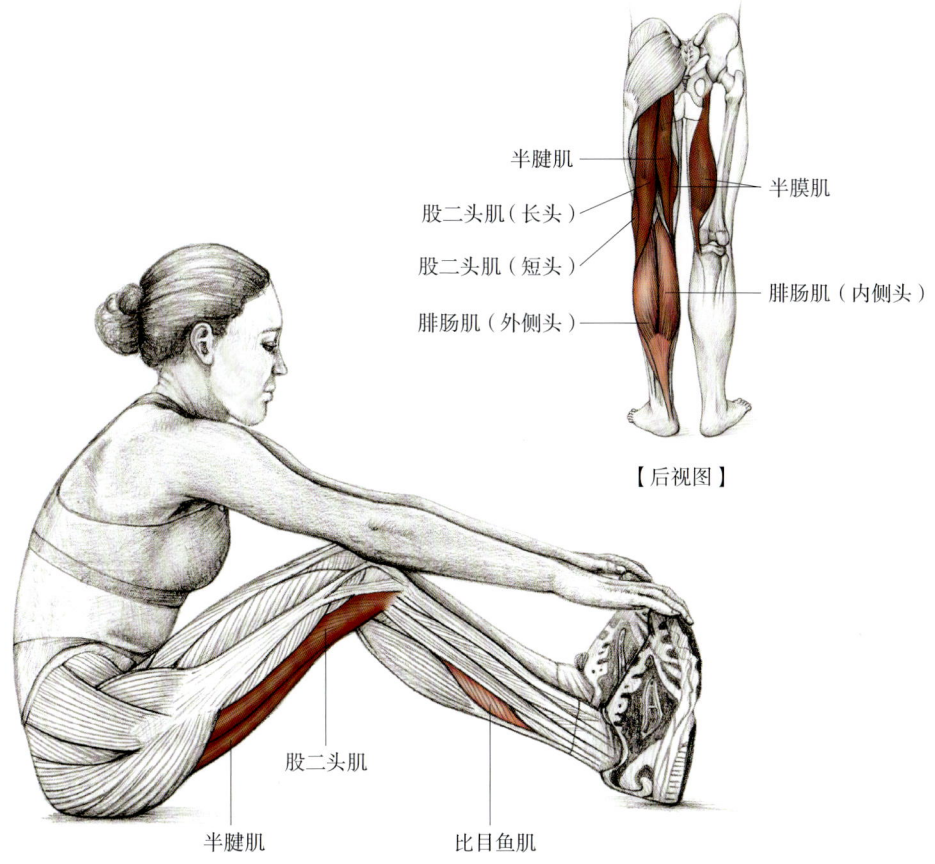

【后视图】

步骤
保持坐姿,双膝微弯。双手分别抓住双脚脚趾,将脚趾往身体的方向扳。上半身往前倾,背部保持平直。

拉到的肌群
- 主要肌群:半膜肌、半腱肌、股二头肌。
- 次要肌群:比目鱼肌。

动作诀窍
扳双脚的脚趾时,脚趾一定要朝上。如果脚趾朝向侧面,会让腿后肌受力不均,时间久了会造成肌肉失衡。

- 有助于修复哪些肌肉问题:
腿后肌拉伤、阿基里斯腱(跟腱)拉伤、阿基里斯腱(跟腱)炎、胫骨内侧疼痛综合征(胫骨疼痛、小腿疼痛)。
- 对哪些运动有帮助:
篮球、篮网球、自行车、徒步、远足野营、登山、定向越野运动、冰球、曲棍球、溜冰、溜滑轮、溜直排轮、武术、跑步、美式足球、足球、橄榄球、滑雪、滑水、冲浪、竞走、摔跤。

▶ 可以配合练习的其他拉筋操:编号 9.8

9.15 站姿弯腰的腿后肌拉筋操

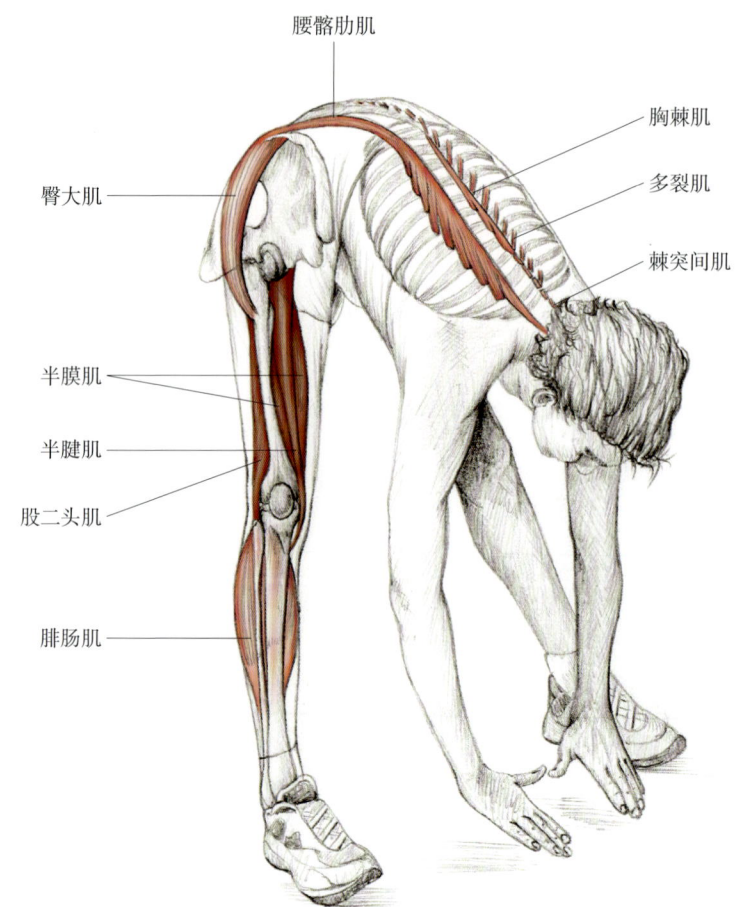

步骤
保持站姿,双脚打开,与肩同宽。上半身往前弯腰,双手往地面伸展。

拉到的肌群
- 主要肌群:半膜肌、半腱肌、股二头肌。
- 次要肌群:腓肠肌、臀大肌、腰髂肋肌、胸棘肌、棘突间肌、多裂肌。

动作诀窍
这个拉筋动作会让下背肌肉及膝关节承受很大的压力,不适用于下背部疼痛或膝关节疼痛的人。

- 有助于修复哪些肌肉问题:
下背部肌肉拉伤、下背部韧带扭伤、腿后肌拉伤、小腿肌拉伤。
- 对哪些运动有帮助:
篮球、篮网球、自行车、徒步、远足野营、登山、定向越野运动、冰球、曲棍球、溜冰、溜滑轮、溜直排轮、武术、跑步、美式足球、足球、橄榄球、滑雪、滑水、冲浪、竞走、摔跤。

▶ 可以配合练习的其他拉筋操:编号 9.1

第十章
内收肌的拉筋操

内收肌是一组位于大腿中间（内侧）的肌肉。它们从髋骨底部开始，沿着大腿内侧一直到股骨内侧。

耻骨肌是最有力的内收肌。它的主要作用是内收，将大腿收回身体中线。**股薄肌**附着于耻骨到胫骨间。它塑造了大腿内侧的外形，但是力量相对较弱。它对膝盖和髋部都有作用。

有三块专门被称作"收肌"的肌肉：**大收肌**、**短收肌**和**长收肌**。它们沿大腿内侧生长，始于骨盆的前耻骨区域，与股骨中间相连。大收肌是三者中最大的，可以覆盖整个大腿内侧。

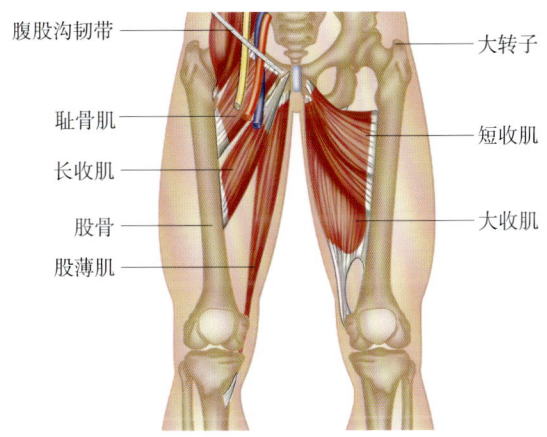

内收肌最主要的作用是内收髋关节（拉向中线），但很多时候也参与旋转髋关节。耻骨肌和股薄肌向内旋转，大收肌和短收肌向外旋转。当腿上有重物时，所有内收肌都可以作为腿部的稳定肌，还可以稳定骨盆。

内收肌拉筋操对下列运动有益：自行车、徒步、远足野营、登山、冰球、曲棍球、滑冰、轮滑、纵列式轮滑、武术、跑步、足球、美式足球、橄榄球、滑雪、滑水、冲浪、竞走、摔跤。

10.1 双肘撑地的腹部拉筋操

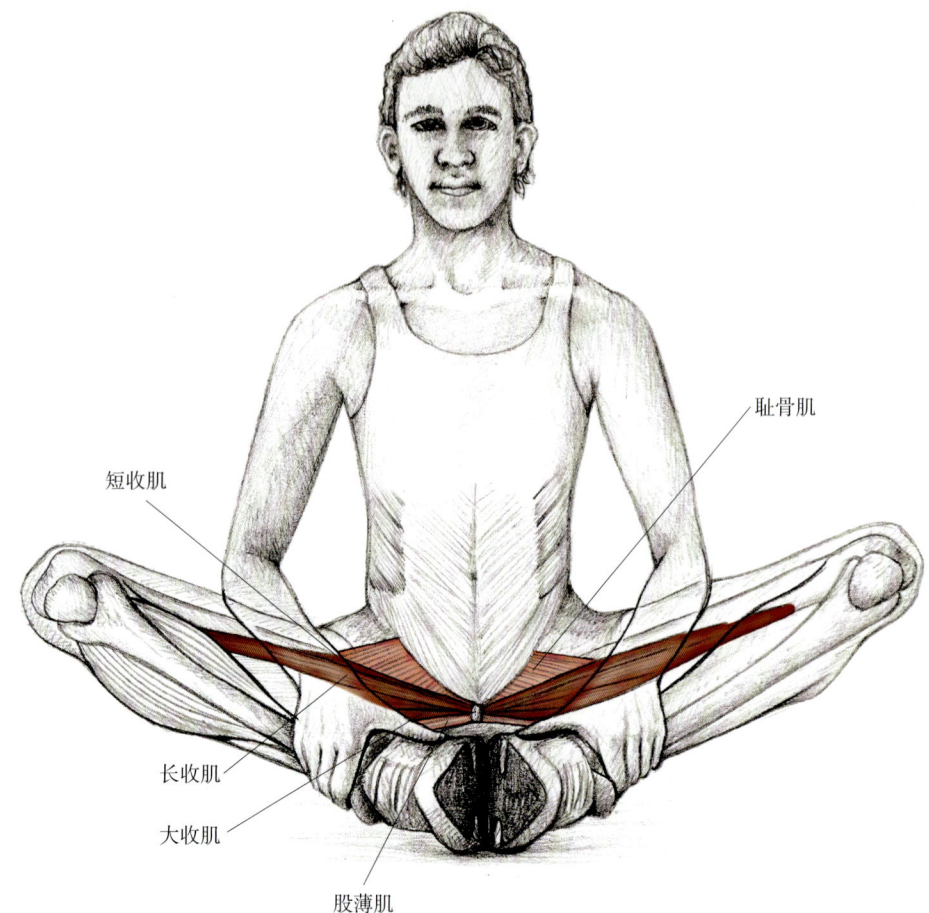

短收肌
耻骨肌
长收肌
大收肌
股薄肌

步骤
保持坐姿，脚掌相对并拢，双脚往鼠蹊部靠近。双手抓住脚踝，用手肘把膝盖压向地面。保持背部挺直。

拉到的肌群
- 主要肌群：长收肌、短收肌、大收肌。
- 次要肌群：股薄肌、耻骨肌。

动作诀窍
保持背部平直，靠手肘控制拉筋强度。

- 有助于修复哪些肌肉问题：
骨盆带的撕裂性骨折、鼠蹊部肌肉拉伤、耻骨炎、梨状肌综合征、内收肌肌腱炎、大转子滑囊炎。
- 对哪些运动有帮助：
篮球、篮网球、自行车、徒步、远足野营、登山、定向越野运动、冰球、曲棍球、溜冰、溜滑轮、溜直排轮、武术、跑步、越野赛跑、美式足球、足球、橄榄球、滑雪、滑水、冲浪、健走、竞走、摔跤。

▶ 可以配合练习的其他拉筋操：编号 7.8

10.2 抬起上身的腹部拉筋操

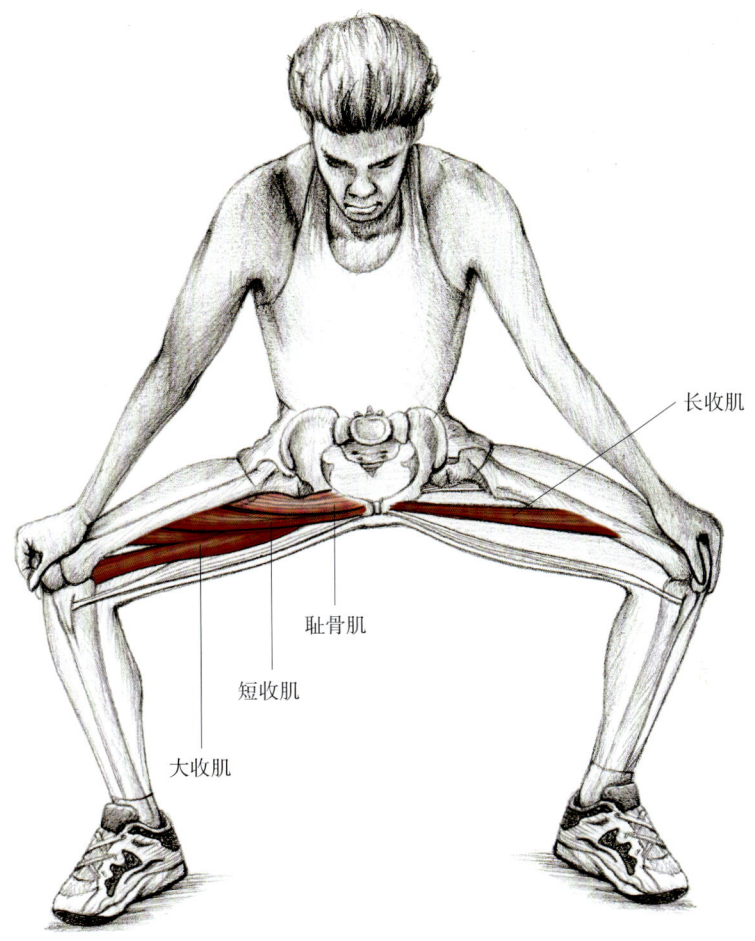

长收肌
耻骨肌
短收肌
大收肌

步骤
保持站姿，双脚岔开跨站，脚趾朝外。屈膝，上半身往前倾，用双手把膝盖往外推。

拉到的肌群
- 主要肌群：长收肌、短收肌、大收肌。
- 次要肌群：股薄肌、耻骨肌、股四头肌。

动作诀窍
股四头肌强壮有力的人，这个姿势才能维持得比较久。当大腿开始感到无力时，就可以停下休息。

- 有助于修复哪些肌肉问题：
骨盆带的撕裂性骨折、鼠蹊部肌肉拉伤、耻骨炎、梨状肌综合征、内收肌肌腱炎、大转子滑囊炎。
- 对哪些运动有帮助：
篮球、篮网球、自行车、徒步、远足野营、登山、定向越野运动、冰球、曲棍球、溜冰、溜滑轮、溜直排轮、武术、跑步、美式足球、足球、橄榄球、滑雪、滑水、冲浪、竞走、摔跤。

▶ 可以配合练习的其他拉筋操：编号 10.7

10.3 站姿抬腿的内收肌拉筋操

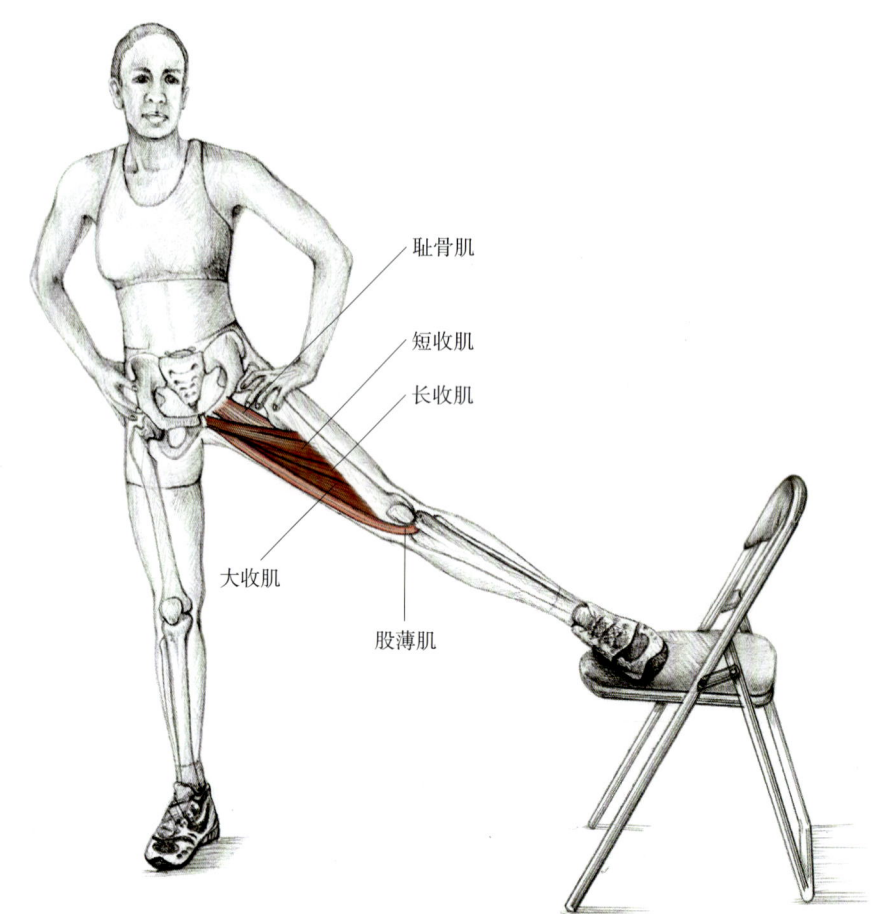

耻骨肌
短收肌
长收肌
大收肌
股薄肌

步骤
身体站直，一只脚（图示为左脚）抬向侧边，把脚放在椅子等较高的物体上。脚趾朝前，慢慢将右脚转离椅子方向。

拉到的肌群
- 主要肌群：长收肌、短收肌、大收肌。
- 次要肌群：股薄肌、耻骨肌。

动作诀窍
1. 通过调高椅子的高度可以增加拉筋的强度。
2. 视个人需要，手可扶靠稳固的东西来保持平衡。

- 有助于修复哪些肌肉问题：
骨盆带的撕裂性骨折、鼠蹊部肌肉拉伤、耻骨炎、梨状肌综合征、内收肌肌腱炎、大转子滑囊炎。

- 对哪些运动有帮助：
篮球、篮网球、自行车、徒步、远足野营、登山、定向越野运动、冰球、曲棍球、溜冰、溜滑轮、溜直排轮、武术、跑步、美式足球、足球、橄榄球、滑雪、滑水、冲浪、竞走、摔跤。

▶ 可以配合练习的其他拉筋操：编号 10.1

10.4 跪姿伸腿的内收肌拉筋操

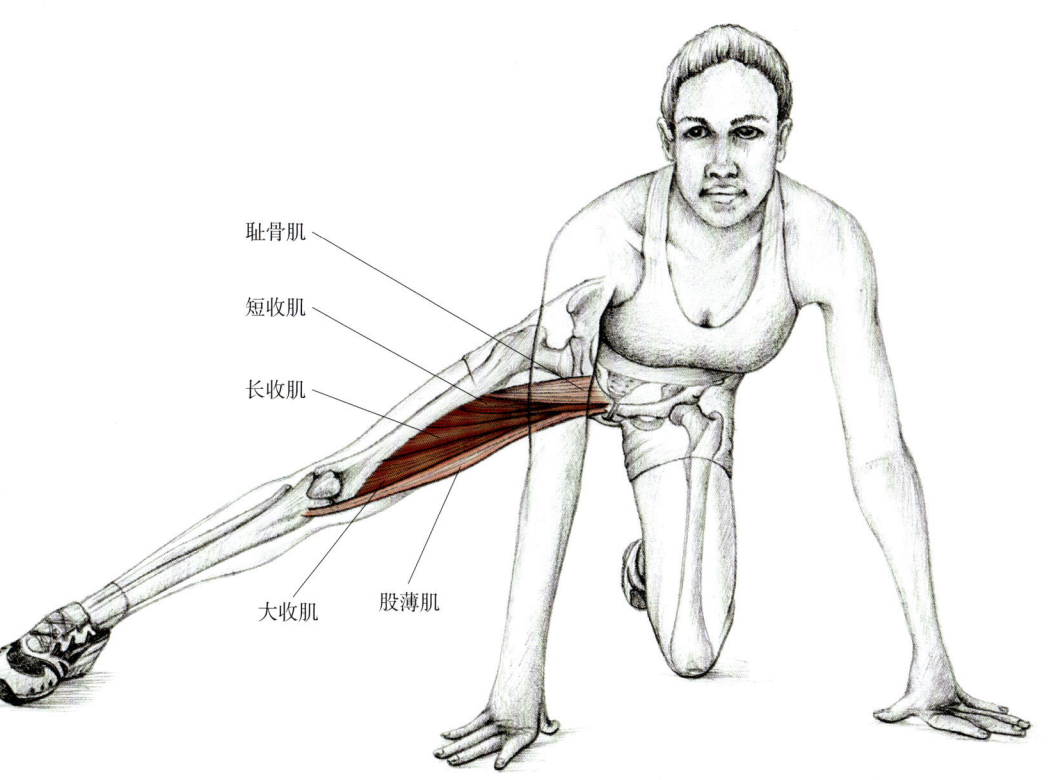

耻骨肌
短收肌
长收肌
大收肌
股薄肌

步骤
保持四肢着地的跪姿，一只腿伸向侧边，脚趾朝前。双手贴地，慢慢将脚趾转向外侧。

拉到的肌群
- 主要肌群：长收肌、短收肌、大收肌。
- 次要肌群：股薄肌、耻骨肌。

动作诀窍
视个人需要，可以拿毛巾或垫子垫在膝盖下，以增加舒适度。

- 有助于修复哪些肌肉问题：
  骨盆带的撕裂性骨折、鼠蹊部肌肉拉伤、耻骨炎、梨状肌综合征、内收肌肌腱炎、大转子滑囊炎。
- 对哪些运动有帮助：
  篮球、篮网球、自行车、徒步、远足野营、登山、定向越野运动、冰球、曲棍球、溜冰、溜滑轮、溜直排轮、武术、跑步、美式足球、足球、橄榄球、滑雪、滑水、冲浪、竞走、摔跤。

▶ 可以配合练习的其他拉筋操：编号 10.5

10.5 蹲姿伸单腿的内收肌拉筋操

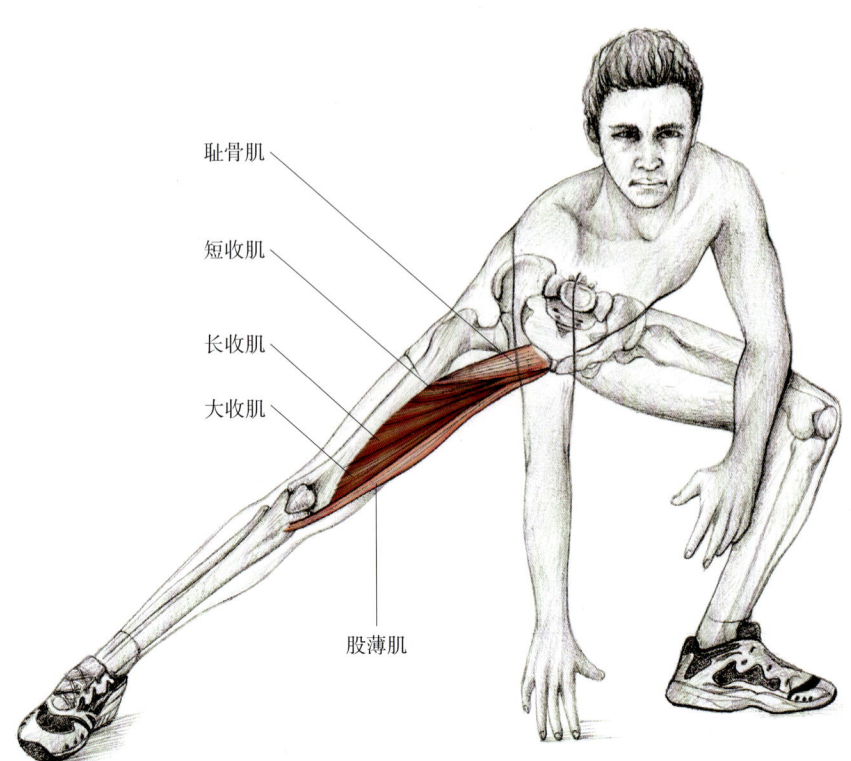

耻骨肌
短收肌
长收肌
大收肌
股薄肌

步骤
保持站姿，双脚岔开跨站。一只腿伸直，脚趾朝前；另一只腿屈膝，脚趾朝向侧边。放低鼠蹊部，同时把手靠在弯曲的膝盖上或地面。

拉到的肌群
- 主要肌群：长收肌、短收肌、大收肌。
- 次要肌群：股薄肌、耻骨肌。

动作诀窍
可通过放低上半身来增加拉筋强度。

- 有助于修复哪些肌肉问题：
  骨盆带的撕裂性骨折、鼠蹊部肌肉拉伤、耻骨炎、梨状肌综合征、内收肌肌腱炎、大转子滑囊炎。
- 对哪些运动有帮助：
  篮球、篮网球、自行车、徒步、远足野营、登山、定向越野运动、冰球、曲棍球、溜冰、溜滑轮、溜直排轮、武术、跑步、美式足球、足球、橄榄球、滑雪、滑水、冲浪、竞走、摔跤。

▶ 可以配合练习的其他拉筋操：编号 10.4

10.6 跪地面朝下的内收肌拉筋操

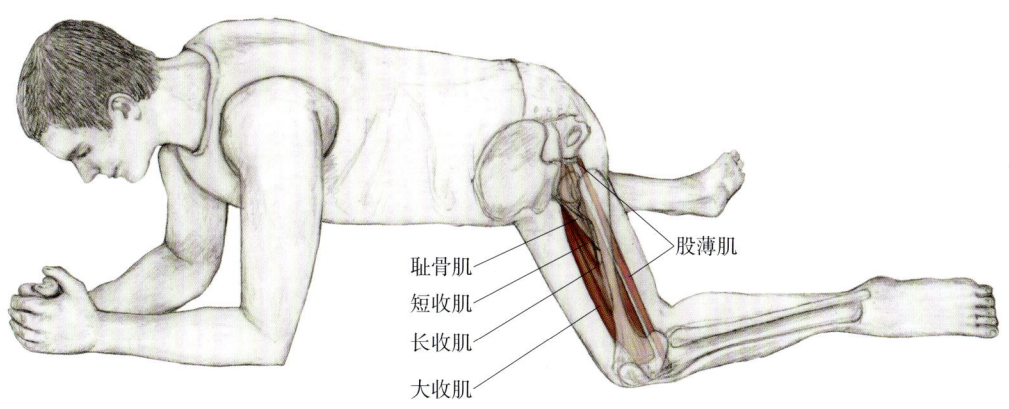

耻骨肌
短收肌
长收肌
大收肌
股薄肌

步骤
面朝下，双膝跪地，脚尖朝外。身体前倾，膝盖向外运动。

拉到的肌群
- 主要肌群：长收肌、短收肌、大收肌。
- 次要肌群：股薄肌、耻骨肌。

动作诀窍
身体越靠近地面，拉筋强度越大。

- 有助于修复哪些肌肉问题：
骨盆撕脱骨折、腹股沟扭伤、耻骨硬化、梨状肌综合征、内收肌肌腱炎、大转子滑囊炎。
- 对哪些运动有帮助：
篮球、无网篮球、自行车、徒步、远足越野、登山、定向越野、冰球、曲棍球、滑冰、轮滑、纵列式轮滑、武术、跑步、足球、美式足球、橄榄球、滑雪、滑水、冲浪、竞走、摔跤。

▶ 可以配合练习的其他拉筋操：编号 10.1, 10.3

10.7 坐姿两腿大张的内收肌拉筋操

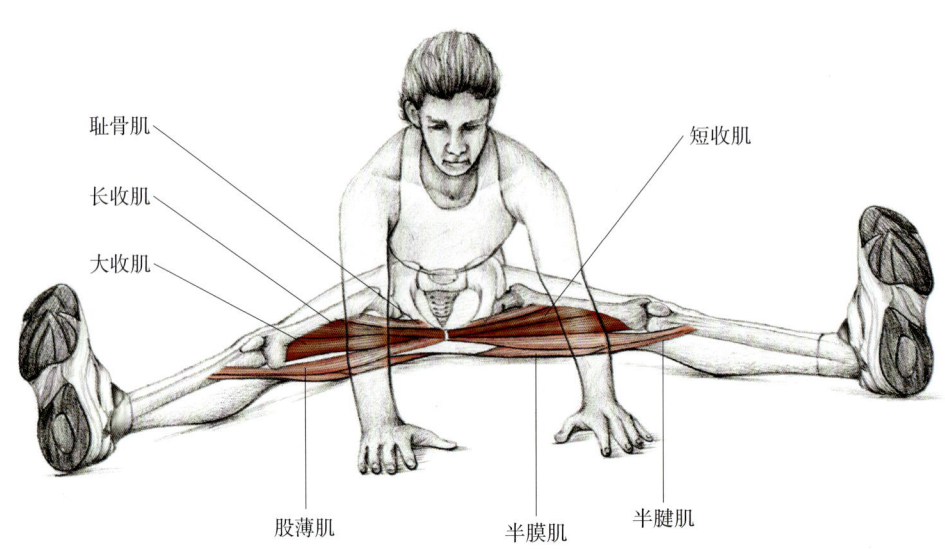

耻骨肌　长收肌　大收肌　短收肌　股薄肌　半膜肌　半腱肌

步骤
保持坐姿，两腿尽量张开。背部保持平直，上半身往前倾。

拉到的肌群
- 主要肌群：长收肌、短收肌、大收肌。
- 次要肌群：股薄肌、耻骨肌、半膜肌、半腱肌。

动作诀窍
双腿张得越开，拉筋强度越大。

- 有助于修复哪些肌肉问题：
骨盆带的撕裂性骨折、鼠蹊部肌肉拉伤、耻骨炎、梨状肌综合征、内收肌肌腱炎、大转子滑囊炎、腿后肌拉伤。
- 对哪些运动有帮助：
篮球、篮网球、自行车、徒步、远足野营、登山、定向越野运动、冰球、曲棍球、溜冰、溜滑轮、溜直排轮、武术、跑步、美式足球、足球、橄榄球、滑雪、滑水、冲浪、竞走、摔跤。

▶ 可以配合练习的其他拉筋操：编号 10.5

10.8 站姿两腿大张的内收肌拉筋操

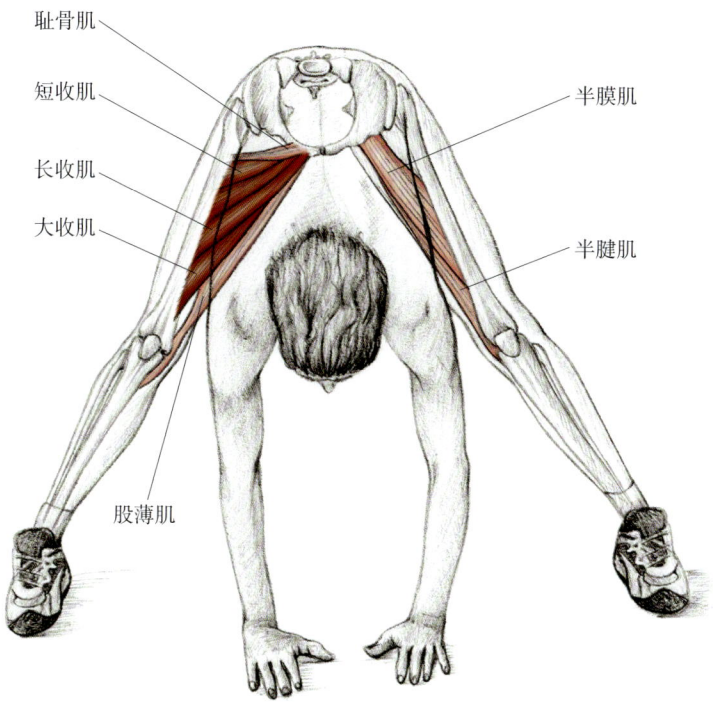

耻骨肌
短收肌
长收肌
大收肌
股薄肌
半膜肌
半腱肌

步骤
保持站姿,双脚岔开跨站,脚趾朝前。上半身往前倾,双手伸展。

拉到的肌群
- 主要肌群:长收肌、短收肌、大收肌。
- 次要肌群:股薄肌、耻骨肌、半膜肌、半腱肌。

动作诀窍
这个拉筋动作会让下背部肌肉及膝关节承受很大的压力,不适用于下背部疼痛及膝关节疼痛的人。

- 有助于修复哪些肌肉问题:
骨盆带的撕裂性骨折、鼠蹊部肌肉拉伤、耻骨炎、梨状肌综合征、内收肌肌腱炎、大转子滑囊炎、腿后肌拉伤。
- 对哪些运动有帮助:
篮球、篮网球、自行车、徒步、远足野营、登山、定向越野运动、冰球、曲棍球、溜冰、溜滑轮、溜直排轮、武术、跑步、美式足球、足球、橄榄球、滑雪、滑水、冲浪、竞走、摔跤。

▶ 可以配合练习的其他拉筋操:编号 10.3

第十一章
外展肌的拉筋操

外展肌位于大腿和臀部外侧。它们从骨盆的最顶层开始生长，并延续到大腿外侧，连接胫骨。外展肌最主要的活动就是外展（离开身体中线），它们一般能绕髋关节旋转。

臀中肌大部分都位于股中间肌深处，因此股中间肌覆盖在臀中肌上，但臀中肌也出现在臀大肌和阔筋膜张肌表面。在行走的过程中，臀中肌和臀小肌能防止骨盆向不负重的腿倾斜。臀中肌紧张时，骨盆不平衡可能会引起臀部、腰部和膝关节疼痛。**臀小肌**深深依赖于臀中肌，臀中肌肌肉纤维也与臀小肌有微妙的关系。臀小肌是臀部肌肉里最小的肌肉。和臀中肌一样，当臀小肌紧张时，也可能会引起骨盆不平衡。

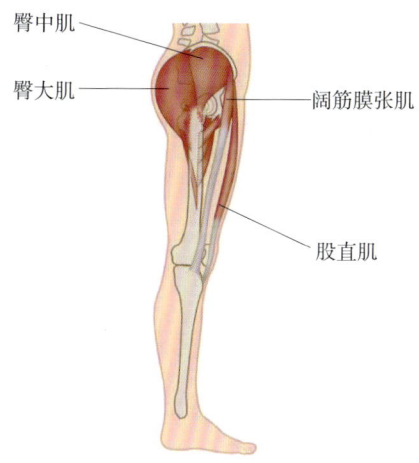

阔筋膜张肌位于臀大肌前面，在大腿表层，能帮助骨盆保持平衡；单腿站立时，也能起到稳定膝盖的作用；它也可以帮助髋关节弯曲。

外展肌拉筋操对以下运动有益：骑车、远足、爬山、冰球、曲棍球、滑冰、武术、划船、独木舟、皮划艇、跑步、足球、美式足球、橄榄球、滑雪、滑水、竞走。

11.1 站姿推髋的外展肌拉筋操

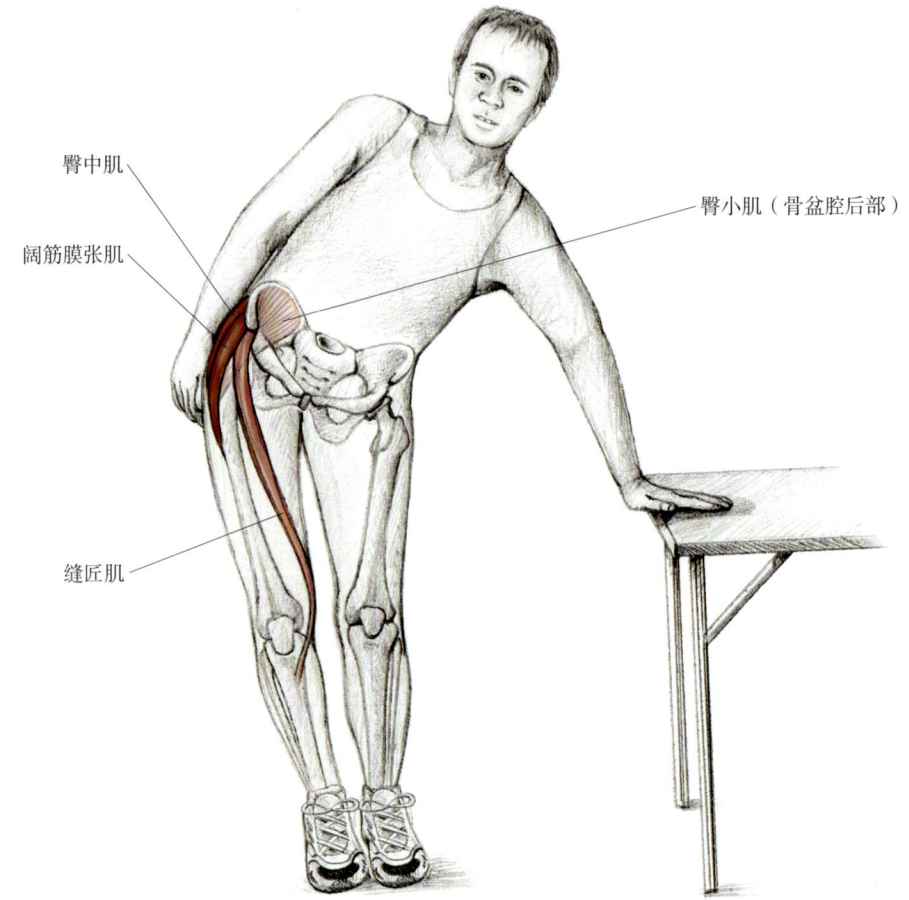

臀中肌
阔筋膜张肌
缝匠肌
臀小肌（骨盆腔后部）

步骤
双脚并立站在墙面或桌子旁边，上半身侧倾向墙面或桌面，同时把髋部往反方向推出去。外侧腿要保持直立，内侧腿则微微弯曲。

拉到的肌群
- 主要肌群：阔筋膜张肌、臀中肌、臀小肌。
- 次要肌群：缝匠肌。

动作诀窍
这个拉筋动作的重点是上半身不要往前倾。上半身要保持平直，并把注意力放在将髋部往外推上。

- 有助于修复哪些肌肉问题：
  大转子滑囊炎、髂胫束摩擦综合征。
- 对哪些运动有帮助：
  篮球、篮网球、自行车、徒步、远足野营、登山、定向越野运动、冰球、曲棍球、溜冰、溜滑轮、溜直排轮、武术、跑步、美式足球、足球、橄榄球、滑雪、滑水、冲浪、竞走、摔跤。

▶ 可以配合练习的其他拉筋操：编号 11.7

11.2 双腿交叉站的外展肌拉筋操

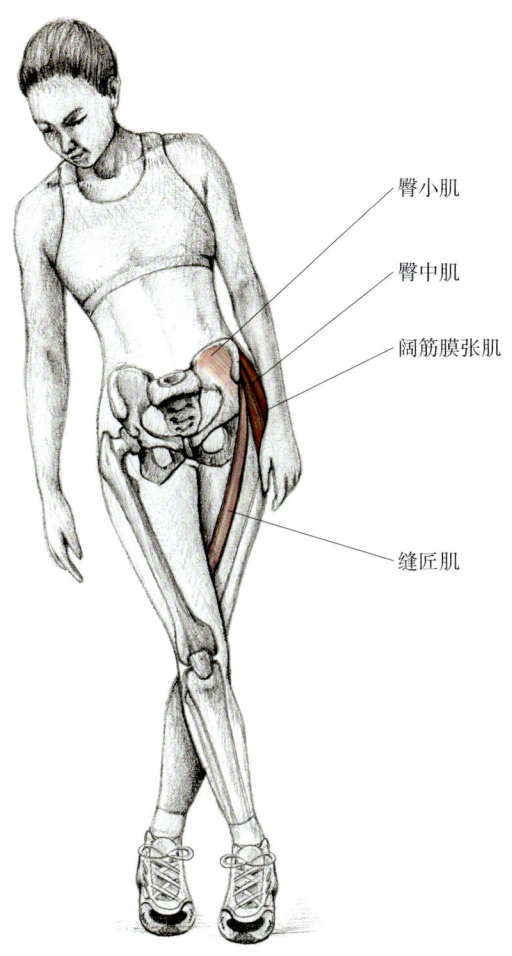

- 臀小肌
- 臀中肌
- 阔筋膜张肌
- 缝匠肌

步骤
身体站直，双腿交叉，再让上半身侧着倾往后方的那只腿。

拉到的肌群
- 主要肌群：阔筋膜张肌、臀中肌、臀小肌。
- 次要肌群：缝匠肌。

动作诀窍
视个人需要，手可以扶靠物体以保持平衡，这样就可以更专注在拉筋动作上，不必担心重心不稳而摔倒。

- 有助于修复哪些肌肉问题：
  大转子滑囊炎、髂胫束摩擦综合征。
- 对哪些运动有帮助：
  篮球、篮网球、自行车、徒步、远足野营、登山、定向越野运动、冰球、曲棍球、溜冰、溜滑轮、溜直排轮、武术、跑步、美式足球、足球、橄榄球、滑雪、滑水、冲浪、竞走、摔跤。

▶ 可以配合练习的其他拉筋操：编号 4.21

11.3 倾斜的外展肌拉筋操

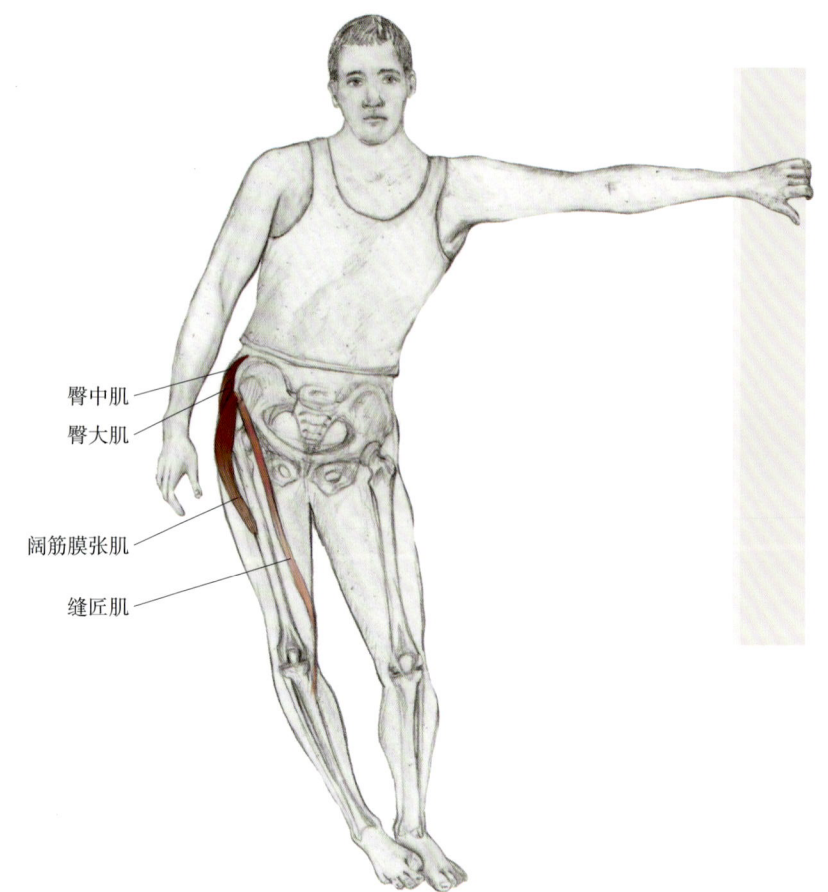

臀中肌
臀大肌
阔筋膜张肌
缝匠肌

步骤
站在门框或柱子旁，一只手抓住门框或柱子。双脚靠在一起不要分开，将胯部向远离门框或柱子的一侧顶。将离门框或柱子远的一条腿伸直，离柱子近的那条腿稍微弯曲。

拉到的肌群
- 主要肌群：阔筋膜张肌、臀中肌、臀大肌。
- 次要肌群：缝匠肌。

动作诀窍
做此拉筋操时身体不要向前弯。保持身体正直，将注意力集中在外推胯部上。

- 有助于修复哪些肌肉问题：
  大转子滑囊炎、髂胫束摩擦综合征。
- 对哪些运动有帮助：
  篮球、无网篮球、自行车、徒步、远足野营、定向越野、冰球、曲棍球、滑冰、轮滑、纵列式轮滑、武术、跑步、足球、美式足球、橄榄球、滑雪、滑水、冲浪、竞走、摔跤。

▶ 可以配合练习的其他拉筋操：编号 11.4

11.4 站姿跨腿的外展肌拉筋操

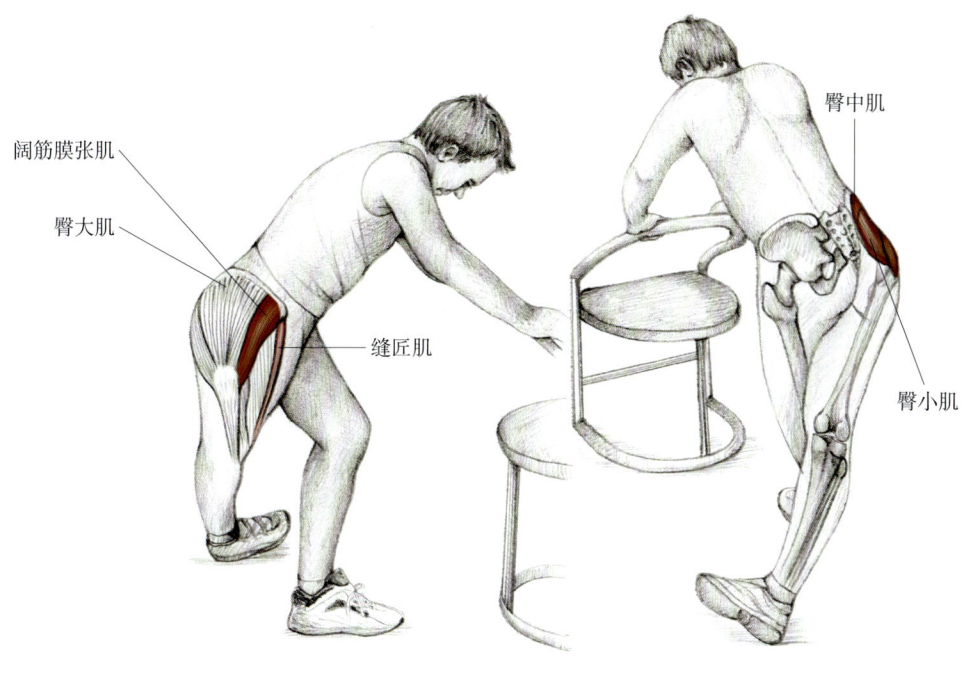

阔筋膜张肌
臀大肌
缝匠肌
臀中肌
臀小肌

步骤
保持站姿，上半身前倾，双手扶着椅子以保持平衡。一只腿（图示为右腿）跨到另一只腿后面伸直，并向侧边拉伸。慢慢弯曲前腿（图示为左腿）来放低身体。

拉到的肌群
- 主要肌群：阔筋膜张肌、臀中肌、臀小肌。
- 次要肌群：缝匠肌。

动作诀窍
通过屈膝的那只腿来慢慢放低身体，可调整拉筋的强度。

· 有助于修复哪些肌肉问题：
大转子滑囊炎、髂胫束摩擦综合征。

· 对哪些运动有帮助：
篮球、篮网球、自行车、徒步、远足野营、登山、定向越野运动、冰球、曲棍球、溜冰、溜滑轮、溜直排轮、武术、跑步、美式足球、足球、橄榄球、滑雪、滑水、冲浪、竞走、摔跤。

▶ 可以配合练习的其他拉筋操：编号 11.2

11.5 坐卧外展肌拉筋操

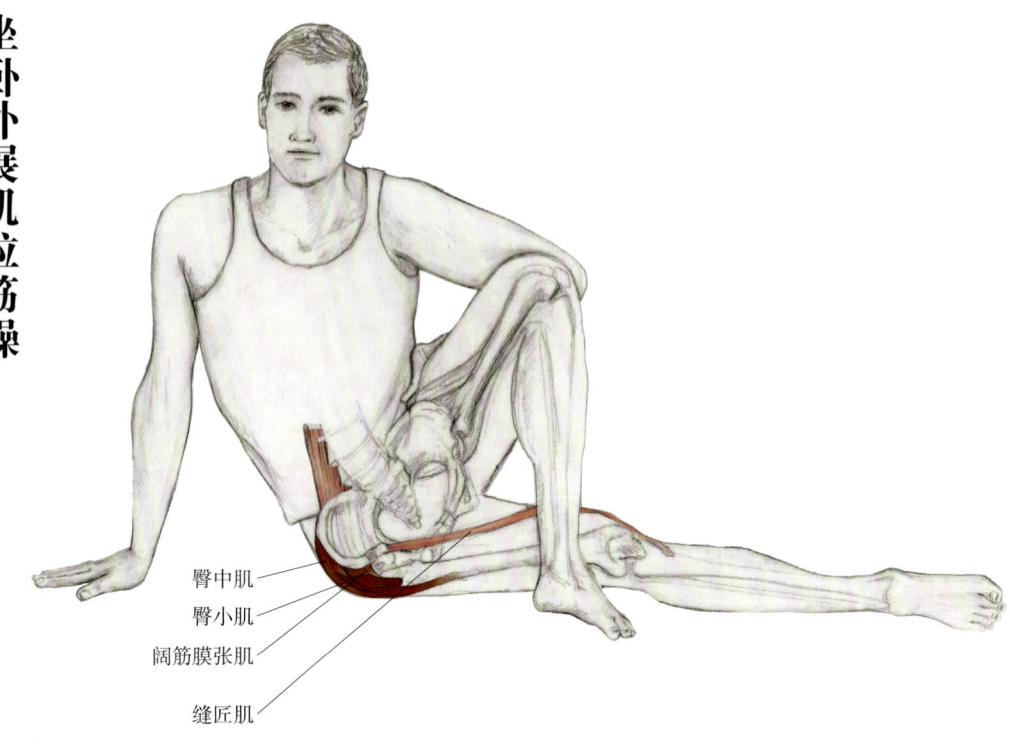

臀中肌
臀小肌
阔筋膜张肌
缝匠肌

步骤
身体一侧着地，另一条腿踩在该侧膝盖外。胳膊用力将身体向上推，同时髋部不要离地。

拉到的肌群
- 主要肌群：阔筋膜张肌、臀中肌、臀小肌。
- 次要肌群：缝匠肌、腰方肌。

动作诀窍
通过身体放低可以增加此拉筋操的强度。

- 有助于修复哪些肌肉问题：
  大转子滑囊炎、髂胫束摩擦综合征。
- 对哪些运动有帮助：
  篮球、无网篮球、自行车、徒步、远足野营、定向越野、冰球、曲棍球、滑冰、轮滑、纵列式轮滑、武术、跑步、足球、美式足球、橄榄球、滑雪、滑水、冲浪、竞走、摔跤。

▶ 可以配合练习的其他拉筋操：编号 11.2，11.4

11.6 倚靠瑞士健身球的外展肌拉筋操

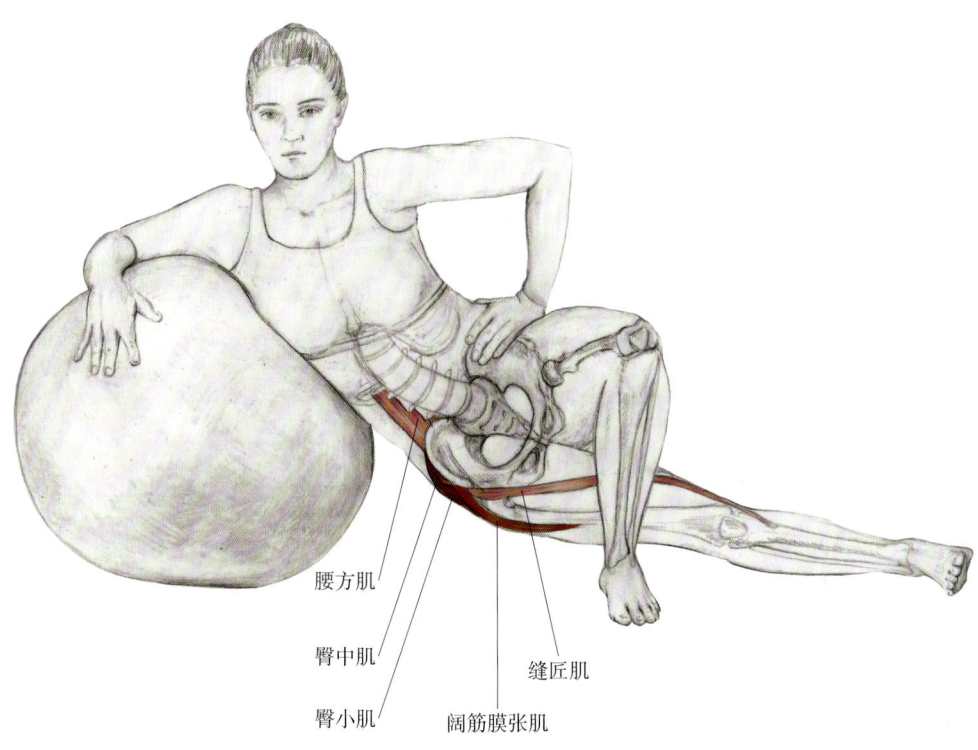

腰方肌
臀中肌
臀小肌
缝匠肌
阔筋膜张肌

步骤

将身体一侧倚在弹力球上,一条腿向外伸直。另一条腿放到伸直腿的膝盖部位,将髋部向地面方向推。

拉到的肌群

- 主要肌群:阔筋膜张肌、臀中肌、臀小肌。
- 次要肌群:缝匠肌、腰方肌。

动作诀窍

做此拉筋操时身体不要向前弯,要保持身体平直。可以通过胯部向下推的程度和躯干的平直程度来调整该拉筋操的强度。

- 有助于修复哪些肌肉问题:
大转子滑囊炎、髂胫束摩擦综合征。
- 对哪些运动有帮助:
篮球、无网篮球、自行车、徒步、远足野营、定向越野、冰球、曲棍球、滑冰、轮滑、纵列式轮滑、武术、跑步、足球、美式足球、橄榄球、滑雪、滑水、冲浪、竞走、摔跤。

▶ 可以配合练习的其他拉筋操:编号 11.3,11.7

11.7 侧躺垂腿的外展肌拉筋操

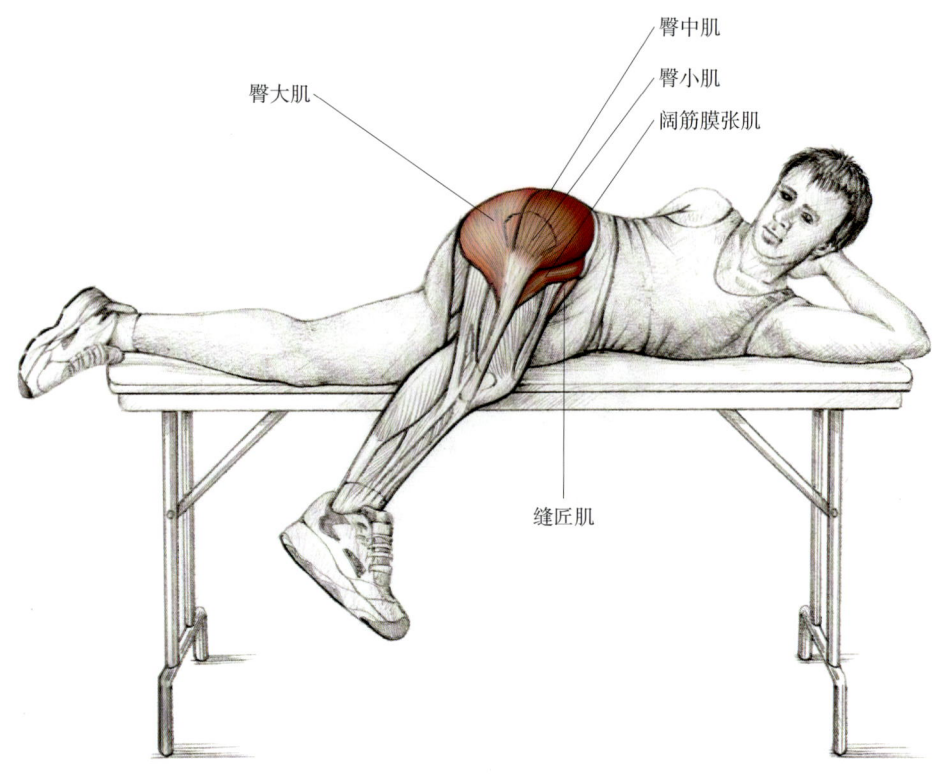

臀大肌
臀中肌
臀小肌
阔筋膜张肌
缝匠肌

步骤
侧躺在长椅上。让上方的脚往前垂落到长椅外。

拉到的肌群
- 主要肌群：阔筋膜张肌、臀中肌、臀小肌。
- 次要肌群：缝匠肌、臀大肌。

动作诀窍
尽量不要让脚往前垂落太远，要靠脚本身的重量来伸展。

- 有助于修复哪些肌肉问题：
  大转子滑囊炎、髂胫束摩擦综合征。
- 对哪些运动有帮助：
  篮球、篮网球、自行车、徒步、远足野营、登山、定向越野运动、冰球、曲棍球、溜冰、溜滑轮、溜直排轮、武术、跑步、美式足球、足球、橄榄球、滑雪、滑水、冲浪、竞走、摔跤。

▶ 可以配合练习的其他拉筋操：编号 7.9

第十二章
小腿的拉筋操

小腿上部肌肉位于小腿后，紧挨着膝关节。从股骨开始生长，在膝关节上部，并一直延展到跟腱。上部腓肠肌最主要的功能就是跖屈踝关节和膝关节。

跖肌是一块很小的肌肉，它是踝关节的跖屈肌，很脆弱，但在确定和调整跟腱拉力时，跖肌起着很重要的作用。跖肌的肌腱和掌长肌的肌腱一样细，一样长。有趣的是，人们认为跖肌是早期人类足部更大的跖屈肌的残存部分。

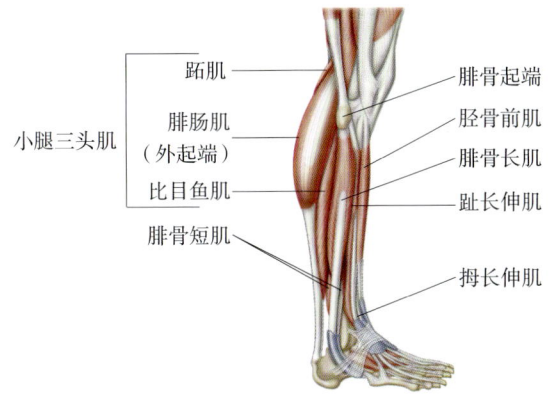

腓肠肌表层有两端，穿过膝关节和踝关节。腓肠肌是小腿三头肌复合肌群的一部分，形成小腿的主要轮廓。小腿三头肌包括：腓肠肌、比目鱼肌和跖肌。与比目鱼肌相比，腓肠肌比较薄（比目鱼肌将在第十三章介绍）。和跖肌能向踝弯曲一样，腓肠肌在膝关节弯曲时起作用，而且走路和跑步时的主要推进力也由它产生。比如，极速冲刺可能会导致腓肠肌肌腱与肌腹连接处破裂，所以需要让它很好地延展。

小腿拉筋操对以下运动有益：篮球、拳击、骑车、远足野营、爬山、冰球、曲棍球、滑冰、滑轮、武术、网球、羽毛球、壁球、跑步、足球、美式足球、橄榄球、滑雪、滑水、冲浪、游泳、竞走。

12.1 站姿抬脚趾的小腿拉筋操

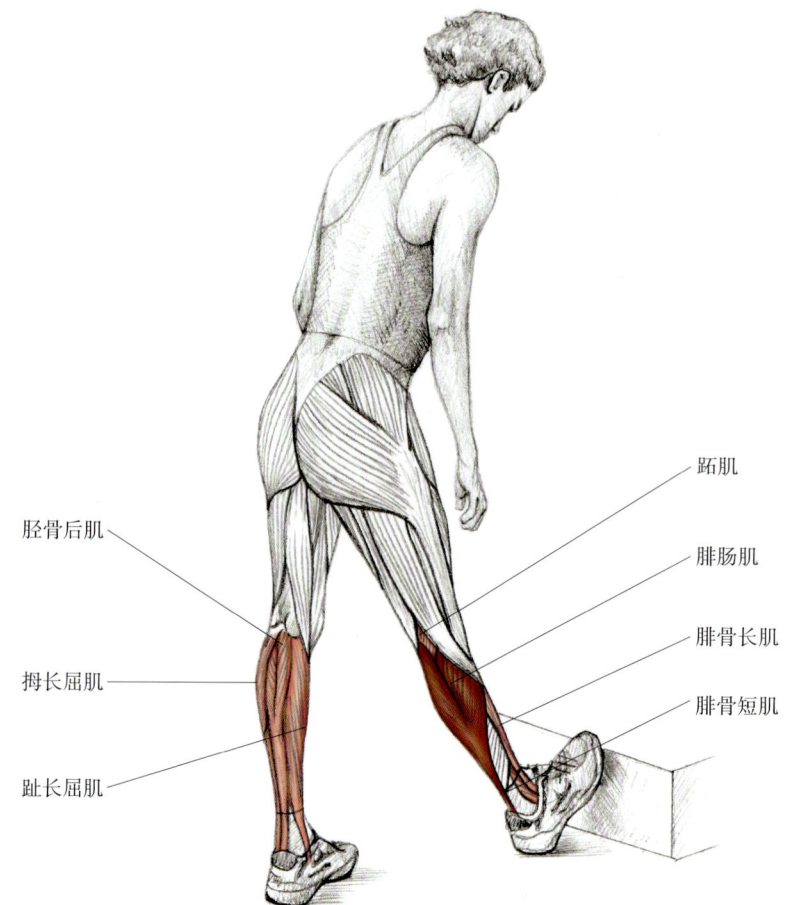

- 跖肌
- 腓肠肌
- 腓骨长肌
- 腓骨短肌
- 胫骨后肌
- 拇长屈肌
- 趾长屈肌

步骤
身体站直，一只脚的脚趾搁放在阶梯或垫高的物体上。全程腿都要伸直，然后将上半身往前倾向脚趾。

拉到的肌群
- 主要肌群：腓肠肌。
- 次要肌群：胫骨后肌、拇长屈肌、趾长屈肌、腓骨长肌、腓骨短肌、跖肌。

动作诀窍
通过保持背部平直及倾斜上身，可以调整拉筋的强度。

- 有助于修复哪些肌肉问题：
小腿肌拉伤、阿基里斯腱（跟腱）拉伤、阿基里斯腱（跟腱）炎、胫骨内侧疼痛综合征（胫骨疼痛、小腿疼痛）。
- 对哪些运动有帮助：
篮球、篮网球、拳击、自行车、徒步、远足野营、登山、定向越野运动、冰球、曲棍球、溜冰、溜滑轮、溜直排轮、武术、网球、羽毛球、壁球、跑步、美式足球、足球、橄榄球、滑雪、滑水、冲浪、游泳、竞走。

▶ 可以配合练习的其他拉筋操：编号 12.3

12.2 站姿抬脚尖的小腿拉筋操

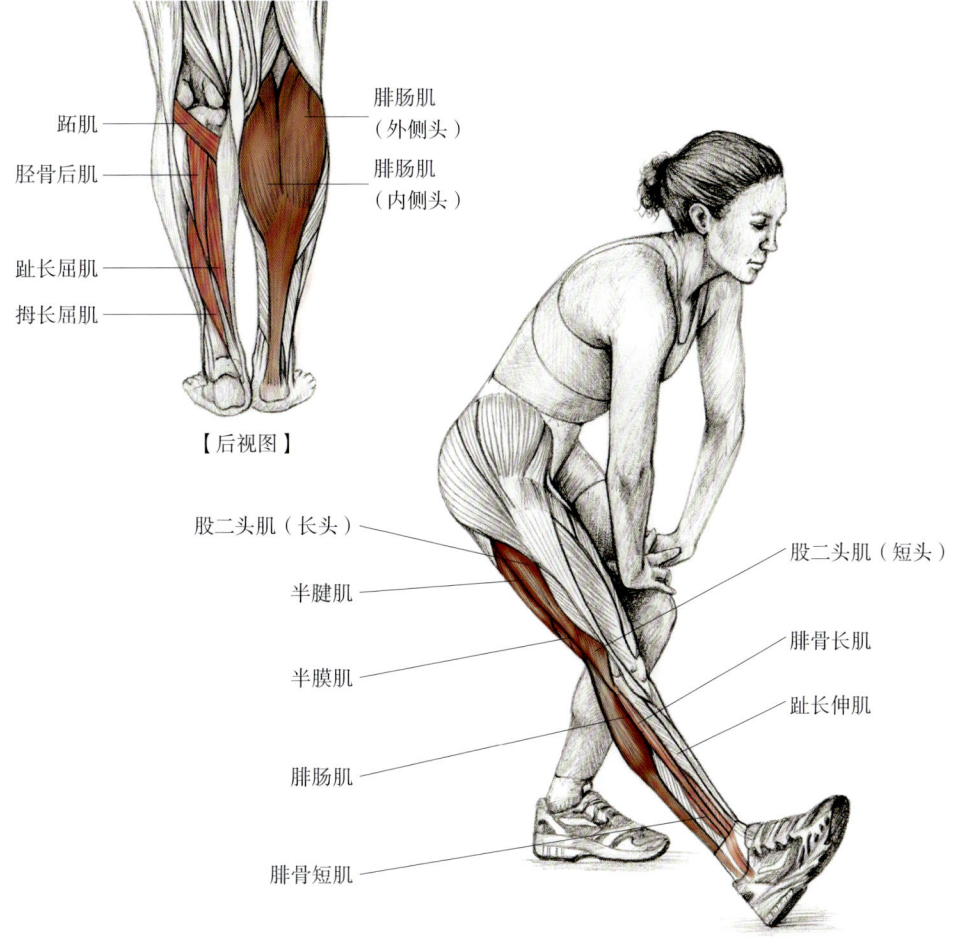

【后视图】

步骤
保持站姿，一只腿屈膝，另一只腿朝前伸直。前伸脚的脚趾朝向自己，并将上半身往前倾。背部要保持平直，双手放在弯曲的膝盖上。

拉到的肌群
- 主要肌群：腓肠肌、半膜肌、半腱肌、股二头肌。
- 次要肌群：胫骨后肌、拇长屈肌、趾长屈肌、腓骨长肌、腓骨短肌、跖肌。

动作诀窍
前伸脚的脚趾一定要朝上。如果脚趾朝向侧边，会让小腿肌肉受力不均，时间久了会导致肌肉失衡。

- 有助于修复哪些肌肉问题：
  腿后肌拉伤、小腿肌拉伤、阿基里斯腱（跟腱）拉伤、阿基里斯腱（跟腱）炎、胫骨内侧疼痛综合征（胫骨疼痛、小腿疼痛）。
- 对哪些运动有帮助：
  篮球、篮网球、拳击、自行车、徒步、远足野营、登山、定向越野运动、冰球、曲棍球、溜冰、溜滑轮、溜直排轮、武术、网球、羽毛球、壁球、跑步、美式足球、足球、橄榄球、滑雪、滑水、冲浪、游泳、竞走。

▶ 可以配合练习的其他拉筋操：编号 12.4

12.3 垂单侧脚跟的小腿拉筋操

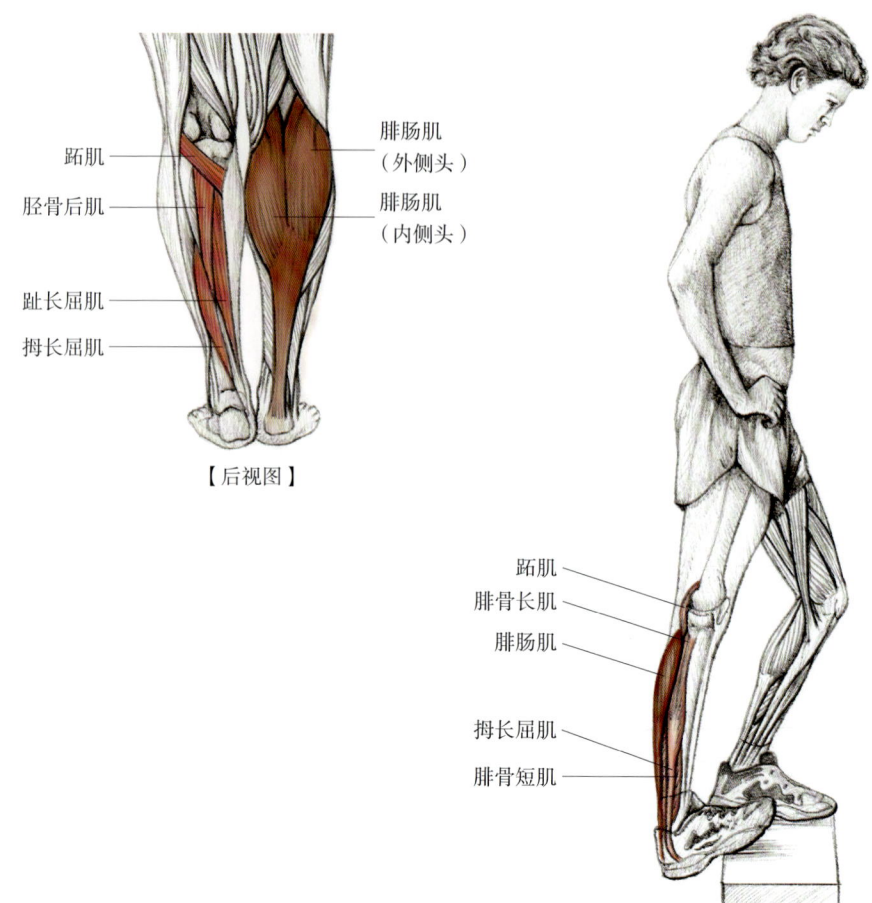

【后视图】

步骤
站在阶梯或垫高的物体上,一只脚的脚趾移到阶梯边缘,腿要伸直。然后让脚跟垂向地面,同时让上半身往前倾。

拉到的肌群
- 主要肌群:腓肠肌。
- 次要肌群:胫骨后肌、拇长屈肌、趾长屈肌、腓骨长肌、腓骨短肌、跖肌。

动作诀窍
利用身体的重量来调整拉筋的强度。

- 有助于修复哪些肌肉问题:
  小腿肌拉伤、阿基里斯腱(跟腱)拉伤、阿基里斯腱(跟腱)炎、胫骨内侧疼痛综合征(胫骨疼痛、小腿疼痛)。
- 对哪些运动有帮助:
  篮球、篮网球、拳击、自行车、徒步、远足野营、登山、定向越野运动、冰球、曲棍球、溜冰、溜滑轮、溜直排轮、武术、网球、羽毛球、壁球、跑步、美式足球、足球、橄榄球、滑雪、滑水、冲浪、游泳、竞走。

▶ 可以配合练习的其他拉筋操:编号 12.2

12.4 垂脚跟的小腿拉筋操

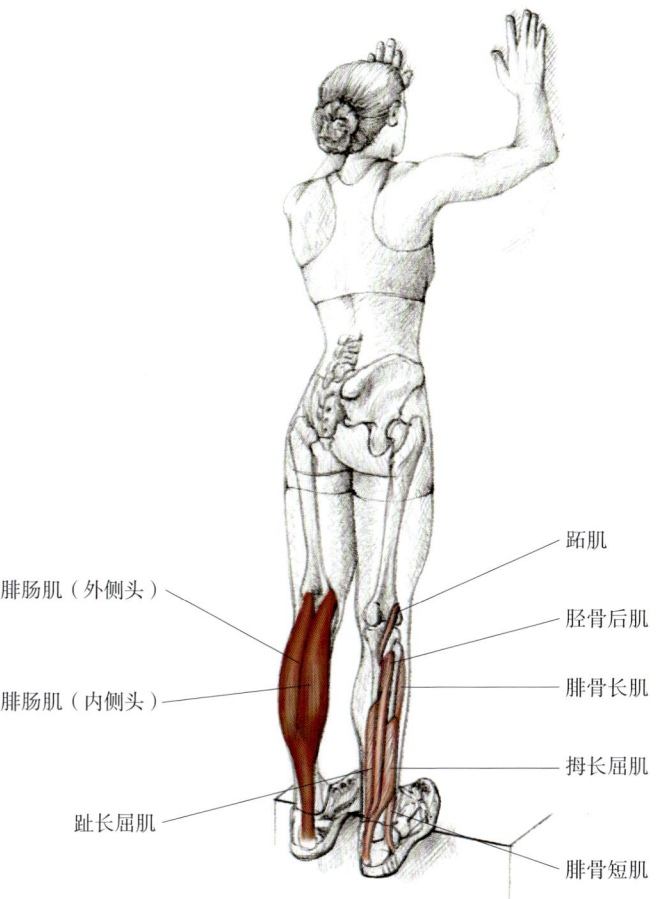

跖肌
胫骨后肌
腓骨长肌
拇长屈肌
腓骨短肌

腓肠肌（外侧头）
腓肠肌（内侧头）
趾长屈肌

步骤
站在阶梯或垫高的物体上，双脚的脚趾移到阶梯边缘，双腿要伸直。然后让脚跟垂向地面，同时让上半身前倾。

拉到的肌群
- 主要肌群：腓肠肌。
- 次要肌群：胫骨后肌、拇长屈肌、趾长屈肌、腓骨长肌、腓骨短肌、跖肌。

动作诀窍
利用身体的重量来调整拉筋的强度。

- 有助于修复哪些肌肉问题：
  小腿肌拉伤、阿基里斯腱（跟腱）拉伤、阿基里斯腱（跟腱）炎、胫骨内侧疼痛综合征（胫骨疼痛、小腿疼痛）。
- 对哪些运动有帮助：
  篮球、篮网球、拳击、自行车、徒步、远足野营、登山、定向越野运动、冰球、曲棍球、溜冰、溜滑轮、溜直排轮、武术、网球、羽毛球、壁球、跑步、美式足球、足球、橄榄球、滑雪、滑水、冲浪、游泳、竞走。

▶ 可以配合练习的其他拉筋操：编号 12.6

12.5 脚跟踩地的小腿拉筋操

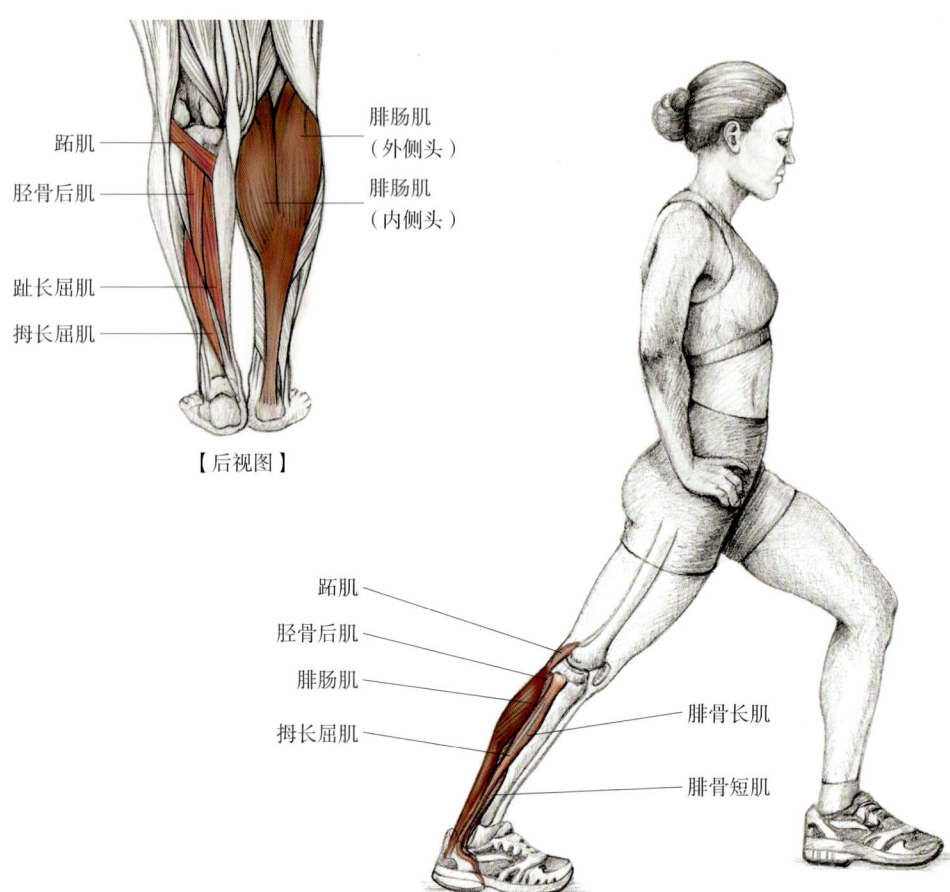

【后视图】

腓肠肌（外侧头）
腓肠肌（内侧头）
跖肌
胫骨后肌
趾长屈肌
拇长屈肌

跖肌
胫骨后肌
腓肠肌
拇长屈肌
腓骨长肌
腓骨短肌

步骤
身体站直，一只腿往后跨一大步并伸直，同时把腿往地面踩。

拉到的肌群
- 主要肌群：腓肠肌。
- 次要肌群：胫骨后肌、拇长屈肌、趾长屈肌、腓骨长肌、腓骨短肌、跖肌。

动作诀窍
这个拉筋动作可能会让阿基里斯腱（跟腱）承受很大的压力。要借助缓缓的垂下脚跟来伸展肌群。

- 有助于修复哪些肌肉问题：
小腿肌拉伤、阿基里斯腱（跟腱）拉伤、阿基里斯腱（跟腱）炎、胫骨内侧疼痛综合征（胫骨疼痛、小腿疼痛）。
- 对哪些运动有帮助：
篮球、篮网球、拳击、自行车、徒步、远足野营、登山、定向越野运动、冰球、曲棍球、溜冰、溜滑轮、溜直排轮、武术、网球、羽毛球、壁球、跑步、美式足球、足球、橄榄球、滑雪、滑水、冲浪、游泳、竞走。

▶ 可以配合练习的其他拉筋操：编号 12.1

12.6 推墙脚跟踩地的小腿拉筋操

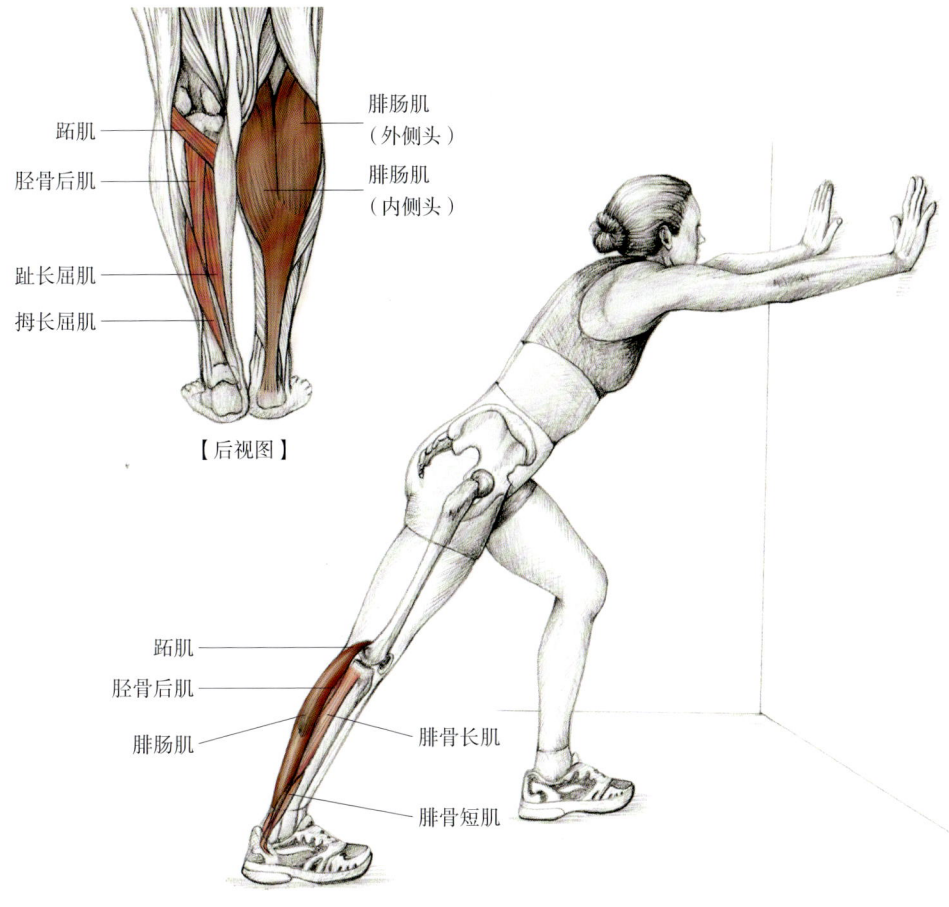

【后视图】

比目鱼肌 · 腓肠肌（外侧头）· 胫骨后肌 · 腓肠肌（内侧头）· 趾长屈肌 · 拇长屈肌

比目鱼肌 · 胫骨后肌 · 腓肠肌 · 腓骨长肌 · 腓骨短肌

步骤
身体靠墙站直，双手搭在墙上。在觉得舒服的范围内，一只腿尽量往后伸展，两只脚的脚趾都要朝前，而且脚跟要着地。后腿要伸直，然后让身体倾向墙面。

拉到的肌群
- 主要肌群：腓肠肌。
- 次要肌群：胫骨后肌、拇长屈肌、趾长屈肌、腓骨长肌、腓骨短肌、比目鱼肌。

动作诀窍
后伸脚的脚趾一定要朝前。如果脚趾朝向侧边，会让小腿肌肉受力不均，时间久了会导致肌肉失衡。

- 有助于修复哪些肌肉问题：
小腿肌拉伤、阿基里斯腱（跟腱）拉伤、阿基里斯腱（跟腱）炎、胫骨内侧疼痛综合征（胫骨疼痛、小腿疼痛）。
- 对哪些运动有帮助：
篮球、篮网球、拳击、自行车、徒步、远足野营、登山、定向越野运动、冰球、曲棍球、溜冰、溜滑轮、溜直排轮、武术、网球、羽毛球、壁球、跑步、美式足球、足球、橄榄球、滑雪、滑水、冲浪、游泳、竞走。

▶ 可以配合练习的其他拉筋操：编号 12.2

12.7 起跑式脚跟踩地的小腿拉筋操

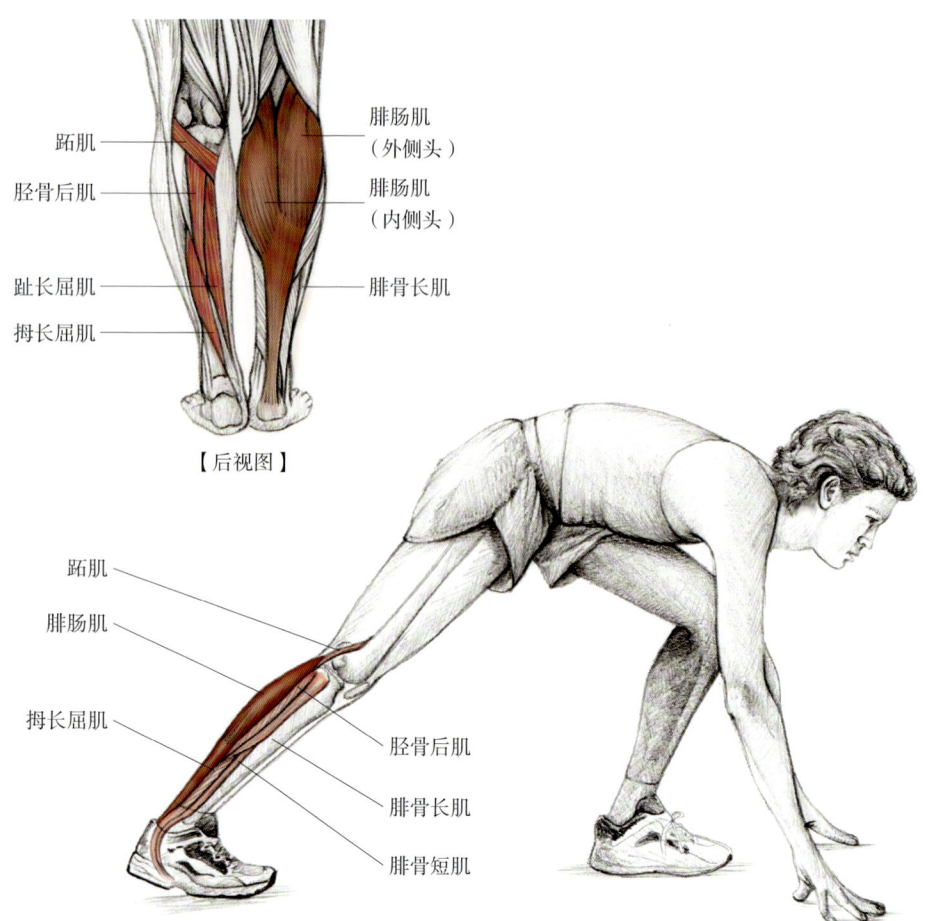

【后视图】

▌步骤
身体站直,两只腿一前一后。前腿屈膝,后腿伸直,脚跟踩向地面,再把上半身往前倾。双手放在前方地面上。

▌拉到的肌群
- 主要肌群:腓肠肌。
- 次要肌群:胫骨后肌、拇长屈肌、趾长屈肌、腓骨长肌、腓骨短肌、跖肌。

动作诀窍
后脚的脚趾一定要朝前。如果脚趾朝向侧边,会让小腿肌肉受力不均,时间久了会导致肌肉失衡。

- 有助于修复哪些肌肉问题:
  小腿肌拉伤、阿基里斯腱(跟腱)拉伤、阿基里斯腱(跟腱)炎、胫骨内侧疼痛综合征(胫骨疼痛、小腿疼痛)。
- 对哪些运动有帮助:
  篮球、篮网球、拳击、自行车、徒步、远足野营、登山、定向越野运动、冰球、曲棍球、溜冰、溜滑轮、溜直排轮、武术、网球、羽毛球、壁球、跑步、美式足球、足球、橄榄球、滑雪、滑水、冲浪、游泳、竞走。

▶ 可以配合练习的其他拉筋操:编号 12.4

12.8 坐姿脚趾朝上的小腿拉筋操

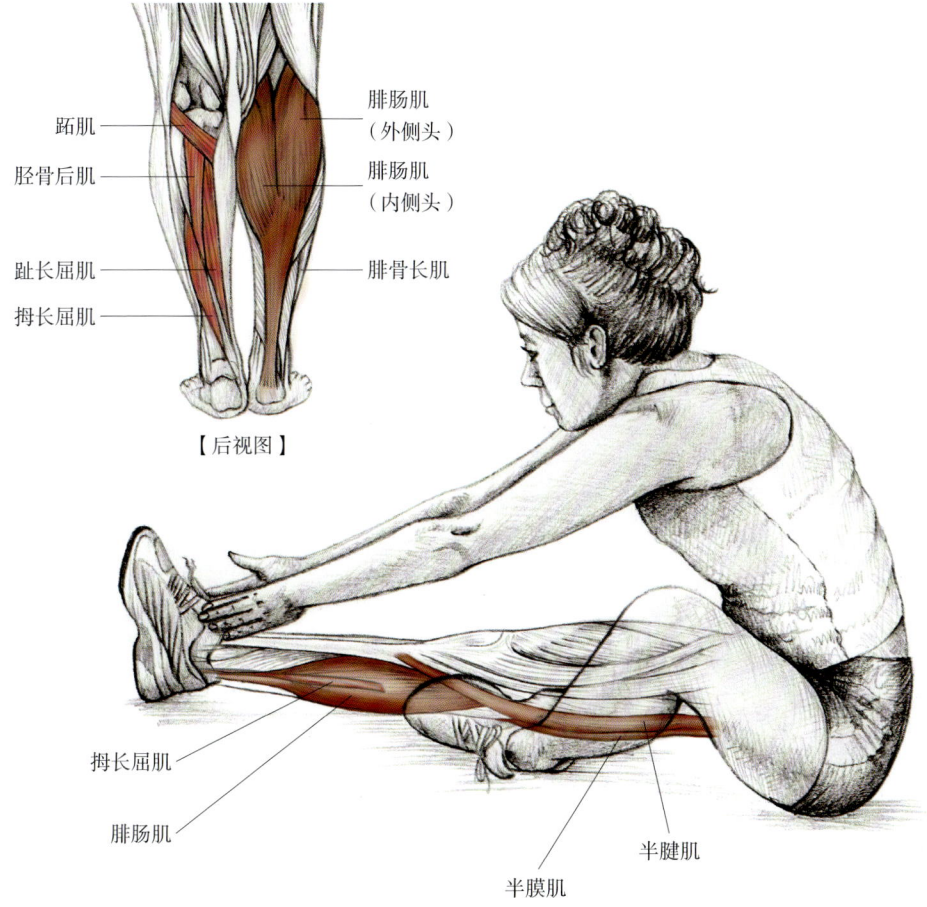

【后视图】

标注：跖肌、胫骨后肌、趾长屈肌、拇长屈肌、腓肠肌（外侧头）、腓肠肌（内侧头）、腓骨长肌、拇长屈肌、腓肠肌、半膜肌、半腱肌

步骤
保持坐姿，一只脚平伸出去，脚趾朝上。上半身往前倾，并将脚趾往身体方向拉。

拉到的肌群
- 主要肌群：腓肠肌、半膜肌、半腱肌、股二头肌。
- 次要肌群：胫骨后肌、拇长屈肌、趾长屈肌、腓骨长肌、腓骨短肌、跖肌。

动作诀窍
如果手碰不到脚趾，就不适合做这个拉筋动作。

- 有助于修复哪些肌肉问题：
腿后肌拉伤、小腿肌拉伤、阿基里斯腱（跟腱）拉伤、阿基里斯腱（跟腱）炎、胫骨内侧疼痛综合征（胫骨疼痛、小腿疼痛）。
- 对哪些运动有帮助：
篮球、篮网球、拳击、自行车、徒步、远足野营、登山、定向越野运动、冰球、曲棍球、溜冰、溜滑轮、溜直排轮、武术、网球、羽毛球、壁球、跑步、美式足球、足球、橄榄球、滑雪、滑水、冲浪、游泳、竞走。

▶ 可以配合练习的其他拉筋操：编号 12.7

第十三章
小腿下部肌肉及跟腱的拉筋操

小腿下部肌肉位于膝关节下，小腿后部。它们开始于膝关节后的胫骨顶部，向下延伸至跟腱。这些肌肉的主要作用是弯曲踝关节。

腓骨长肌和**腓骨短肌**是这些肌肉的外侧部分。这两块肌肉都是跖屈肌，可以外翻踝关节，防止其内转，还可以防止踝关节扭伤。腓骨长肌肌腱插入端可以维持双脚的外纵弓和横纵弓。

趾长屈肌、**拇长屈肌**和**胫骨后肌**形成了小腿肌肉的深层后部。胫骨后肌是维持足弓的最深的肌肉，拇长屈肌则负责维持双脚的内纵弓。

比目鱼肌之所以得其名是因为其形状像一条鱼，它是小腿三头肌的一部分。它比腓肠肌深，其中部和后部纤维从腿侧凸出，并比腓肠肌的延伸幅度大。长时间穿高跟鞋会导致该肌肉缩短，会影响姿势的优雅度。

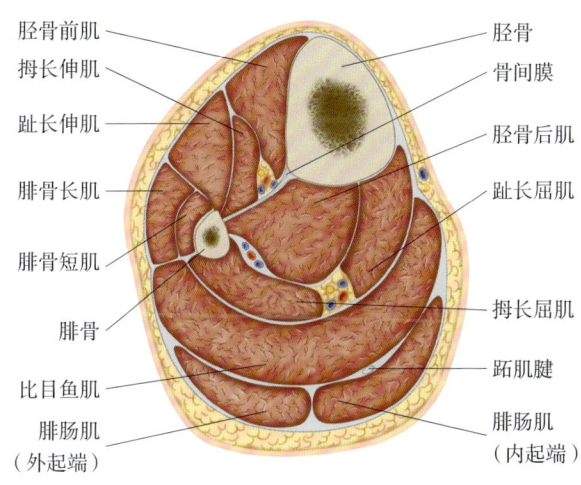

小腿下部肌肉拉筋操对以下运动有益：篮球、无网篮球、拳击、自行车、徒步、远足野营、登山、定向越野、冰球、曲棍球、滑冰、轮滑、纵列式轮滑、武术、网球、羽毛球、壁球、跑步、足球、美式足球、橄榄球、滑雪、滑水、冲浪、竞走、游泳。

13.1 站姿抬脚尖的跟腱拉筋操

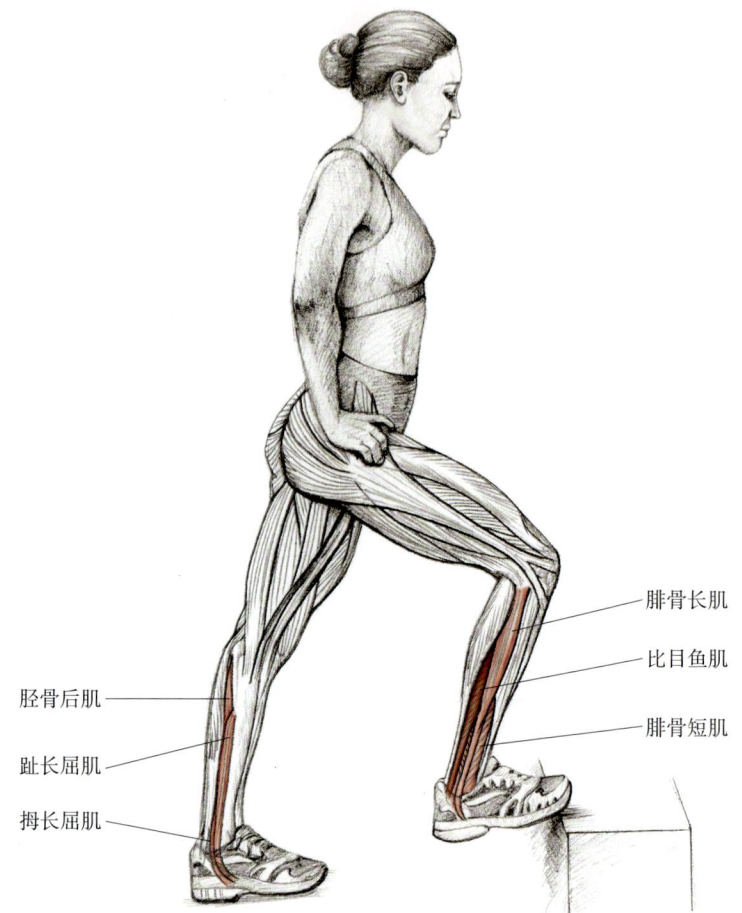

腓骨长肌
比目鱼肌
腓骨短肌

胫骨后肌
趾长屈肌
拇长屈肌

▍步骤
身体站直，一只腿屈膝，脚趾搁在阶梯或垫高的物体上，然后将上半身往前倾向脚趾。

▍拉到的肌群
- 主要肌群：比目鱼肌。
- 次要肌群：胫骨后肌、拇长屈肌、趾长屈肌、腓骨长肌、腓骨短肌。

▍动作诀窍
放松小腿肌肉，并让脚跟往地面踩，可以调整拉筋的强度。

- 有助于修复哪些肌肉问题：
  小腿肌拉伤、阿基里斯腱（跟腱）拉伤、阿基里斯腱（跟腱）炎、胫骨内侧疼痛综合征（胫骨疼痛、小腿疼痛）、胫骨后肌肌腱炎。

- 对哪些运动有帮助：
  篮球、篮网球、拳击、自行车、徒步、远足野营、登山、定向越野运动、冰球、曲棍球、溜冰、溜滑轮、溜直排轮、武术、网球、羽毛球、壁球、跑步、美式足球、足球、橄榄球、滑雪、滑水、冲浪、游泳、竞走。

▶ 可以配合练习的其他拉筋操：编号 13.3

13.2 垂单侧脚跟的跟腱拉筋操

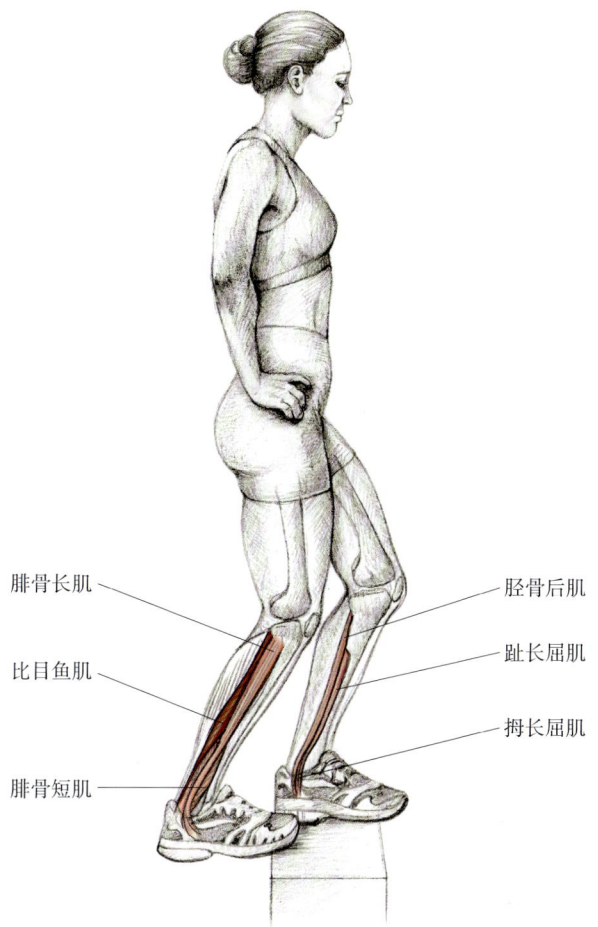

腓骨长肌 / 比目鱼肌 / 腓骨短肌 / 胫骨后肌 / 趾长屈肌 / 拇长屈肌

步骤
站在阶梯或垫高的物体上，一只脚的脚趾移到阶梯边缘，双腿屈膝，并让后脚的脚跟垂向地面。

拉到的肌群
- 主要肌群：比目鱼肌。
- 次要肌群：胫骨后肌、拇长屈肌、趾长屈肌、腓骨长肌、腓骨短肌。

动作诀窍
这个拉筋动作可能会让阿基里斯腱（跟腱）承受很大的压力，练习时要慢慢地垂下脚跟，轻松伸展肌群。

- 有助于修复哪些肌肉问题：
小腿肌拉伤、阿基里斯腱（跟腱）拉伤、阿基里斯腱（跟腱）炎、胫骨内侧疼痛综合征（胫骨疼痛、小腿疼痛）、胫骨后肌肌腱炎。

- 对哪些运动有帮助：
篮球、篮网球、拳击、自行车、徒步、远足野营、登山、定向越野运动、冰球、曲棍球、溜冰、溜滑轮、溜直排轮、武术、网球、羽毛球、壁球、跑步、美式足球、足球、橄榄球、滑雪、滑水、冲浪、游泳、竞走。

▶ 可以配合练习的其他拉筋操：编号 13.4

13.3 站姿脚跟踩地的跟腱拉筋操

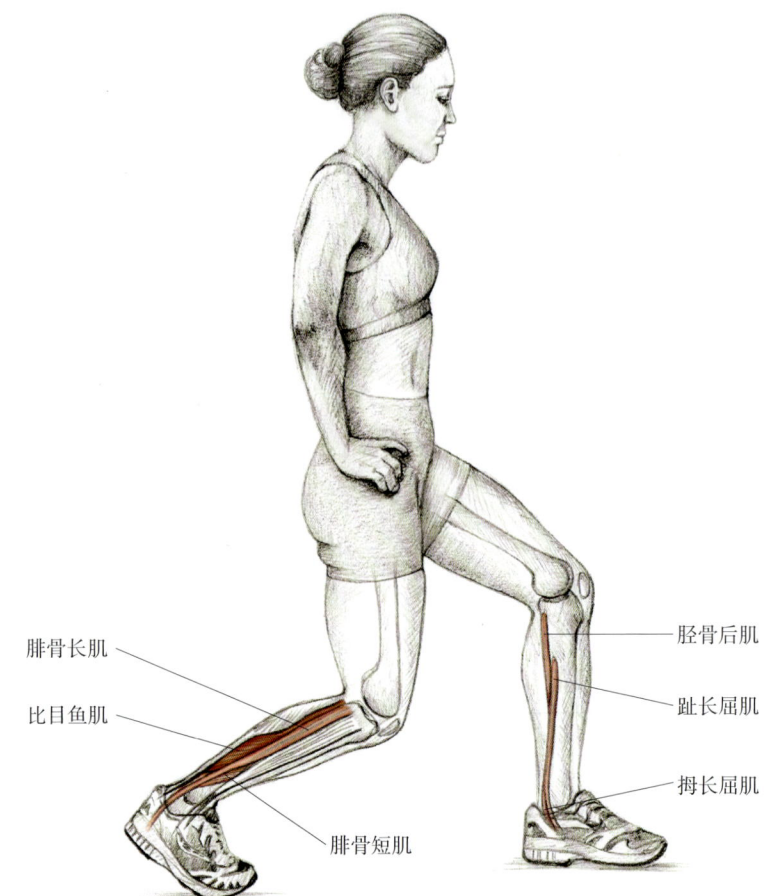

腓骨长肌
比目鱼肌
腓骨短肌
胫骨后肌
趾长屈肌
拇长屈肌

▌步骤
身体站直，一只脚往后跨一大步并屈膝，然后将脚跟往地面踩。

▌拉到的肌群
- 主要肌群：比目鱼肌。
- 次要肌群：胫骨后肌、拇长屈肌、趾长屈肌、腓骨长肌、腓骨短肌。

▌动作诀窍
1. 后脚的脚趾一定要朝前。如果脚趾朝向侧边，会让小腿肌肉受力不均，时间久了会导致肌肉失衡。
2. 可通过放低身体来调整拉筋的强度。

· 有助于修复哪些肌肉问题：
小腿肌拉伤、阿基里斯腱（跟腱）拉伤、阿基里斯腱（跟腱）炎、胫骨内侧疼痛综合征（胫骨疼痛、小腿疼痛）、胫骨后肌肌腱炎。

· 对哪些运动有帮助：
篮球、篮网球、拳击、自行车、徒步、远足野营、登山、定向越野运动、冰球、曲棍球、溜冰、溜滑轮、溜直排轮、武术、网球、羽毛球、壁球、跑步、美式足球、足球、橄榄球、滑雪、滑水、冲浪、游泳、竞走。

▶ 可以配合练习的其他拉筋操：编号 13.5

13.4 推墙脚跟踩地的跟腱拉筋操

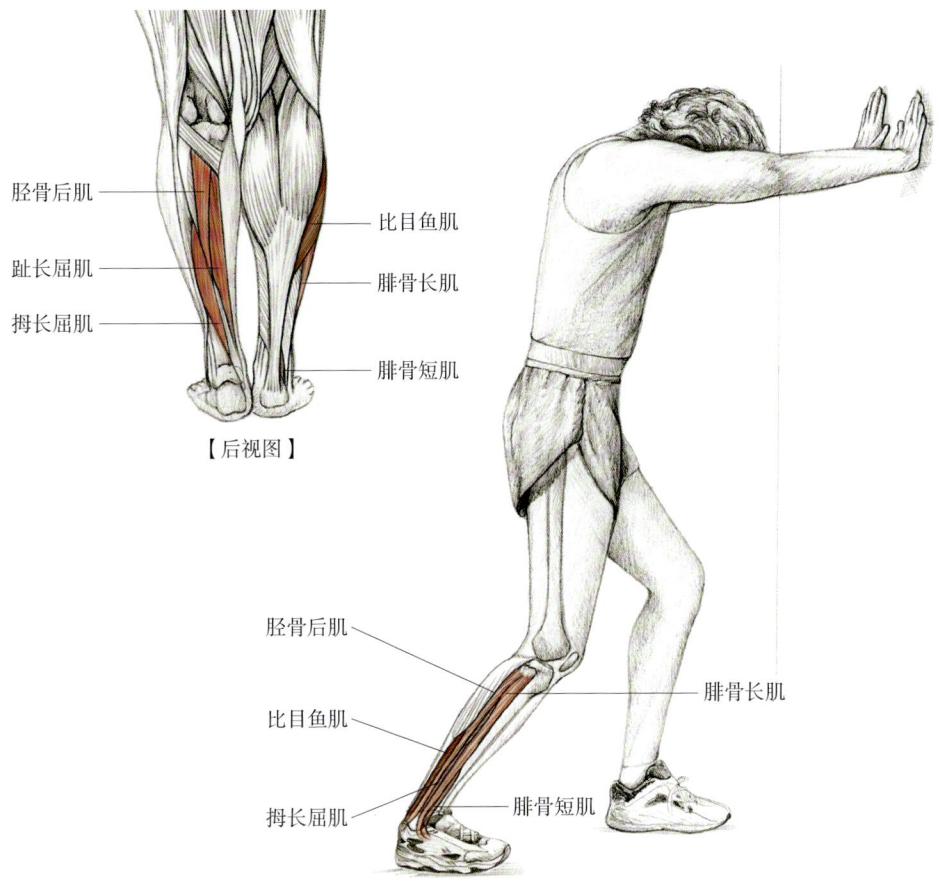

【后视图】

标注：胫骨后肌、趾长屈肌、拇长屈肌、比目鱼肌、腓骨长肌、腓骨短肌

下图标注：胫骨后肌、比目鱼肌、拇长屈肌、腓骨长肌、腓骨短肌

步骤
身体靠墙站直，双手搭在墙上，双脚一前一后，脚趾一定要朝前，脚跟要着地。后腿屈膝，并让上半身倾向墙面。

拉到的肌群
- 主要肌群：比目鱼肌。
- 次要肌群：胫骨后肌、拇长屈肌、趾长屈肌、腓骨长肌、腓骨短肌。

动作诀窍
1. 后脚的脚趾一定要朝前。如果脚趾朝向侧边，会让小腿肌肉受力平均，时间久了会导致肌肉失衡。
2. 可通过放低身体来调整拉筋的强度。

有助于修复哪些肌肉问题：
小腿肌拉伤、阿基里斯腱（跟腱）拉伤、阿基里斯腱（跟腱）炎、胫骨内侧疼痛综合征（胫骨疼痛、小腿疼痛）、胫骨后肌肌腱炎。

对哪些运动有帮助：
篮球、篮网球、拳击、自行车、徒步、远足野营、登山、定向越野运动、冰球、曲棍球、溜冰、溜滑轮、溜直排轮、武术、网球、羽毛球、壁球、跑步、美式足球、足球、橄榄球、滑雪、滑水、冲浪、游泳、竞走。

▶ 可以配合练习的其他拉筋操：编号 13.2

13.5 坐姿屈膝拉脚趾的跟腱拉筋操

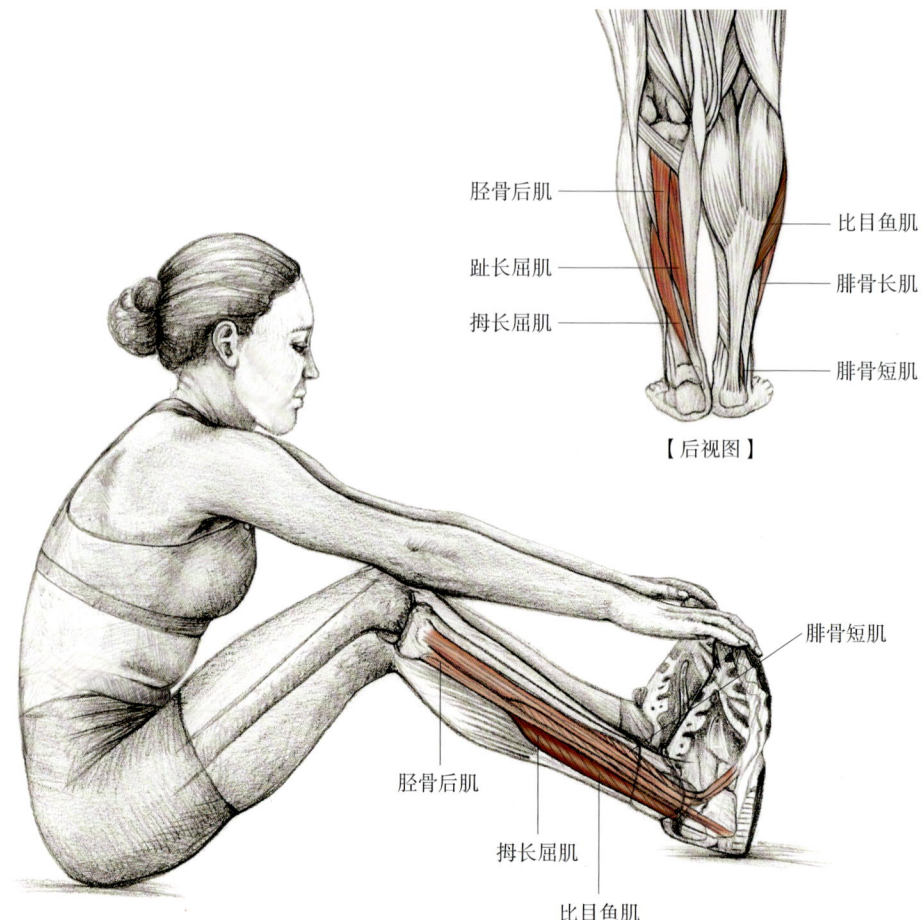

【后视图】

▎步骤
保持坐姿，双脚平放于身前，然后屈膝。双手抓住脚趾，往膝盖方向拉近。

▎拉到的肌群
- 主要肌群：比目鱼肌。
- 次要肌群：胫骨后肌、拇长屈肌、趾长屈肌、腓骨长肌、腓骨短肌。

▎动作诀窍
通过将脚后跟往前推、脚趾往后拉，可以调整拉筋的强度。

· 有助于修复哪些肌肉问题：
小腿肌拉伤、阿基里斯腱（跟腱）拉伤、阿基里斯腱（跟腱）炎、胫骨内侧疼痛综合征（胫骨疼痛、小腿疼痛）、胫骨后肌肌腱炎。

· 对哪些运动有帮助：
篮球、篮网球、拳击、自行车、徒步、登山、定向越野运动、冰球、曲棍球、溜冰、溜滑轮、溜直排轮、武术、网球、羽毛球、壁球、跑步、美式足球、足球、橄榄球、滑雪、滑水、冲浪、游泳、竞走。

▶ 可以配合练习的其他拉筋操：编号 13.1

13.6 起跑式脚跟踩地的跟腱拉筋操

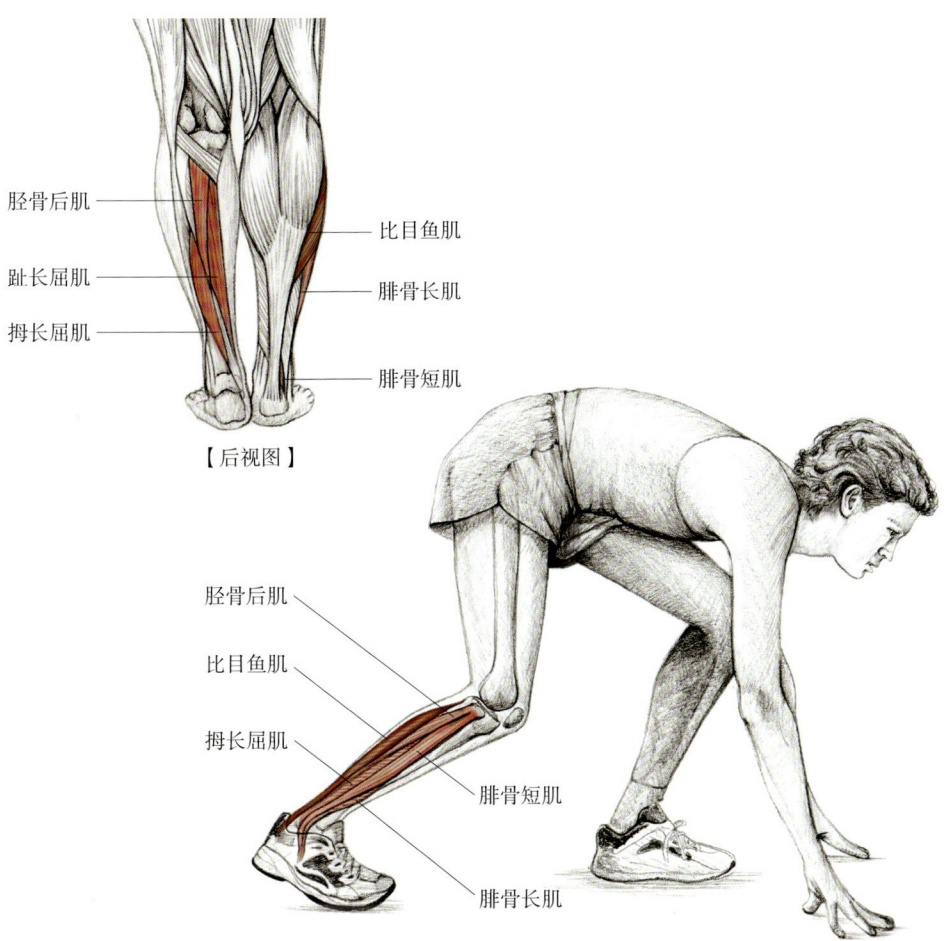

【后视图】

步骤
身体站直,双脚一前一后。双腿屈膝,后脚脚跟往地面踩。接着上半身往前倾,并把双手放在前方地面上。

拉到的肌群
- 主要肌群:比目鱼肌。
- 次要肌群:胫骨后肌、拇长屈肌、趾长屈肌、腓骨长肌、腓骨短肌。

动作诀窍
后脚的脚趾一定要朝前。如果脚趾朝向侧边,会让小腿肌肉受力不均,时间久了会导致肌肉失衡。

- **有助于修复哪些肌肉问题:**
  小腿肌拉伤、阿基里斯腱(跟腱)拉伤、阿基里斯腱(跟腱)炎、胫骨内侧疼痛综合征(胫骨疼痛、小腿疼痛)、胫骨后肌肌腱炎。

- **对哪些运动有帮助:**
  篮球、篮网球、拳击、自行车、徒步、登山、远足野营、定向越野运动、冰球、曲棍球、溜冰、溜滑轮、溜直排轮、武术、网球、羽毛球、壁球、跑步、美式足球、足球、橄榄球、滑雪、滑水、冲浪、游泳、竞走。

▶ 可以配合练习的其他拉筋操:编号 13.4

13.7 单膝跪地式跟腱拉筋操

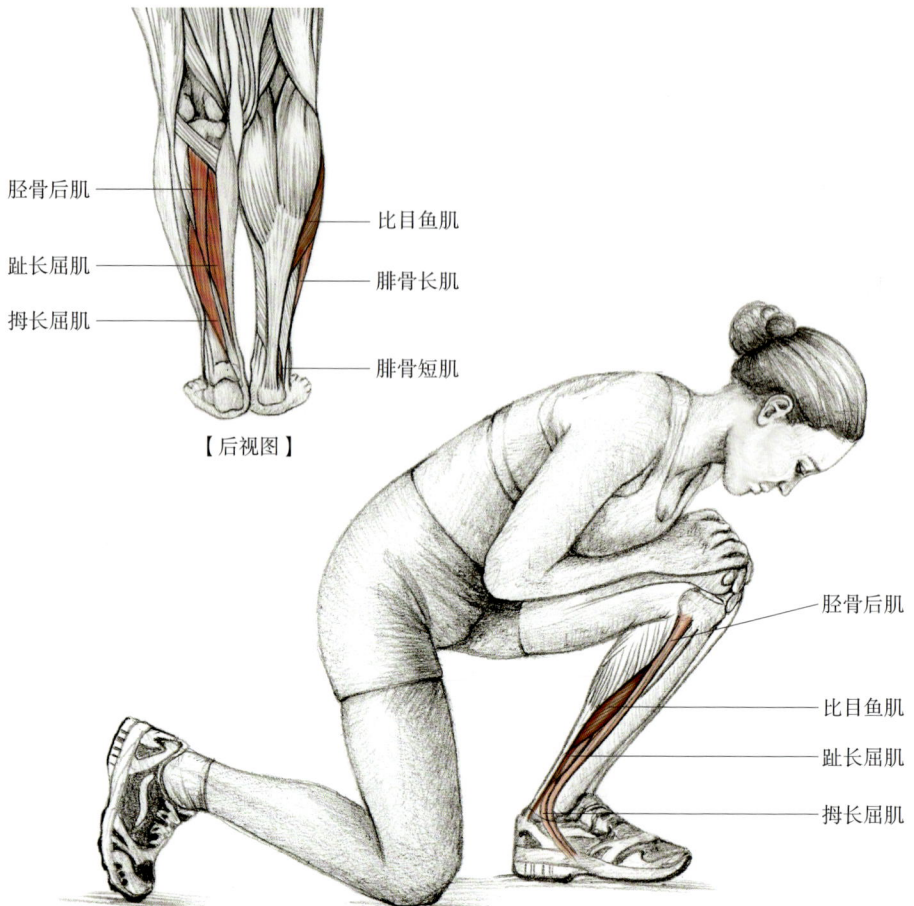

【后视图】

胫骨后肌
趾长屈肌
拇长屈肌
比目鱼肌
腓骨长肌
腓骨短肌

胫骨后肌
比目鱼肌
趾长屈肌
拇长屈肌

▌步骤
单膝跪地，身体重心移向弓起的膝盖上。前脚的脚跟要踩实地面，并把上半身往前倾。

▌拉到的肌群
- 主要肌群：比目鱼肌。
- 次要肌群：胫骨后肌、拇长屈肌、趾长屈肌、腓骨长肌、腓骨短肌。

▌动作诀窍
这个拉筋动作可能会让阿基里斯腱（跟腱）承受很大的压力，练习时上半身要慢慢地前倾，不要操之过急。

· 有助于修复哪些肌肉问题：
小腿肌拉伤、阿基里斯腱（跟腱）拉伤、阿基里斯腱（跟腱）炎、胫骨内侧疼痛综合征（胫骨疼痛、小腿疼痛）、胫骨后肌肌腱炎。

· 对哪些运动有帮助：
篮球、篮网球、拳击、自行车、徒步、远足野营、登山、定向越野运动、冰球、曲棍球、溜冰、溜滑轮、溜直排轮、武术、网球、羽毛球、壁球、跑步、美式足球、足球、橄榄球、滑雪、滑水、冲浪、游泳、竞走。

▶ 可以配合练习的其他拉筋操：编号 13.1

13.8 蹲姿跟腱拉筋操

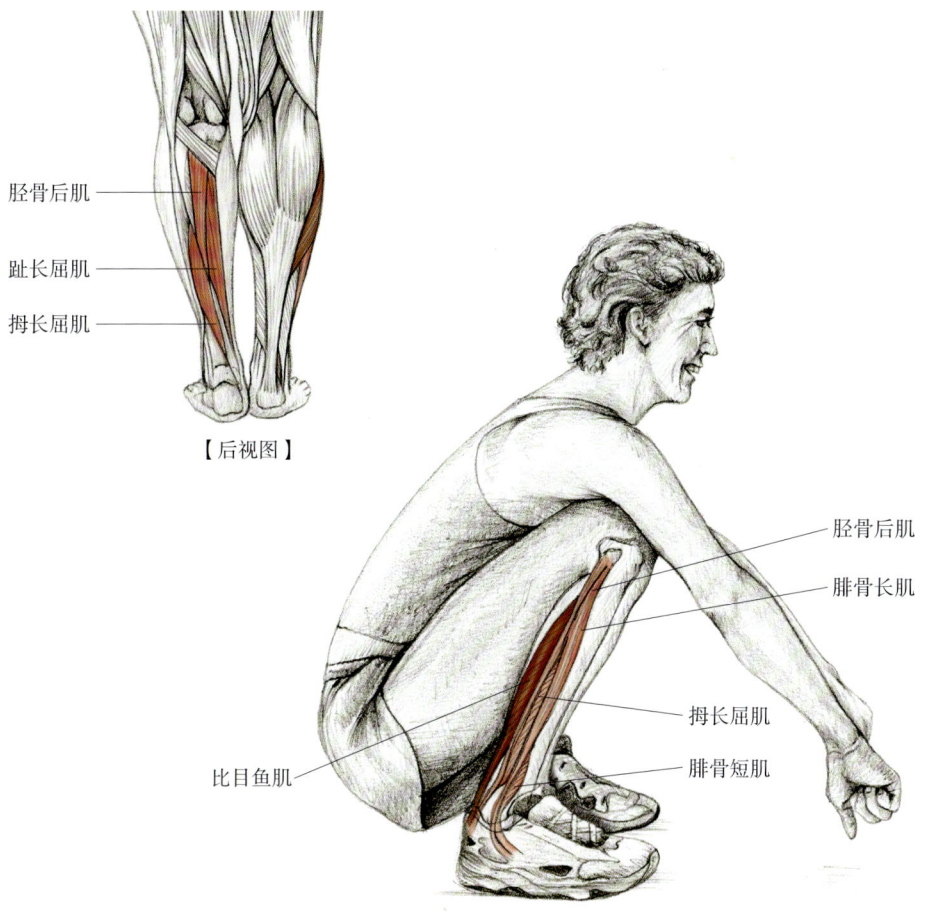

【后视图】

胫骨后肌
趾长屈肌
拇长屈肌

胫骨后肌
腓骨长肌
拇长屈肌
腓骨短肌
比目鱼肌

步骤
保持站姿，双脚打开，与肩同宽。然后屈膝成蹲姿，双手放在前方以保持平衡。

拉到的肌群
- 主要肌群：比目鱼肌。
- 次要肌群：胫骨后肌、拇长屈肌、趾长屈肌、腓骨长肌、腓骨短肌。

动作诀窍
1. 视个人需要，手可扶靠稳固的东西来保持平衡。
2. 双脚的脚趾一定要朝前。

- 有助于修复哪些肌肉问题：
  小腿肌肉拉伤、阿基里斯腱（跟腱）拉伤、阿基里斯腱（跟腱）炎、胫骨内侧疼痛综合征（胫骨疼痛、小腿疼痛）、胫骨后肌肌腱炎。
- 对哪些运动有帮助：
  篮球、篮网球、拳击、自行车、徒步、远足野营、登山、定向越野运动、冰球、曲棍球、溜冰、溜滑轮、溜直排轮、武术、网球、羽毛球、壁球、跑步、美式足球、足球、橄榄球、滑雪、滑水、冲浪、游泳、竞走。

▶ 可以配合练习的其他拉筋操：编号 13.7

第十四章
胫部、脚踝及脚部的拉筋操

　　胫部的肌肉从膝关节之下的胫骨上端开始，向下覆盖胫部前方，一直到踝关节结束。胫部肌肉主要负责的动作是背屈、伸出和内转踝关节。

　　拇长伸肌和趾长伸肌是脚趾部位最主要的伸肌。这些肌肉的肌腱覆盖踝关节、脚部，连接到脚趾。这些肌肉使脚部背屈，与屈肌起相反的作用。若小腿肌肉紧绷或这些肌肉用力超过限度，肌腱就会发炎。

　　胫骨前肌发端于胫骨外髁，插入端在内侧楔骨的中间和跖底表面。胫骨前肌负责双脚的背屈和内转，跑步过程中每一步都靠它提起脚趾。如果因为过度使用或使用不当而导致肌肉和肌腱发炎或受刺激，前胫部就会疼痛难当。

　　脚部有一个毫无用处的结构，即**跖腱膜**，又被称为足底腱膜，这是一个连接脚跟和脚趾的硬纤维组织。重复的脚踝运动会激发这种组织在脚跟插入端的生长。本章稍后会提供具体的拉筋操来缓解这个问题。

　　双脚和脚踝是由众多控制脚部运动的小尺寸肌肉组成的。双脚和踝部的肌肉与关节使双脚大范围的运动成为可能，这些运动包括：跖面屈曲、背屈、倒转、外翻和旋转。

　　足底的肌肉共分为四层。第一层最靠下（即最靠表面，离地面最近），包括**拇展肌**、**趾短屈肌**和**小趾展肌**。小趾展肌形成了脚底的侧表面。第二层包括蚓状肌和跖方肌，以及拇长屈肌和趾长屈肌的肌腱。第三层包括拇短屈肌、拇收肌和小趾短屈肌。第四层是最深层（即足底最靠上的一层），包括骨间背侧肌的四块肌肉、骨间足底肌的三块肌肉，还有胫骨后肌和腓骨长肌的肌腱。双脚的外表面是趾短伸肌。

　　胫部、脚踝和双脚拉筋操对以下运动有益：篮球、无网篮球、拳击、自行车、徒步、远足野营、登山、定向越野、冰球、曲棍球、滑冰、轮滑、纵列式轮滑、武术、网球、羽毛球、壁球、跑步、足球、美式足球、橄榄球、滑雪、滑水、冲浪、游泳、竞走。

14.1 一脚在后的胫部拉筋操

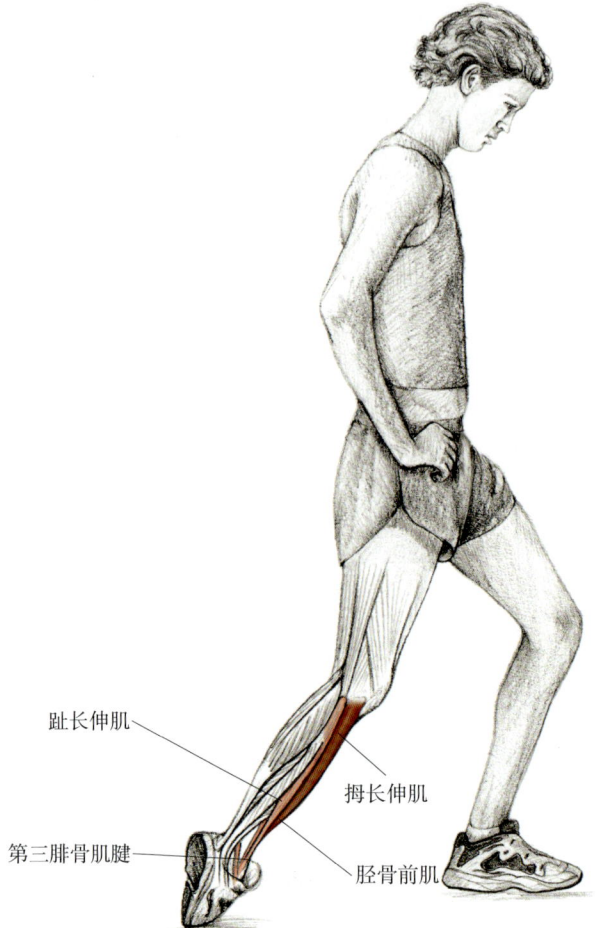

趾长伸肌
拇长伸肌
第三腓骨肌腱
胫骨前肌

▍步骤
身体站直,一脚的脚尖往后方点地,再把脚踝往地面推。

▍拉到的肌群
- 主要肌群:胫骨前肌。
- 次要肌群:拇长伸肌、趾长伸肌、第三腓骨肌。

动作诀窍

1. 可通过放低身体、把脚踝压向地面的动作来调整拉筋的强度。
2. 视个人需要,手可扶靠东西来保持平衡。

- 有助于修复哪些肌肉问题:
小腿前腔室综合征、胫骨内侧疼痛综合征(胫骨疼痛、小腿疼痛)、脚踝扭伤、腓骨肌腱脱位、腓骨肌肌腱炎。
- 对哪些运动有帮助:
篮球、篮网球、拳击、徒步、远足野营、登山、定向越野运动、武术、网球、羽毛球、壁球、跑步、美式足球、足球、橄榄球、竞走。

▶ 可以配合练习的其他拉筋操:编号 14.2

14.2 一脚交跨于前的胫部拉筋操

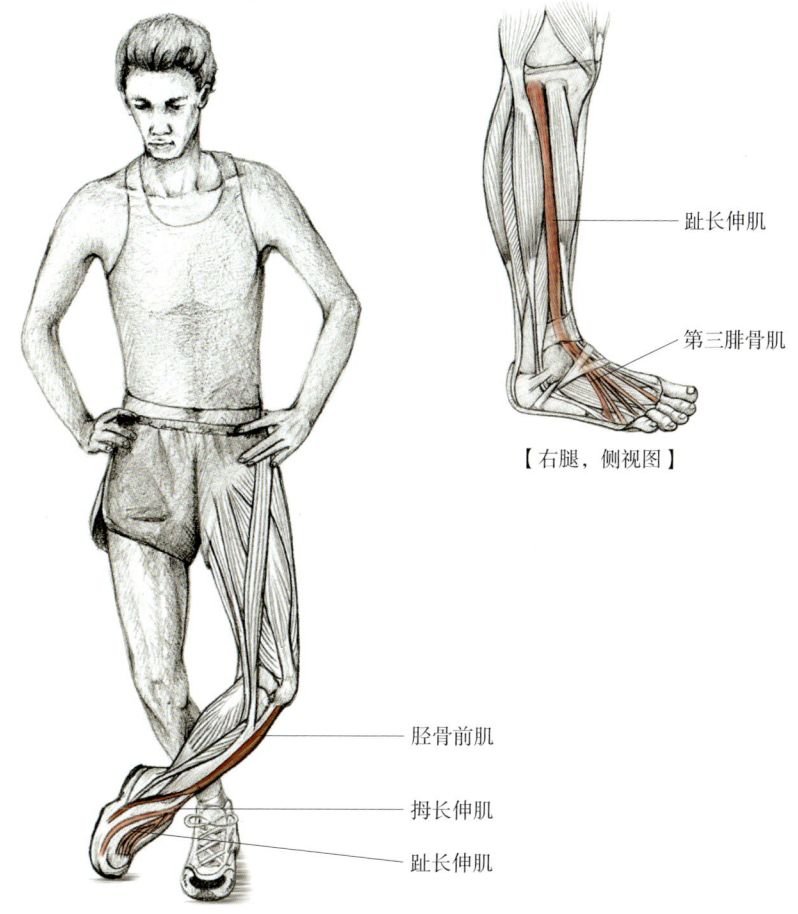

【右腿，侧视图】

趾长伸肌
第三腓骨肌
胫骨前肌
拇长伸肌
趾长伸肌

步骤
身体站直，一只脚的脚尖跨到另一只脚的前方。然后慢慢弯曲后面的脚，迫使前脚的脚踝往下压。

拉到的肌群
- 主要肌群：胫骨前肌。
- 次要肌群：拇长伸肌、趾长伸肌、第三腓骨肌。

动作诀窍
可通过放低身体来调整拉筋的强度。

- 有助于修复哪些肌肉问题：
  小腿前腔室综合征、胫骨内侧疼痛综合征（胫骨疼痛、小腿疼痛）、脚踝扭伤、腓骨肌肌腱脱位、腓骨肌肌腱炎。
- 对哪些运动有帮助：
  篮球、篮网球、拳击、徒步、远足野营、登山、定向越野运动、武术、网球、羽毛球、壁球、跑步、美式足球、足球、橄榄球、竞走。

▶ 可以配合练习的其他拉筋操：编号 14.4

14.3 抬单脚的胫部拉筋操

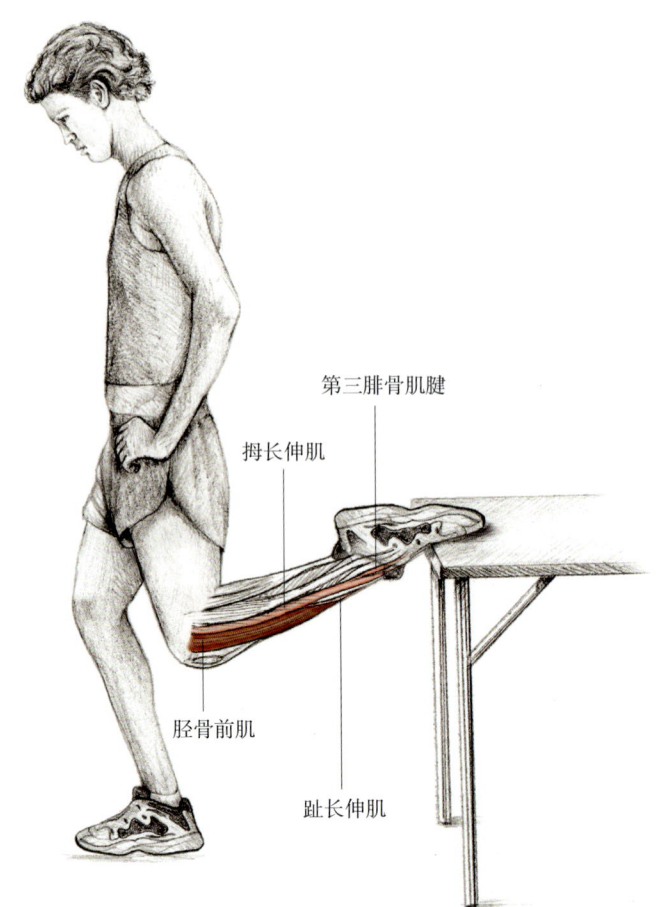

第三腓骨肌腱
拇长伸肌
胫骨前肌
趾长伸肌

步骤
身体站直,一只脚的脚尖搁在身后的垫高物上,再把脚踝往下压。

拉到的肌群
- 主要肌群:胫骨前肌。
- 次要肌群:拇长伸肌、趾长伸肌、第三腓骨肌。

动作诀窍
视个人需要,手可扶靠东西来保持平衡。

- 有助于修复哪些肌肉问题:
  小腿前腔室综合征、胫骨内侧疼痛综合征(胫骨疼痛、小腿疼痛)、脚踝扭伤、腓骨肌腱脱位、腓骨肌肌腱炎。

- 对哪些运动有帮助:
  篮球、篮网球、拳击、徒步、远足野营、登山、定向越野运动、武术、网球、羽毛球、壁球、跑步、美式足球、足球、橄榄球、竞走。

▶ 可以配合练习的其他拉筋操:编号 14.1

14.4 跪姿胫部拉筋操

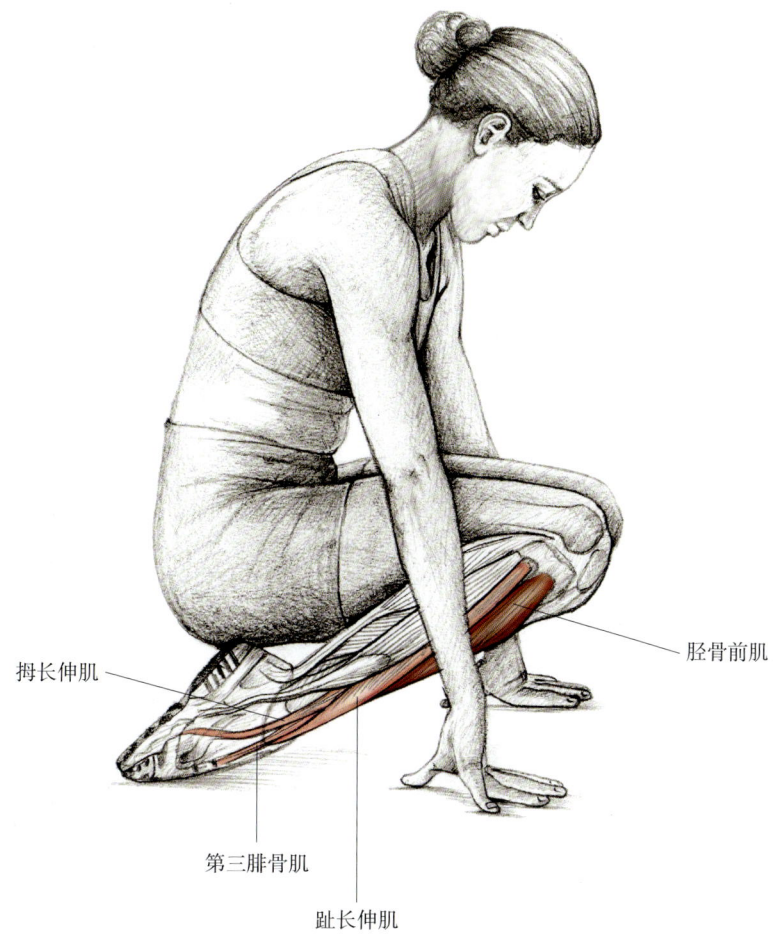

拇长伸肌
第三腓骨肌
趾长伸肌
胫骨前肌

▌步骤
跪坐在脚踝上，双膝和脚踝并拢，将身体重心移到脚踝。双手分别放在两膝旁，然后身体慢慢往后仰，再慢慢将膝盖抬离地面。

▌拉到的肌群
- 主要肌群：胫骨前肌。
- 次要肌群：拇长伸肌、趾长伸肌、第三腓骨肌。

动作诀窍

这个拉筋动作可能会让膝关节及脚踝承受很大的压力，不适合膝关节疼痛或脚踝疼痛的人。

- 有助于修复哪些肌肉问题：
  小腿前腔室综合征、胫骨内侧疼痛综合征（胫骨疼痛、小腿疼痛）、脚踝扭伤、腓骨肌腱脱位、腓骨肌肌腱炎。

- 对哪些运动有帮助：
  篮球、篮网球、拳击、徒步、远足野营、登山、定向越野运动、武术、网球、羽毛球、壁球、跑步、美式足球、足球、橄榄球、竞走。

▶ 可以配合练习的其他拉筋操：编号 14.3

14.5 蹲踞式脚趾拉筋操

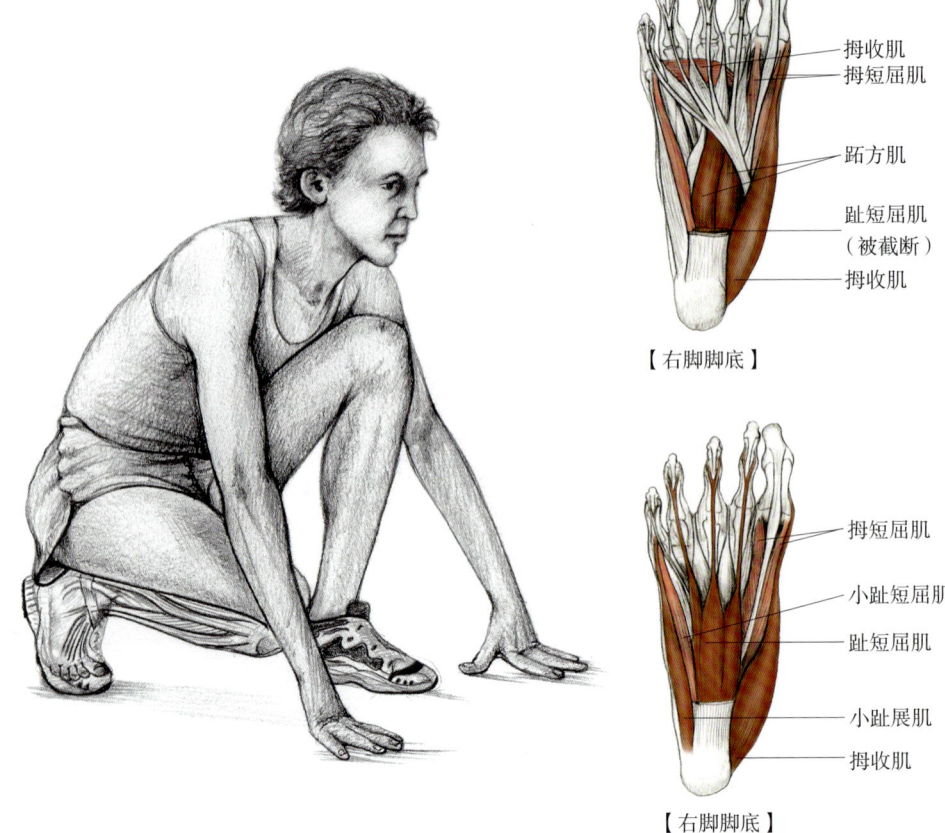

【右脚脚底】
- 拇收肌
- 拇短屈肌
- 跖方肌
- 趾短屈肌（被截断）
- 拇收肌

【右脚脚底】
- 拇短屈肌
- 小趾短屈肌
- 趾短屈肌
- 小趾展肌
- 拇收肌

▎步骤

膝盖一高一低地蹲下，双手触地。将身体重心放在后方膝盖上，慢慢地把后方的膝盖往前移，脚趾着地并拱起脚掌。

▎拉到的肌群
- 主要肌群：趾短屈肌、拇展肌、小趾展肌、跖方肌。
- 次要肌群：拇短屈肌、拇收肌、小趾短屈肌。

动作诀窍

脚底的肌肉和肌腱可能非常紧绷，做这个拉筋动作时，不要用力太猛或太快。

- 有助于修复哪些肌肉问题：
  胫骨后肌肌腱炎、腓骨肌腱脱位、腓骨肌肌腱炎、屈肌肌腱炎、足底筋膜炎。
- 对哪些运动有帮助：
  篮球、篮网球、拳击、徒步、远足野营、登山、定向越野运动、武术、网球、羽毛球、壁球、跑步、美式足球、足球、橄榄球、冲浪、竞走。

▶ 可以配合练习的其他拉筋操：编号 11.7

14.6 旋转脚踝的拉筋操

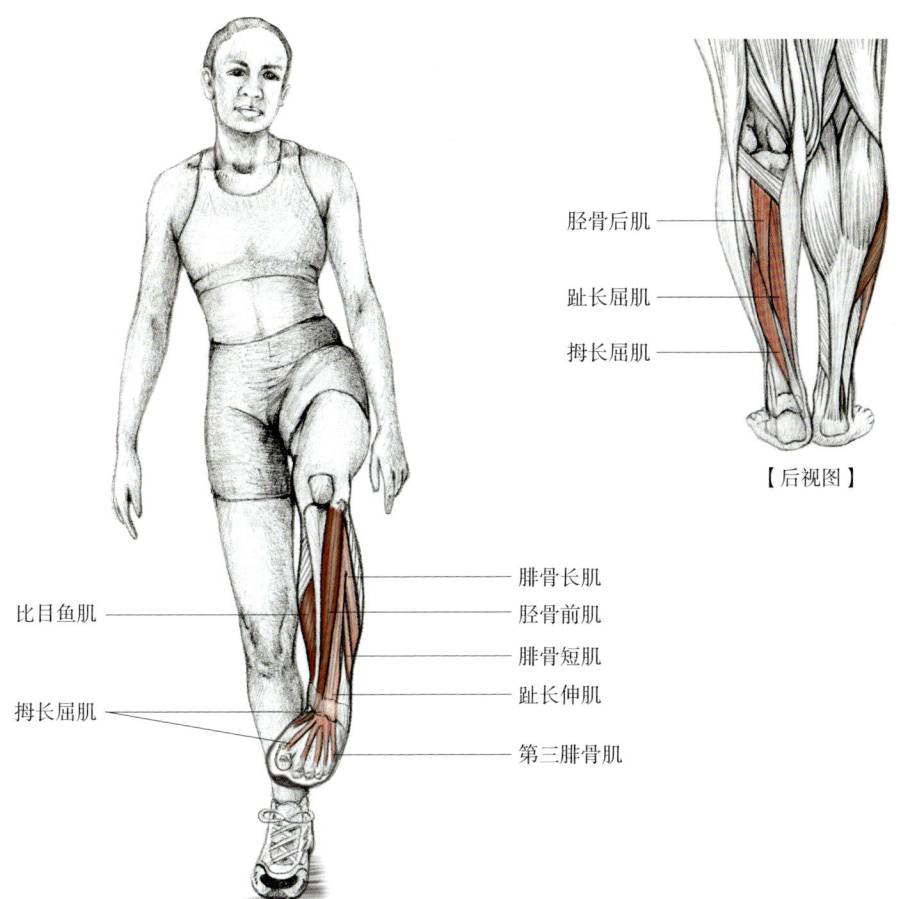

【后视图】

步骤
身体站直，提起一只脚，然后慢慢地上下左右旋转脚掌及脚踝。

拉到的肌群
- 主要肌群：比目鱼肌、胫骨前肌。
- 次要肌群：拇长伸肌、趾长伸肌、腓骨长肌、腓骨短肌、第三腓骨肌、胫骨后肌、拇长屈肌、趾长屈肌。

动作诀窍
视个人需要，手可扶靠东西来保持平衡。

- 有助于修复哪些肌肉问题：
  小腿前腔室综合征、胫骨内侧疼痛综合征（胫骨疼痛、小腿疼痛）、脚踝扭伤、胫骨后肌肌腱炎、腓骨肌腱脱位、腓骨肌肌腱炎。
- 对哪些运动有帮助：
  篮球、篮网球、拳击、徒步、远足野营、登山、定向越野运动、武术、网球、羽毛球、壁球、跑步、美式足球、足球、橄榄球、竞走。

▶ 可以配合练习的其他拉筋操：编号 14.2, 11.2

五项针对各类运动损伤的拉筋操

腹部肌肉损伤：5.2、5.3、5.5、6.14、6.21

跟腱损伤和肌腱炎：13.1、13.2、13.4、13.5、13.7

脚踝扭伤：12.3、12.6、13.4、14.2、14.6

前筋膜室综合征：8.2、14.2、14.3、14.4、14.6

前交叉韧带扭伤：8.1、8.2、8.3、10.3、12.3

后韧带损伤：6.1、6.5、6.9、6.14、6.21

背部肌肉瘀肿、扭伤：6.5、6.8、6.13、6.18、6.22

肱二头肌瘀肿、拉伤，肌腱炎：3.17、4.2、4.6、4.7、4.11

小腿肌肉损伤：11.3、11.13、12.3、12.6、13.2

腕管和尺管综合征：4.2、4.11、4.13、4.16、4.17

胸部肌肉损伤：3.14、3.17、4.4、4.5、4.7

肘部损伤：3.8、3.16、4.10、4.11、4.17

手指拉伤和肌腱炎：4.11、4.12、4.13、4.14、4.17

肩周炎：3.8、3.14、3.16、4.6、4.7

腹股沟损伤和肌腱炎：10.1、10.5、10.8、10.11、12.3

腿筋损伤：5.3、8.1、8.2、8.3、8.5

髋部屈肌紧张和髂腰肌肌腱炎：5.3、8.1、8.2、8.3、8.5

髂胫束摩擦综合征：6.22、11.2、11.3、11.5、11.7

肩关节撞击综合征：3.16、4.1、4.6、4.7、4.10

肩关节内侧副韧带损伤：8.3、8.5、10.2、10.4、10.7

胫骨内侧疼痛症候群：12.6、13.2、13.4、13.7、14.2

胫骨粗隆骨软骨病：5.2、8.2、8.3、8.4、8.6

耻骨炎：9.4、9.13、10.2、10.5、10.7

髂肌腱炎：8.2、8.3、8.6、10.4、11.2

髌股疼痛症候群：8.1、8.2、8.5、10.5、11.4

胸肌起端发炎：3.14、4.1、4.4、4.5、4.7

腓骨肌腱炎：12.4、13.2、13.4、14.2、14.6

梨状肌综合征：7.1、7.3、7.5、7.9、7.11

足底筋膜炎：12.3、12.6、13.4、13.7、14.5

胫骨后肌肌腱炎：10.8、12.2、13.1、13.4、13.7

股四头肌瘀肿、拉伤，股四头肌肌腱炎：5.5、8.1、8.2、8.5、8.6

旋转肌肌腱炎：3.9、3.12、3.13、3.14、3.15

网球肘、高尔夫球肘、投手肘：3.12、3.14、3.16、4.1、4.6

拇指拉伤：4.12、4.13、4.14、4.15、4.17

肱三头肌肌腱断裂：3.9、4.1、4.6、4.9、4.10

颈椎过度屈伸和歪脖：3.1、3.2、3.4、3.7、3.11

手腕扭伤或肌腱炎：4.4、4.11、4.12、4.16、4.17

解剖学肌肉中英名词对照

三画

三角肌	Deltoid
下孖肌	Gemellus inferior
上孖肌	Gemellus superior
大收肌	Adductor magnus
大菱形肌	Rhomboid major
大圆肌	Teres major
小菱形肌	Rhomboid minor
小圆肌	Teres minor
小趾展肌	Abductor digiti minimi
小指伸肌	Extensor digiti minimi
小趾短屈肌	Flexor digiti minimi brevis

四至五画

中斜角肌	Scalenus medius
长收肌	Adductor longus
尺侧腕伸肌	Extensor carpi ulnaris
尺侧腕屈肌	Flexor carpi ulnaris
比目鱼肌	Soleus

半腱肌	Semitendinosus
半膜肌	Semimembranosus
肋间外肌	External intercostal
外展肌	Abductors
头半棘肌	Semispinalis capitis
头夹肌	Splenius capitis
头最长肌	Longissimus capitis
头棘肌	Spinalis capitis

六至七画

多裂肌	Multifidus
肌小节	Sarcomere
肌原纤维	Myofibrils
肌丝	Myofilaments
肌腱	Tendon
肌浆膜	Sarcolemma
肌纤维	Muscle fibre
指伸肌	Extensor digitorum
趾长伸肌	Extensor digitorum longus
肘肌	Anconeus
后三角肌	Posterior deltoid
后斜角肌	Scalenus posterior
后颈横突间肌	Intertransversarii posterior cervicis
闭孔内肌	Obturator internus
闭孔外肌	Obturator externus
肋间内肌	Internal intercostal

八画

拇长屈肌	Flexor hallucis longus
拇长屈肌	Flexor pollicis longus
拇短屈肌	Flexor hallucis brevis
拇收肌	Adductor hallucis
拇长展肌	Abductor pollicis longus
拇对掌肌	Opponens pollicis
拇长伸肌	Extensor hallucis longus
拇短伸肌	Extensor pollicis brevis
趾长屈肌	Flexor digitorum longus
趾短屈肌	Flexor digitorum brevis
肱二头肌	Biceps brachii
肱三头肌	Triceps brachii
肱肌	Brachialis
肱桡肌	Brachioradialis
股二头肌	Biceps femoris
股中间肌	Vastus intermedius
股内侧肌	Vastus medialis
股方肌	Quadrates femoris
股四头肌	Quadriceps
股外侧肌	Vastus lateralis
股直肌	Rectus femoris
股薄肌	Gracilis
肩胛下肌	Subscapularis
肩胛舌骨肌	Omohyoideus

九至十画

食指伸肌	Extensor indicis
前三角肌	Anterior deltoid
前斜角肌	Scalenus anterior
前锯肌	Serratus anterior
背阔肌	Latissimus dorsi
耻骨肌	Pectineus
胸大肌	Pectoralis major
胸小肌	Pectoralis minor
胸半棘肌	Semispinalis thoracis
胸骨甲状肌	Sternothyroideus
胸骨舌骨肌	Sternohyoideus
胸最长肌	Longissimus thoracis
胸棘肌	Spinalis thoracis
胸横突间肌	Intertransversarii
胸锁乳突肌	Sternocleidomastoideus
胸髂肋肌	Iliocostalis thoracis
桡侧腕长伸肌	Extensor carpi radialis longus
桡侧腕短伸肌	Extensor carpi radialis brevis
桡侧腕屈肌	Flexor carpi radialis
颈半棘肌	Semispinalis cervicis
颈夹肌	Splenius cervicis
颈最长肌	Longissimus cervicis
颈棘肌	Spinalis cervicis
颈阔肌	Platysma
颈髂肋肌	Iliocostalis cervicis
指浅屈肌	Flexor digitorum superficialis
指深屈肌	Flexor digitorum profundus

十一画

斜方肌	Trapezius
旋前圆肌	Pronator teres
旋后肌	Supinator
旋转肌	Rotatores
梨状肌	Piriformis
第三腓骨肌	Peroneus tertius
胫骨前肌	Tibialis anterior
胫骨后肌	Tibialis posterior

十二画

喙肱肌	Coracobrachialis
掌长肌	Palmaris longus
肩胛提肌	Lavator scapulae
棘下肌	Infraspinatus
棘上肌	Supraspinatus
棘突间肌	interspinales
腓骨长肌	Peroneus longus
腓骨短肌	Peroneus brevis
腓肠肌	Gastrocnemius
菱形肌	Rhomboid
阔筋膜张肌	Tensor fasciae latae
短收肌	Adductor brevis

十三画

腰大肌	Psoas major

腰小肌	Psoas minor
腰内横突间肌	Intertransversarii medialis lumborum
腰方肌	Quadrates lumborum
腰外横突间肌	Intertransversarii lateralis lumborum
腰髂肋肌	Iliocostalis lumborum
腹内斜肌	Internal abdominal oblique（Internal oblique）
腹外斜肌	External abdominal oblique（External oblique）
腹直肌	Rectus abdominis
腹斜肌	Olbiques
腹横肌	Transversus abdominis
跖方肌	Quadrates plantae
跖肌	Plantaris

十四至十六画

横突间肌	Intertransversarii

十七画以上

缝匠肌	Sartorius
臀大肌	Gluteus maximus
臀小肌	Gluteus minimus
臀中肌	Gluteus medius
髂肌	Iiliacus
髂胫束	Iliotibial band
髂腰肌	Iliopsoas

出版后记

脖颈肌肉僵硬？久坐腰酸背痛？关节生涩不灵活？身体缺乏柔软度？你需要运动了！随着年龄的增长，我们的肌肉和关节会越来越紧绷，这是老化的必然现象，是身体退化和活动力降低造成的必然反应。如果不及时进行运动舒展，紧绷僵硬的肌肉可能会限制血液的流动，这不仅会妨碍运动，也会影响身体正常的新陈代谢。

进行规律性的延展性拉筋训练，能够有效地改善肌肉紧绷僵硬的状态，缓解长年的身体酸痛。事实上，拉筋运动好处多多：不仅可以修复肌肉劳损、预防运动伤害，还能够强化肌力、增强柔软度、修饰曲线！更重要的是，拉筋运动简单实用，不受时间与场地的限制，只要每天运动 5 分钟，就能起到很好的松筋活络、强身健体的作用！

本书是以基础解剖学及人体生理学为基础，结合拉筋与柔软度训练和设计的实用手册，全书收录了 135 种适合全身筋骨肌肉的拉筋操，这些拉筋操依照所伸展的身体部位来编排，对于运动到的目标肌群都有清楚的拉线图示。每一种拉筋操不仅有清楚的姿势图解，更配合有详细的肌肉解剖图、具体的运动步骤、运动技巧、拉到的肌群、有助于修复的运动伤害以及对何种运动有益等常见的问题和相关讯息。

每个人的身体状况和柔软度各不相同，但相信参考本书所提供的练习方法，人人都能找到适合自己的拉筋方案，告别酸痛劳损痼疾，拥有健康柔软好身材！

服务热线：133-6631-2326　188-1142-1266

服务信箱：reader@hinabook.com

后浪出版公司

2015 年 10 月

图书在版编目（CIP）数据

酸痛拉筋解剖书 /（澳）沃克著；郭乃嘉，牟延晨译 . —北京：北京联合出版公司，2015.10（2023.10重印）

ISBN 978-7-5502-6402-1

Ⅰ. ①酸… Ⅱ. ①沃… ②郭… ③牟… Ⅲ. ①经筋－保健操－基本知识 Ⅳ. ①G831

中国版本图书馆CIP数据核字（2015）第245381号

Published by agreement with the North Atlantic Books through the Chinese Connection Agency, a division of The Yao Enterprises, LLC.
Simplified Chinese edition copyright:
© 2015 Ginkgo (Beijing) Book Co., Ltd.
本书中文简体版权归属于银杏树下（北京）图书有限责任公司
北京市版权著作权合同登记号：01-2015-5817

酸痛拉筋解剖书

著　　者：[澳] 布拉德·沃克
译　　者：郭乃嘉　牟延晨
出 品 人：赵红仕
选题策划：后浪出版公司
出版统筹：吴兴元
特约编辑：张　怡
责任编辑：李　征
封面设计：王　斑
营销推广：ONEBOOK
装帧制造：墨白空间

北京联合出版公司出版
（北京市西城区德外大街83号楼9层　100088）
嘉业印刷（天津）有限公司印刷　新华书店经销
字数244千字　720毫米×1030毫米　1/16　14印张
2016年1月第1版　2023年10月第13次印刷
ISBN 978-7-5502-6402-1
定价：60.00元

后浪出版咨询(北京)有限责任公司　版权所有，侵权必究
投诉信箱：editor@hinabook.com　fawu@hinabook.com
未经书面许可，不得以任何方式转载、复制、翻印本书部分或全部内容
本书若有印、装质量问题，请与本公司联系调换，电话010-64072833

德式无器械健身——你的身体就是最好的健身房

著　者：(德)英格·弗洛伯斯
译　者：王瑜蔚
书　号：978-7-5502-5127-4
出版时间：2015.6
定　价：49.8元

德国最畅销的肌肉训练手册
世界顶级运动专家精准定制，引爆你的运动神经！
像艺术大师般设计你的体型，雕塑你的肌肉！

想拥有"精瘦强健"的完美身材？本书正是你所需要的！
来自德国科隆体育学院健康中心的最科学肌肉训练计划

无需花高价去健身房或购买器材，利用自身体重系统健身
·8种俯卧撑替代练习，20组腹部肌肉运动，30个减肥单元
·每周3到4次，每次20到30分钟，随时随地进行身体管理

国际体坛重量级健康科学顾问，专业破解肌肉运动奥秘
·学会充分激活肌肉细胞，健身再也不用靠蛮力
·有效利用"新陈代谢"，将肌肉变成理想的减肥发动机

细致的个性化训练方案，轻松成为自己的健身教练
·100多种身体分区训练，精准刺激全身640块肌肉
·4级训练单元，8周健身计划，一步步设计肌肉造型

内容简介：

　　想要拥有健美的身材，不需要用高科技的运动器材，最有效的运动工具是我们的身体！本书展示了在家、办公室、路上随时随地都能进行的健身方法，读者可参考不同的运动方案，提高自己的协调性和肌肉力量，通过不断的练习收获健康好身材。根据不同读者的需求，作者分别设计了适合初学者、有经验的训练者和专业运动员的100多个练习，练习涉及所有人体肌肉群。在"肌肉训练"与"周期瘦身"的练习单元中，还在相应的段落后补充了有关肌肉和身体健康的小知识。

作者简介：

　　英格·弗洛伯斯博士，世界上最大的体育大学——德国科隆体育大学的预防与康复学教授，是德国首屈一指的体育及健身专家。重点研究健康科学，是科隆体育大学健康中心的领导者，也是多个德国医疗保险机构的科学顾问，在国际体育界享有盛誉，著有《超级新陈代谢原则》《救急背部训练》等著作。

核心基础运动

著　　者：（美）埃里克·古德曼
　　　　　（美）彼得·帕克
译　　者：阎惠群
书　　号：978-7-5502-5259-2
出版时间：2015.5
定　　价：58.00元

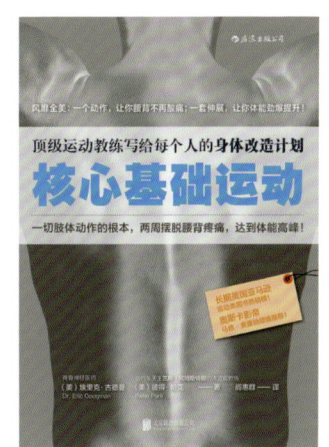

风靡全美：一个动作，让你腰背不再酸痛；一套伸展，让你体能劲爆提升！
一切肢体动作的根本，两周摆脱腰背疼痛，达到体能高峰！
2014年奥斯卡影帝马修·麦康纳倾情推荐！
长据美国亚马逊运动类图书热销榜！

● 只需两周、每周三天、每次15分钟、熟练5个基本招式，你就可以重新开启颈、背、臀的肌肉群，远离酸痛。
● 如果你习惯久坐不动，这套运动会帮助你远离肌肉紧绷与酸痛，保持良好体能！
● 如果你热爱户外活动，这套运动能让你驾驭各种动作，轻松完成跑步、打球、瑜伽、游泳、骑自行车……
● 如果你有椎间盘突出或坐骨神经痛、骨刺问题，这套运动可以让你不再疼痛，因为脊椎周围的肌肉强化了，自然能支撑起你的躯干。

什么是核心基础运动？
人体原本的设计是以臀部作为动作中心支点的，但现今久坐不动的生活形态却把这份工作转移到腰椎，限制了我们的动作，造成了今天有那么多人遭受背痛的困扰。核心基础运动便是要教大家用人体天生设定好的方式，也就是原始的动作模式做动作，它把锻炼的焦点放在人体真正的核心——身体后方肌肉群，所以能令身体恢复平衡状态，让你轻松维持良好姿势，提高身体灵活度，使动作充满力量，更重要的是，常保背部健康，无病无痛！

内容简介：
　　核心基础运动是由脊骨神经医师埃里克·古德曼和世界顶尖运动员的体适能教练彼得·帕克联手开发出的一种新的方法，不但能改善背痛，还有其他更惊人的效果。这是一个简单但独创的概念，它重新定义了身体的核心，把锻炼重点从腹部转移到背部较大的肌肉群，通过强化身体后方肌肉群，包括背部、臀部以及大腿后侧的肌肉群，由它们担负起支撑上半身的任务，并推动身体做任何动作，一口气解决了长期存在的问题。这套训练计划已在数百名学员身上展现出惊人的成果，令他们脱胎换骨，吸引诸多顶尖运动员和好莱坞演员登门求教，在本书中您也能看到他们分享成功的故事。该运动包含3套各为期两周的体能训练：舒缓急性背痛的基本招式、消除慢性背痛的进阶招式和强化身体并预防背痛复发的加强版招式，每个版本都简易上手，打造层层强健肌肉、强化臀部支撑力。

瑜伽3D解剖书I——肌肉篇

著　　者：(美)瑞隆
绘 图 者：(美)克里斯·麦西尔
译　　者：赖孟怡
书　　号：978-7-5502-3308-9
出版时间：2014.11
定　　价：68.00元

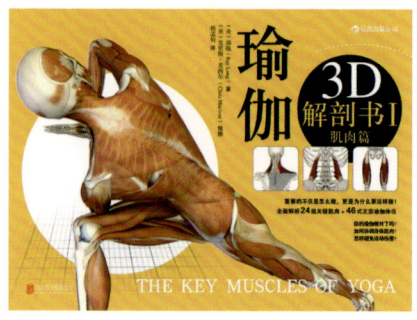

全面认识肌肉结构，巧妙避免运动伤害
精准实用的3D身体地图，X光透视般完美呈现肌肉与瑜伽动作的关系。
帮你在不拉伤肌肉的前提下，快速提升瑜伽技能！

探秘神奇的瑜伽呼吸法，唤醒沉睡的身体潜能
科学的瑜伽呼吸技巧，帮你深度开发呼吸的本能，
让你的身体由内而外，焕然一新！

聆听业界专家的科学建议，跟盲目的瑜伽练习say goodbye
习练瑜伽20年的外科医师与专业瑜伽数位插画家携手，
为你提供科学高效的瑜伽指导，让你的瑜伽练习事半功倍

瑜伽3D解剖书II——动作篇

著　　者：(美)瑞隆
绘 图 者：(美)克里斯·麦西尔
译　　者：赖孟怡
书　　号：978-7-5502-3345-4
出版时间：2014.11
定　　价：68.00元

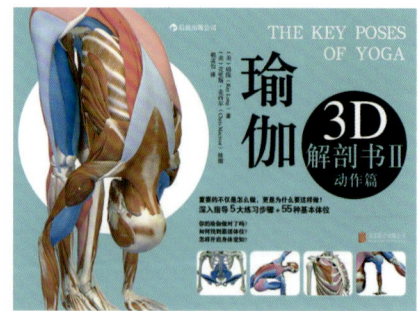

唤醒身体觉知，让大脑记住最佳体位
解构55种哈达瑜伽基本体位，深入了解各种姿势背后的功用。
帮你找到最适合自己的体位，获得唤醒身体觉知的钥匙！

聚焦动作细节，揭示肌肉伸展的原理
精准的3D透视图，帮你清楚了解动作背后的生物力学机制。
让你不断强化肌肉，高效升级瑜伽技巧！

突破瑜伽瓶颈，让身体心灵共同成长
颠覆传统瑜伽观念，实现从知识性认知到主动大脑思维的转变。
让你重新探索身体，领悟瑜伽运动的精髓！